***SEO***

*Cómo triunfar en buscadores*

Madrid 2010

# SEO

## Cómo triunfar en buscadores

**Miguel Orense Fuentes**

Con la colaboración de:

**Octavio Isaac Rojas Orduña**

**2ª edición**

BUSINESS&**MARKETING**SCHOOL

**ESIC**

Primera edición: 2008
Segunda edición: 2010

© ESIC Editorial
Avda. de Valdenigrales, s/n
28223 Pozuelo de Alarcón · Madrid
Tel.: 91 452 41 00 · Fax: 91 352 85 34
www.esic.es

© Miguel Orense Fuentes
© Octavio Isaac Rojas Orduña
ISBN: 978-84-7356-690-2
Depósito legal: M. 18.346-2010
Cubierta: Gerardo Domínguez

Fotocomposición y Fotomecánica:
Anormi, S.L.
Doña Mencía, 39
28011 Madrid

Imprime:
Gráficas Dehon
La Morera, 23-25
28850 Torrejón de Ardoz · Madrid

Impreso en España

*A Ade y a mi familia, por apoyarme en todo momento durante la gestación de esta obra.*

*Este libro va especialmente dedicado a aquellas personas queridas que desgraciadamente ya no están con nosotros, pero que serán muy felices con la publicación de esta obra. Qki.*

MIGUEL ORENSE FUENTES
Madrid, España
24 de Marzo de 2010

# Índice

# Agradecimientos

Ferran Arricivita, de Com.es.

Elvira San Millán, documentalista Extensión Universitaria de la URJC, por su inestimable ayuda en la revisión de fuentes.

Carlos Barrabes, Juan Antuña y todos mis compañeros en Kanvas Media.

Carlos Chacón "Seocharlie" de Mercadeo en línea, ¡pura vida!

Jesus Encinar y Jose María García de idealista.com y a Fernando Siles.

Raul Jiménez y Pedro Jareño de Minube.

Estrella Alamo de Red Karaoke.

Nuño Valenzuela de Panda Software.

María Gómez de Net Think.

Nacho Palomar de Enforex.

A todas aquellas personas con las que he coincidido laboralmente durante los últimos años, así como a todo el sector SEO hispano y a los colegas que han participado en la encuesta.

MIGUEL ORENSE FUENTES

# Introducción

La aguja en el pajar. Nadie la había encontrado antes. Se hablaba de ésta como ejemplo de algo inalcanzable, inexpugnable, como el objeto imposible de encontrar por antonomasia. Un pedazo escurridizo de metal, cuyo brillo estaba reservado únicamente para aquellos que o poseían la información, o poseían la riqueza o, simple y llanamente, tenían suerte.

¿Por dónde comenzar su búsqueda? ¿Valdría un detector de metales? ¿Para qué la utilizaríamos una vez que la tuviéramos, si es que algún día la encontráramos?

Mientras reflexionamos o nos hacemos estas preguntas, seguro que miles o millones de personas habrán encontrado ya sus propias agujas. Y no han tenido que hacer mayor esfuerzo que simplemente darle a las teclas de un ordenador conectado a internet.

Nada más y nada menos. No hace falta ser un sabio, ni alguien rico, ni siquiera se necesita suerte. Hoy en día se trata de algo que, de tan natural, puede parecer sencillo, como si siempre hubiera estado ahí.

Lo único que hizo falta fue tener la necesidad de conseguir una información concreta y un buscador de internet ofreció miles de agujas en el mismo número de pajares en forma de resultados de búsqueda.

Pero, ¿qué pasa cuando queremos que los miles o millones de personas que buscan sus propias agujas las encuentran en nuestros pajares, llámense éstos marcas, productos o servicios?

¿Qué hacer cuando sabemos que el consumidor de hoy es un ser impaciente que lo quiere todo y que lo quiere ahora? ¿Qué hacer cuando ese ahora no es relativo, sino urgente, real, vivo? ¿Qué hacer cuando depende de la reacción del directivo o del empresario que aquello que ofrece sea encontrado justo en el momento en el que miles o millones de personas lo están buscando?

Lo que hay que hacer, y sin demora, es tener una presencia en internet, pero que ésta no se limite a un simple estar por estar, a una obligación, a un punto más de una lista interminable de acciones de promoción y marketing.

Además de tener una presencia destacada, viva y atractiva en la red también hay que hacer todo lo posible para que ésta sea fácilmente encontrada a través de los buscadores de internet, porque ahí estará la diferencia entre la notoriedad o la irrelevancia, entre una venta propia o de la competencia, entre una inteligente inversión o un mayor gasto en publicidad.

Este objetivo sólo se conseguirá si la presencia en la red está pensada desde el inicio para que los buscadores la incluyan y, además, que la coloquen en un lugar destacado entre los resultados de búsqueda.

En suma, la presencia en internet apoyada en técnicas SEO es la que será más fácilmente encontrada por los millones de usuarios que a diario buscan su propia aguja... sin importarles demasiado en qué pajar la encuentren.

Si se había pensado que esto era muy fácil... No es así.

Las técnicas SEO pueden ser intuitivas y de sentido común, pero también requieren de ciertos conocimientos técnicos que están contenidos en este libro.

Por tanto, se trata de un texto pensado para un abanico muy amplio de posibles lectores:

- Responsables de marketing, tanto off como online.
- Empresarios o emprendedores conscientes de que su iniciativa necesita tener un lugar destacado en internet.
- Webmasters y blogueros con deseos de aumentar las visitas en sus sitios.
- Programadores y encargados de usabilidad web.
- Creativos publicitarios, tanto off como online.
- Consultores SEM y/o SEO, especialistas en marketing y posicionamiento en buscadores ávidos de una visión novedosa y complementaria de sus conocimientos.

Y en sí todo aquel interesado en que sus contenidos sean el santo grial digital, pero accesible a los millones de personas que están conectadas a la red.

SEO - Como triunfar en buscadores repasa brevemente la joven historia de los buscadores en internet, desde sus inicios hasta los actuales nuevos actores del mercado de las búsquedas. Es un libro de consulta que puede servir para conocer y aplicar las técnicas SEO, pero también para saber cómo contratar y qué esperar del servicio de especialistas.

SEO - Como triunfar en buscadores es un texto que quiere abrir algunos ojos para todos aquellos que consideran que todo vale en el momento de posicionar una web, cuando no es así. En estas páginas se podrán identificar lo válido de lo que no lo es.

SEO - Como triunfar en buscadores también se sumerge en el posicionamiento en medios sociales, como pueden ser los blogs, las nuevas plataformas o las redes sociales, describiendo todo su potencial, incluso con casos prácticos. También se recopilan diferentes recursos de interés para cualquier interesado en SEO, sea iniciado o experto.

Se trata de un esfuerzo para echar luz sobre una actividad a la que cada vez se le da más valor, pero de la que se conoce poco. Y es bueno que se aumente el conocimiento sobre el SEO, porque su importancia estratégica irá creciendo al tiempo que más y más gente acuda a internet para encontrar todo lo que busque, desde productos y servicios hasta la famosa aguja en el pajar.

El SEO es una estrategia online emergente que goza de un presente solvente y un prometedor porvenir, que, sin ninguna duda, marcará el futuro del marketing digital.

OCTAVIO ISAAC ROJAS ORDUÑA<br>
*Madrid, España*<br>
*24 de Marzo de 2010*

Capítulo 1

# El origen de los buscadores. Funcionamiento de los motores de búsqueda y sus tecnologías

MIGUEL ORENSE

## 1. INTRODUCCIÓN

Millones de personas utilizan los buscadores a diario.

Millones de páginas web luchan por obtener los primeros resultados en los buscadores. Sólo unas pocas lo consiguen.

Bajo este panorama, el salir los primeros en los diferentes buscadores se convierte en algo fundamental para tener éxito y triunfar en internet.

El posicionamiento en buscadores o SEO, siglas de Search Engine Optimization, trata de emparejar la demanda de ciertas búsquedas de interés con una oferta web especializada y relevante.

Claudio Hernández[1], reconocido especialista sobre criptografía y seguridad en internet, comentaba en una de sus

1 "Hackers, los clanes de la red", e-book escrito en 1999 por Claudio Hernández, colaborador habitual de Kriptopolis (http://www.kriptopolis.org), afamado portal sobre seguridad en internet. Claudio es autor de numerosas obras y artículos relacionados con el hacking y la seguridad de la información.

obras de 1999: *"...alguien muy importante en los Estados Unidos dijo alguna vez, dadme diez Hackers y dominaré el mundo"*.

Hoy en día la red es un gran escaparate de productos y servicios, un inmenso zoco utilizado como herramienta de marketing y venta por millones de particulares y empresas. Una posible traducción al marketing en internet de la frase de Claudio para este siglo podría ser: *"Dadme diez buenos consultores SEO y dominaré la internet comercial"*.

El SEO, aunque muchos piensen lo contrario, no es una ciencia críptica, un arte oculto, una técnica de hackeo o un engaño a los buscadores. Se trata de un oficio casi artesanal, una disciplina que bebe de múltiples fuentes de conocimiento y en donde se irán ganando capacidad, aptitudes, habilidad y destreza a medida que se vayan conociendo y superando los problemas del proceso de optimización. La lectura de este libro le ayudará a superar estas problemáticas y a obtener buenas posiciones en los buscadores.

# 2. ORIGEN DE LOS BUSCADORES. EL NACIMIENTO DE LOS MOTORES DE BÚSQUEDA DE INTERNET

## 2.1. La organización de la información en internet

Organizar la información disponible ha sido algo anhelado por muchas civilizaciones anteriores. Internet, la red de redes como tal, es ya de por sí un dinámico, cambiante y caótico avispero de datos, en donde es posible encontrar y "volcar" cualquier tipo de información.

Los buscadores facilitan y fomentan la organización de la ingente información disponible en internet, convirtiéndola en universalmente accesible. El incremento exponencial que ha sufrido el número de sitios web en línea desde el comienzo de la World Wide Web (WWW) certifica y magnifica la labor de los buscadores como garantes y puertas de entrada a la sociedad de la información en general y a internet en particular.

El fenómeno blog, con sus más de 170 millones de unidades (datos de Technorati[2], junio de 2009) y su incesante ritmo de creación, también ha ayudado aún más si cabe a la sobreinformación que hoy existe en la red.

Pero no fue hasta la eclosión de la web tal como la conocemos hoy, tras la aparición en 1993 del primer navegador web aceptado globalmente por el público y llamado Mosaic[3], la que formó la primera masa crítica de sitios web y usuarios, derivando en la necesidad de un sistema organizativo que diera respuesta a las crecientes demandas y consultas de información.

El inicio de la popularización de internet entre los usuarios, organismos y empresas junto a la aparición de una web comercial business to business (B2B) y business to consumer (B2C), unido a las continuas necesidades de información formaron el caldo de cultivo necesario para el nacimiento de los buscadores.

## 2.2. Primeros buscadores. El factor humano

WorldWideWeb Wanderer es considerado como el primer buscador basado en un motor de búsqueda. Nacido en 1993,

---

[2] http://technorati.com/state-of-the-blogosphere/

[3] Mosaic es considerado como el primer navegador web. El software, de carácter no comercial, fue desarrollado por Marc Andreessen y Eric Bina, dos estudiantes del NCSA (National Center for Supercomputer Applications), en la Universidad de Illinois. Fuente: Wikipedia.

su objetivo original era medir el crecimiento de la WWW contando el número de servidores activos. Pronto el buscador fue programado para que capturase URLs (siglas de Unique Resource Location, sinónimo de página o dirección web).

Pero incluso antes que el buscador Wanderer fue Tim Beerns-Lee, afamado investigador del CERN[4] por aquella época y uno de los padres de la WWW, (reconocido con el Premio Príncipe de Asturias 2002 a la Investigación Científica y Técnica por este logro) quien gestó la primera página web (6 de agosto de 1991), que a su vez fue el primer listado personal de páginas web a modo de directorio.

Entre 1994 y 1998 irrumpieron en el mercado los principales buscadores que hoy en día se conocen. Muchos de ellos fueron adquiridos por otros o desaparecieron. A modo orientativo, estas fueron sus fechas de aparición:

Yahoo! - 1994
Web Crawler - 1994
Lycos - 1994
Excite - 1995
Altavista - 1995
Inktomi - 1995
Looksmart - 1996
Hot Bot - 1996
Ask Jeeves - 1997
Fast Search - 1997
Google - 1998
Open Directory Project / DMOZ - 1998
MSN Search - 1998

[4] Organización europea para la investigación nuclear, aunque sigue manteniendo sus siglas originales en francés (Conseil Européen pour la Recherche Nucléaire). El CERN también desarrolla e investiga sobre nuevas tecnologías, tanto informáticas como industriales. Fuente: http://www.cern.ch.

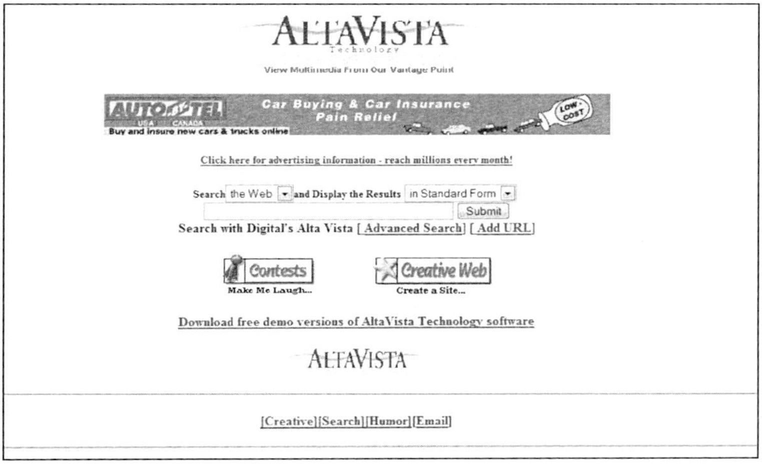


*Imagen 1.1.* Captura de pantalla de Altavista, uno de los primeros buscadores, octubre de 1996.
*Fuente:* Internet Archive, Wayback Machine[5].

Yahoo! nació en 1994, tras una idea de dos estudiantes de Doctorado de la Universidad de Stanford: Jerry Yang y David Filo. Su primitiva recopilación manual de enlaces a sus webs favoritas tuvo tal éxito que pronto era consultada por miles de personas.

A medida que la WWW crecía, y para no perder la calidad alcanzada, convirtieron a Yahoo! en un completo directorio de sitios web, dividido en categorías y en donde la catalogación de todos esos sitios era realizada por un equipo humano de editores. El valor diferencial residía en que estas personas encuadraban en una categoría y añadían una descripción a las páginas web que les llegaban a través de formularios de contacto.

Dentro del equipo de editores de Yahoo! existían los llamados "*surfers*", que navegaban de una forma proactiva para

5 http://www.archive.org

descubrir más sitios web interesantes para añadir al directorio. Personas que empezaron como surfers en Yahoo! ocupan hoy puestos de importancia en la compañía.

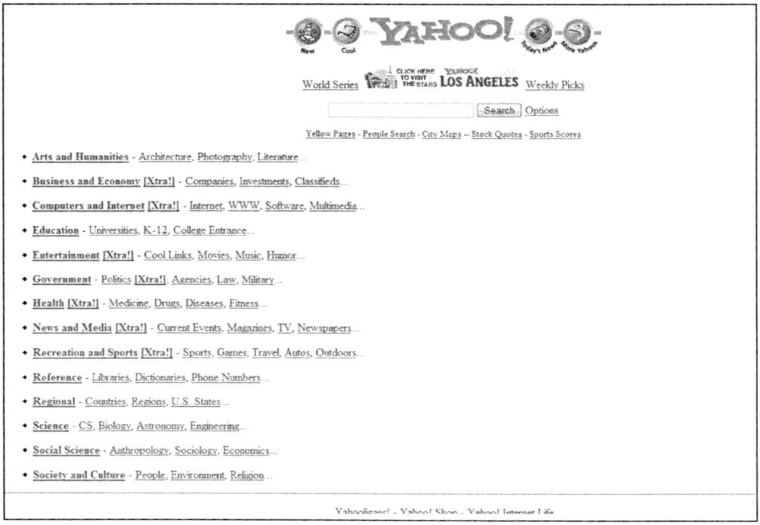


*Imagen 1.2.* Captura de pantalla de Yahoo!, octubre de 1996.
*Fuente:* Internet Archive, Wayback Machine.

Este modelo de clasificación manual perdió toda su operatividad a medida que la WWW crecía: simplemente se hizo inabarcable para ser consultada y catalogada íntegramente por humanos. Hasta que aparecieron las redes sociales colaborativas.

Muchos años más adelante, en 2005, Yahoo! acabaría adquiriendo una red social de enlaces favoritos o *social bookmarking* llamada Delicious[6], en donde la clasificación de URLs la realizan humanos mediante tags (etiquetas), que a su vez pueden formar categorías. El tagging o etiquetado en

[6] http://www.delicious.com

redes sociales es hoy el principal componente humano de catalogación de webs y otro material multimedia (fotos, videos, etc.) en internet.

Aún siguen vivas algunas iniciativas de catalogación manual. DMOZ[7] (Open Directory Project) es actualmente el mayor directorio web editado por humanos. Desde 1998, sus casi 80.000 voluntarios actualizan sus más de 500.000 categorías diferentes, juntando más de 4 millones de referencias. Aún hoy algunos buscadores como Google usan a veces descripciones provenientes de DMOZ en los resultados de búsqueda, o incluso toman su tecnología para integrarla en su propio directorio.

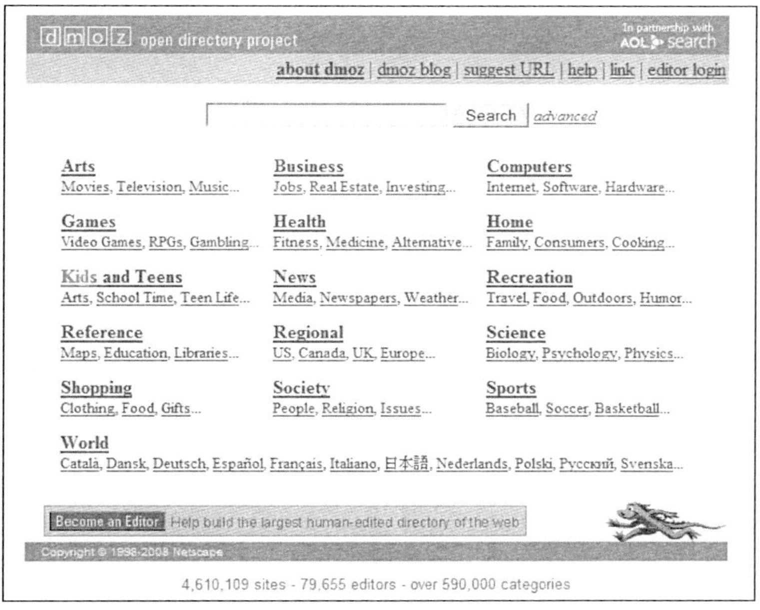


*Imagen 1.3.* Página principal del Open Directory Project.
*Fuente:* Dmoz.org.

7 http://www.dmoz.org

Cabe señalar que la labor de los editores de DMOZ no es remunerada, por lo que en muchos casos resulta complicado conseguir aparecer en los listados del directorio, ya que muchas categorías no se suelen actualizar.

En 1998 se estaba ante el cénit del factor humano en los buscadores. Pero apareció Google, el paradigmático buscador creado por dos estudiantes de la Universidad de Stanford, Sergey Brin y Larry Page.

Google no fue el primer buscador basado en un motor de búsqueda, pero si ha sido el que ha sacado un mejor rendimiento a su tecnología. Googlebot es el robot de indexación (se conoce como indexación al proceso por el cual los buscadores basados en un motor de búsqueda o robot recopilan la información de la WWW y la incluyen en sus bases de datos, llamadas índices) que más contenido rastrea para su índice (8.000 millones de documentos, datos oficiales de octubre de 2004[8]) de todos los buscadores existentes en la red. Actualmente la compañía afirma en sus páginas de ayuda que su índice es tres veces mayor al de cualquier otro buscador[9].

Google dispone de la mayor granja de servidores del mundo (más de 1 millón, según qué fuente[10]), distribuidos en centros de datos (sus conocidos datacenters).

Toda esta infraestructura está montada eficientemente, con un excelente rendimiento[11] y a unos bajos costes de hardware y de software, normalmente basado en Linux. Sus métodos

---

8 http://googleblog.blogspot.com/2004/11/googles-index-nearly-doubles.html

9 http://www.google.com/help/indexsize.html

10 Google no ofrece datos oficiales, aunque diversas fuentes externas estiman que su número de servidores varía entre las 450.000 unidades (Wikipedia, (http://en.wikipedia.org/wiki/Google_platform) hasta más de 1 millón (Gartner Group, http://www.pandia.com/sew/481-gartner.html).

11 Ver Google File System, documentación oficial de Google Labs (http://labs.google.com/papers/gfs-sosp2003.pdf) o su explicación en Wikipedia (http://en.wikipedia.org/wiki/Google_File_System).

y técnicas de indexación, así como sus algoritmos de relevancia y popularidad para ordenar los resultados de búsqueda resultan muy efectivos. Aunque como pasa en todos los buscadores, de vez en cuando sus técnicas fallan y pueden salir a relucir resultados de baja calidad para alguna búsqueda.

*Imagen 1.4.* Google en noviembre de 1998.
*Fuente:* Internet Archive, Wayback Machine.

Ríos de tinta han corrido alrededor del algoritmo de posicionamiento de Google, así como de los algoritmos de otros buscadores. El algoritmo de un buscador resuelve el problema de la ordenación de los resultados de búsqueda, devolviendo primero aquellos que considera relevantes y más relacionados con el término buscado.

Actualizaciones de las bases de datos o retoques importantes dentro del algoritmo de Google dieron lugar a los famosos *update*, como Florida Update de noviembre de 2003 o Jagger Update de Octubre de 2005, bautizados extraoficialmente como *Google Dance*[12]. Estos cambios suelen provocan "bailes" de posiciones en los resultados de búsqueda.

[12] El Google Dance es el periodo durante el cual se producen las actualizaciones en el índice de Google, bien provocadas por nuevas inclusiones o por cambios en el algoritmo de posicionamiento.

Muchas veces el propio algoritmo de Google es identificado con el algoritmo del Page Rank ™ que es una patente de Google[13] que clasifica todas las páginas web de 0 a 10 en función de su popularidad en la WWW, basada esta fundamentalmente en el número de páginas que te enlazan. Google, en este sentido, tiene en cuenta la cantidad de enlaces entrantes y la calidad de los mismos.

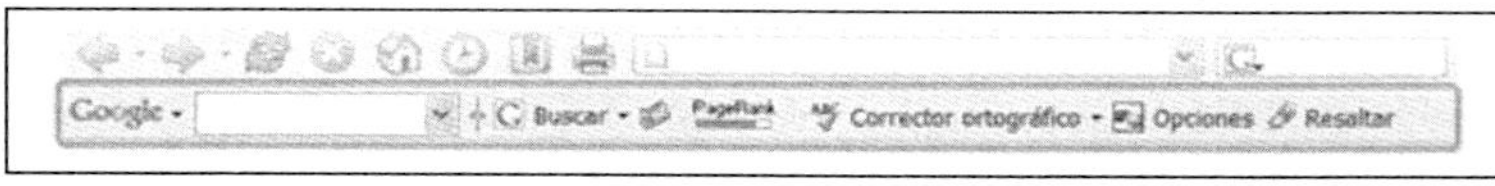


*Imagen 1.5.* Una de las formas de averiguar el Page Rank de una página es mediante la barra de Google para navegadores web o *Google Toolbar*, que se muestra resaltada en la imagen.

Lo verdaderamente cierto es que el algoritmo de Google es un "ser vivo", que se retroalimenta y aprende constantemente, y que es más secreto que la fórmula de la Coca-Cola. Se sabe que más de 200 variables influyen en él, y que el Google Page Rank es una de ellas. A estas variables se les conoce como señales (*signals*). Muchas de estas señales se convierten en factores relevantes a tener en cuenta a la hora de posicionar en buscadores, por lo que en el argot se les conoce como *search engine ranking factors.*

## 2.3. Diferencia entre directorios y buscadores

La principal diferencia entre los directorios web y los buscadores basados en un motor de búsqueda o robot es el ya comentado factor humano en contraposición al factor máquina. El robot del buscador es el encargado de realizar el

[13] US patent 6.285.999 es la patente original del Page Rank. Data del 9 de junio de 1998 y está asignada a la Universidad de Stanford, figurando Lawrence Page como inventor: http://www.google.com/patents?id=cJUIAAAAEBAJ&dq=us+patent+6285999.

trabajo de localización y catalogación, que en el caso de los directorios web, era realizado por personas. No hay que pensar en éste robot como un autómata o "robot físico", sino como una compenetración de elementos hardware y aplicaciones software automatizadas.

Los directorios de sitios web son aplicaciones controladas por humanos que manejan grandes bases de datos con URLs, títulos y descripciones de sitios web. Estas bases de datos van incrementándose a medida que se aprueban nuevas solicitudes de alta en el directorio. Es por ello que la verificación y posterior listado en el directorio bajo la categoría adecuada de todas las URLs recibidas es una ardua labor. Para ello los directorios web utilizan editores, surfers o voluntarios desinteresados, que van revisando las nuevas altas para ir incluyéndolas en sus directorios.

Los motores de búsqueda son robustas aplicaciones, que combinan software y hardware para su correcta operativa y que manejan, de una manera automatizada, una ingente cantidad de información a través de enormes bases de datos.

El motor de búsqueda, a través de un robot, irá guardando copias de millones de páginas web, asignándoles unos valores y parámetros de catalogación y relevancia. Posteriormente, y ante búsquedas a petición de los usuarios se les proporcionará a estos el resultado más adecuado para la consulta realizada.

Existen diferentes tipos de buscadores, aunque bajo una clasificación no exhaustiva se les puede dividir en buscadores generalistas y verticales (temáticos). Como ejemplos de buscadores generalistas se puede mencionar a Google, Yahoo! Search o Bing y como buscadores verticales, que son aquellos que normalmente conectan a vendedores con compradores, a Expedia[14] (turismo y viajes) y a CNET[15] (descarga de software).

## 3. FUNCIONAMIENTO DE LOS MOTORES DE BÚSQUEDA. PARTES INDIVISIBLES DE UN BUSCADOR

La primera cuestión a tener en cuenta a la hora de analizar las partes y el funcionamiento de un buscador de Internet basado en un motor de búsqueda es que estos, como ya se ha mencionado, no son humanos, sino que se basan en robots que operan y actúan como tales. Esto implica que tampoco saben que quien interactúa con ellos realizando búsquedas si es humano, creando de vez en cuando algún inevitable tipo de conflicto o malentendido entre hombre y máquina.

En la actualidad los principales buscadores poseen unas tecnologías de búsqueda muy sofisticadas que se sostienen, a grandes rasgos, sobre 4 pilares fundamentales:

1) Un **robot** o bot, también llamado rastreador, spider (araña) o crawler. El robot es un "user-agent"[16] (literalmente, agente-usuario) específico y propio de cada buscador, que realiza peticiones a servidores web.

La misión del bot es rastrear regularmente la WWW y recopilar diferente información sobre los sitios y páginas web que va visitando. Este robot descubre nuevos sitios web

---

14 http://www.expedia.com

15 http://www.download.com

16 User–agent es la aplicación cliente utilizada dentro de un protocolo de red. Un completo listado de user-agents y de crawlers existentes en la red se pude encontrar en http://www.user-agents.org y en http://www.i-asap.net/crawlersdb.php?slang=en.

a través de enlaces de hipertexto. Algunos ejemplos de robots son el ya mencionado Googlebot, Slurp (el bot de Yahoo!) y MSNBot (Bing).

La forma en la que un robot visualiza una URL es bastante limitada. Se puede concluir que es muy parecida a la de un navegador web que leyese solo texto, ya que no interpreta ni imágenes ni animaciones.

Por otra parte, la labor de actualización del robot también es importantísima, ya que deberá de recoger información sobre URLs nuevas, cuáles han sido modificadas o cuáles retiradas, etc. Los robots combinan eficientemente software y hardware para conseguir sus objetivos.

2) Un gran **índice** o catálogo, sustentado por grandísimas bases de datos, donde se guarda gran parte de la información recogida por el robot del buscador durante el rastreo. El índice está formado por millones de documentos y material multimedia. Cuantos más documentos tenga este repositorio más "grande" será el buscador.

3) Un **interfaz de búsqueda** (el buscador en sí), accesible a través de una URL de internet (o incluso a través de un dispositivo móvil) y en donde el usuario puede introducir su consulta en forma de palabra/s clave/s y obtener los resultados del índice.

4) Un **algoritmo** de posicionamiento o de relevancia a través del cual el buscador ordena, por orden de importancia, la información de su índice en forma de resultados a consultas realizadas por el usuario. Este algoritmo es secreto y en éste reside la propia credibilidad del buscador.

Una buena fórmula de comprobar como el buscador ve una página web es a través de un simulador de araña, que imita la labor de rastreo. Los robots, como ya se ha mencionado, no leen imágenes (para ello existen robots específicos), ni contenidos en formatos no estándares (por ejemplo, el interior de una animación en formato Adobe Flash). Suelen tener bastantes problemas en la lectura de lenguajes de Script, hojas de estilo en cascada (lenguaje CSS) y con aquellas URLs generadas dinámicamente (que contengan argumentos o identificadores de sesión).

El robot del buscador "entra" en la página como un usuario máquina (user agent:nombre del robot). A partir de ahí lee los encabezados HTTP, interpretando las respuestas que el servidor le envía y cacheando todo el texto indexable de la página, siguiendo ciertos vínculos para continuar su labor de rastreo.

El capítulo 7 recoge una completa recopilación de recursos y herramientas útiles para el posicionamiento en buscadores, incluidos varios simuladores de araña.

SEO Browser es una aplicación web gratuita que sirve como simulador de visualización de páginas web por parte de los spiders o robots de búsqueda, utilizando como ejemplo para ello la página principal de eBay España. El resultado fue el siguiente:

*Imagen 1.6.* Así es como un robot spider visualiza una página web.
*Fuente:* SEO Browser[17].

– Una última fase sería la forma en la que se recupera la información (del inglés information retrieval o IR) del índice y se muestra en el navegador del usuario en forma de resultados de búsqueda (las páginas de resultados o SERPs, Search Engine Results Pages) a la consulta efectuada. Muchos consideran la IR como parte integrante del algoritmo del buscador.

La IR no solo se aplica al campo de los buscadores. Se trata de una ciencia multidisciplinar encargada de recuperar datos desestructurados buscando información en documen-

17 http://www.seo-browser.com

tos, documentos en sí mismos, metadatos que describan dichos documentos o rebuscando dentro de grandes bases de datos, como puede ser la WWW.

La recuperación de la información bebe de fuentes de conocimiento tan dispares como la informática, las matemáticas, la sicología cognitiva, la lingüística, la estadística o la física.

Matt Cutts[18], Ingeniero de Software y cabeza visible del *Webspam Team* en Google, describe a la perfección el proceso de cacheo, recopilación y recuperación de información por parte de un buscador. También explica, a grandes rasgos, como Google ordena y "rankea" sus resultados:

La labor comienza con el "*crawling*" o rastreo inicial del sitio web a través del robot-araña de Google (Googlebot), que indexa los contenidos de miles de millones de páginas web. Googlebot no vaga por la red recopilando información, sino que se la pide a los servidores web para que estos se la muestren de una determinada manera. El escaneo del documento incluye el seguimiento de los enlaces salientes, lo que aporta nuevas páginas web a rastrear. A partir de toda la información recolectada Google construye su índice, asignando a cada página web un número que luego servirá para ordenar y mostrar los resultados de búsqueda en un navegador web, a través de técnicas avanzadas de recuperación de la información (Information Retrival)[19].

[18] Matt Cutts es el empleado de Google que más se "moja" en temas de SEO. Escribe y responde habitualmente sobre cuestiones relativas a posicionamiento en buscadores en su blog personal, www.mattcutts.com/blog, así como en otros blogs oficiales de la compañía.

[19] Se puede consultar el artículo completo escrito por su autor original, Matt Cutts, a través de la siguiente URL: http://www.google.com/librariancenter/articles/0512_01.html

# 4. COMPATIBILIDAD CON BUSCADORES

## 4.1. Conceptos de accesibilidad, indexabilidad y relevancia

Entre los objetivos de un buen planteamiento de posicionamiento en buscadores se pueden destacar:

- Facilitar la labor a las arañas de los buscadores, para que así puedan acceder e indexen la información de nuestro sitio web de una manera más eficiente.
- La optimización de ciertos factores que suelen ser bien ponderados en los algoritmos de posicionamiento o relevancia.
- Recomendaciones y actuaciones para dotar a nuestro sitio web de relevancia y popularidad a través de contenidos de calidad y enlaces entrantes de trascendencia.

Técnicamente un sitio web es accesible para buscadores cuando los robots de los diferentes motores de búsqueda pueden "pasar" e indexar fácilmente las diferentes URLs del sitio web en cuestión, quedando éstas incluidas en los índices de los buscadores, apareciendo en sus listados.

Por tanto, la indexabilidad de un sitio web, hace referencia a la capacidad que tiene el sitio para ser recorrido y "cacheado" eficientemente por los robots de los buscadores.

Conseguir la indexabilidad de un sitio web deberá de ser una realidad en cualquier acción SEO. Muchas veces existen trabas técnicas en los sitios web que la impiden, posibles barreras, infranqueables si no se pone remedio, con que se encuentran los robots en su labor de rastreo. Se trata de sitios web inaccesibles e incompatibles con buscadores. Por tanto, la accesibilidad y compatibilidad con buscadores de un sitio web es previa a su indexabilidad.

Consiguiendo una eficiente indexación de un sitio web se incrementará su saturación en buscadores, es decir, el número de páginas web que los buscadores tienen indexadas en sus índices para un dominio concreto.

Las reglas del ranking u ordenación de resultados residen en el algoritmo de relevancia y posicionamiento del buscador. Este algoritmo, como ya se ha mencionado, puede verse afectado por cientos de factores diferentes, además de ser totalmente dinámico, cambiando casi constantemente, lo que lógicamente se ve reflejado en los resultados de búsqueda. A este constante cambio y dinamismo en el algoritmo del buscador, unido a su interminable e inagotable ritmo de indexación se le conoce como *everflux,* efecto que se ve reflejado sobre todo en Google.

Un consultor SEO no conoce los factores que afectan a los algoritmos de los buscadores, entre otras cosas porque estos algoritmos son secretos. Pero si conocerá como interactuar con alguno de ellos mediante una serie de factores

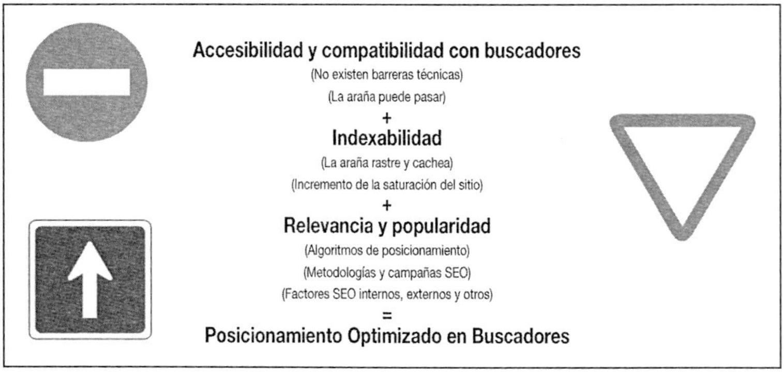


*Imagen 1.7.* Gráfico resumen del proceso de indexación y posicionamiento optimizado en buscadores. *Fuente:* Elaboración propia.

conocidos y que son bien ponderados a la hora de ordenar los resultados para una búsqueda concreta. En toda campaña o metodología SEO estos factores se estudiarán y se les aplicarán cambios y correcciones, para así lograr objetivos de posicionamiento y visibilidad en buscadores.

## 4.2. ¿Cómo buscan los usuarios? Tipos de búsquedas

La forma en la que los usuarios formulan sus búsquedas son infinitas. Básicamente, y para obtener una clasificación formal, se dividirán las búsquedas por tipo y por número de palabras.

Los usuarios de los buscadores pueden realizar 3 tipos de búsquedas:

- **Navegacional**: búsqueda de alguna dirección web específica.
- **Informacional**: buscar información sobre algún tema concreto.
- **Transaccional**: búsquedas que interactúan con el resultado (compras, descargas, etc.).

A un nivel SEO, las más importantes serán, por este orden, la búsqueda transaccional y la informacional. Estas búsquedas, bajo condiciones normales, serán las que reportarán mayores beneficios y un mejor retorno sobre la inversión. Conseguir la transacción, es decir, convertir la visita llegada a través de un buscador o de una estrategia SEO en un objetivo definido, no solo dependerá del SEO en sí mismo, sino que influirán muchísimos otros factores (diseño, usabilidad, navegabilidad) del sitio web en cuestión.

La definición (o no) de los objetivos de conversión siempre son fijados de antemano y de forma individual para cada proyecto de marketing online. Estos pueden ser desde una simple visita, una venta, una descarga, una petición de información, la cumplimentación de un formulario, etc.

Por todo ello, es fundamental para toda campaña SEO fijar aquellas palabras de búsqueda con un mayor atractivo o potencialidad de conversión, siempre hablando del nicho de mercado al que se vaya a atacar y sin descartar de antemano ningún tipo de búsqueda en una estrategia de optimización web para buscadores. Cualquier tipo de visita web será bien recibida.

Por número de palabras, y según los últimos estudios, el 47% de los usuarios introducen 2 ó 3 palabras clave al realizar una búsqueda, y sólo el 11% utilizan 1 palabra para formular su consulta.

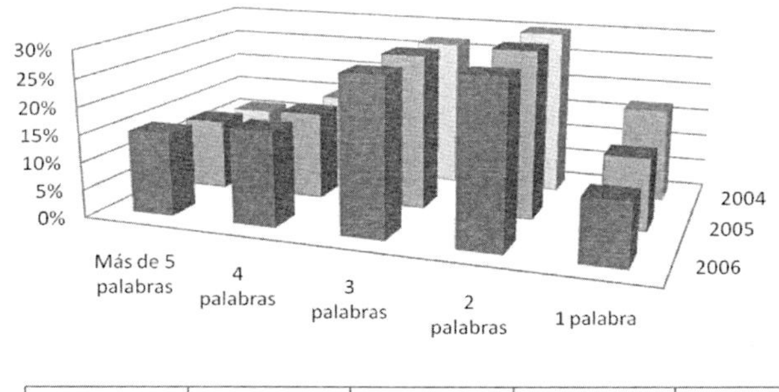


| | Más de 5 palabras | 4 palabras | 3 palabras | 2 palabras | 1 palabra |
|---|---|---|---|---|---|
| 2006 | 15% | 17% | 28% | 29% | 11% |
| 2005 | 13% | 16% | 28% | 30% | 13% |
| 2004 | 11% | 15% | 27% | 30% | 17% |

*Imagen 1.8.* Gráfico anual comparativo del número de palabras utilizadas por búsqueda. *Fuente:* Search Marketing 2007 Benchmark Guide, Marketing Sherpa[20].

[20] http://www.marketingsherpa.com

Estas tendencias indican que el usuario afina cada vez más sus búsquedas, y que el porcentaje de usuarios que introduce una única palabra clave por búsqueda es cada vez inferior. Por tanto, las búsquedas genéricas han descendido a favor de las más específicas.

El comportamiento del usuario ante un resultado de búsqueda también se ha estudiado a través de herramientas avanzadas, como pueden ser los estudios de comportamiento visual o *eye tracking*, que marcan los lugares "calientes" a donde se dirige la vista y en donde más clicks se realizan.

Fruto de ello nace el concepto del triángulo dorado de los buscadores, zona en la que se producen la mayor parte de los clicks en una SERP, y que coinciden con los primeros puestos de los resultados, tal como muestra la imagen 1.9.

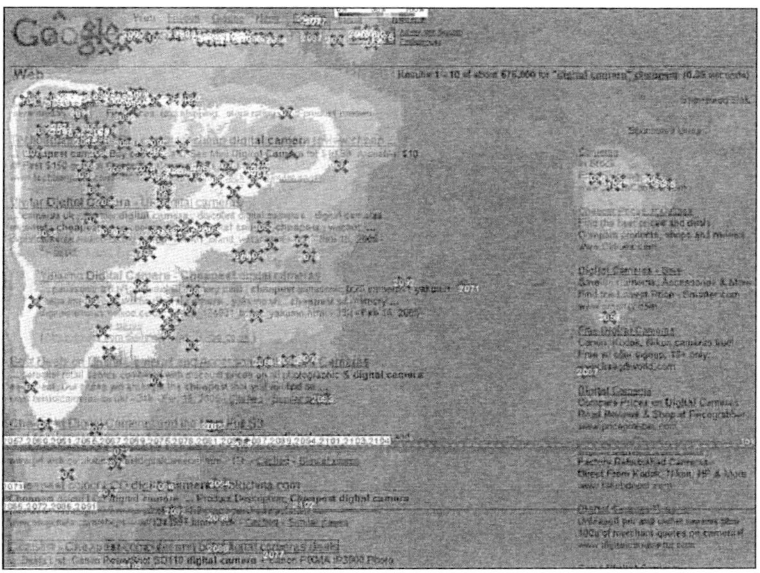

*Imagen 1.9.* Los estudios de eye tracking analizan los lugares hacia donde se dirigen la vista y los clicks de los usuarios.
*Fuente:* Search Marketing Eye Tracking Study, Marketing Sherpa.

## 4.3. El concepto *The Long Tail* aplicado a buscadores

The Long Tail es una distribución que explica ciertos modelos económicos y de negocio, remarcando la importancia de la victoria de lo minoritario sobre lo popular. Por ejemplo, las ventas totales de una empresa de comercio electrónico como Amazon[21] se rigen por una tendencia en la que unos pocos best-sellers venden menos en su conjunto que multitud de obras menos populares sumadas individualmente.

El concepto The Long Tail (la larga cola) fue acuñado por Chris Anderson en un artículo de la revista Wired en octubre de 2004[22]. Posteriormente escribiría el libro "La economía Long Tail", en 2006[23].

En el plano del posicionamiento en buscadores, existirán términos mucho más buscados, versus muchísimas búsquedas de menor frecuencia, pero que sumadas todas, podrían significar más que los primeros en cantidad. "Muchos pocos hacen un mucho", que diría el refrán.

Esto significaría que sin descuidar las frases más competitivas o palabras clave "pata negra", también se debería de hacer caso a la larga cola de términos "del montón" a la hora de optimizar, teniendo en cuenta este tipo de búsquedas dentro de una estrategia de generación de tráfico cualificado y de aumento de visitas.

La larga cola de búsquedas es impredecible, ya que muchas veces depende:

---

[21] Amazon.com: Online Shopping for Electronics, Apparel, Computers, Books, DVDs & more http://www.amazon.com.

[22] http://www.wired.com/wired/archive/12.10/tail.html

[23] ANDERSON, Chris. "The Long Tail: Why the Future of Business is Selling Less of More". http://www.thelongtail.com.

- De la mente humana y de cómo ésta genera búsquedas.
- De los caprichos del propio buscador.

Como ejemplo están las visitas totalmente ocasionales, que llegan buscando algo poco o nada relacionado con nuestra temática pero que al final aterrizan en nuestra web.

La labor de análisis y consultoría estará en filtrar aquellas palabras de la larga cola que sirvan para una estrategia de posicionamiento en buscadores, eligiendo aquellas más susceptibles de generar algún visitante cualificado y susceptible de originar conversiones.

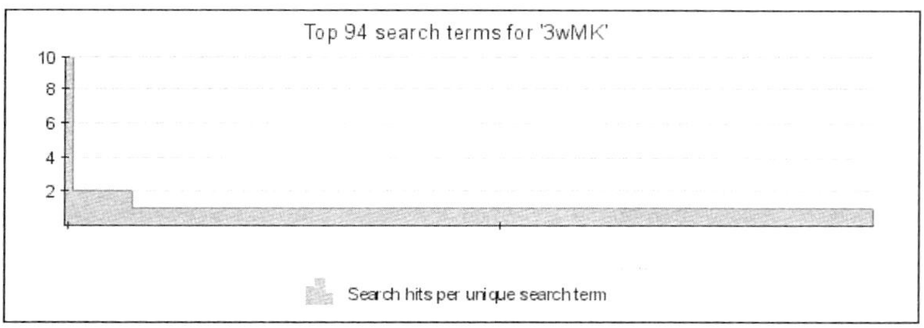


*Imagen 1.10.* Ejemplo de una distribución real de la larga cola aplicada a buscadores: de las 94 visitas originadas por buscadores, 86 se han utilizado sólo una vez. *Fuente:* $10^3$ Bees[24].

## 5. LOS JUGADORES MÁS IMPORTANTES EN EL MERCADO DE LAS BÚSQUEDAS Y SUS PRINCIPALES CARACTERÍSTICAS. LA MATRIZ GYB

Google, Yahoo Search, Bing (antes Windows Live Search) y Ask son los 4 grandes buscadores de internet en la actualidad. Exceptuando algún buscador local con mucha cuota

[24] Analizador de tráfico $10^3$ Bees. http://www.103bees.com.

de mercado (caso de Baidu[25] en China o Yandex[26] en Rusia) entre estos 4 buscadores copan prácticamente la totalidad del mercado de las búsquedas a nivel mundial, ya que también prestan su tecnología a otros buscadores, caso de Google a AOL o Yahoo a Altavista.

*Imagen 1.11.:* Baidu es el buscador más popular del mercado chino. *Fuente:* Baidu.com.

En el plano nacional, Google es el gran protagonista, con más del 90% de penetración en el mercado. Los 3 grandes forman la llamada matriz GYB (Googgle, Yahoo y Bing) y toda campaña de posicionamiento en buscadores deberá de ir orientada a lograr resultados en, por lo menos, estos 3 buscadores.

---

25 http://www.baidu.com
26 http://www.yandex.com

## Google

Con 10 años de existencia en el mercado, Google se ha convertido en la marca más reconocidas a nivel mundial[27], superando a marcas tan consolidadas y populares como General Electric, Coca-Cola o Microsoft.

La meta original de Google, cuya misión corporativa es "organizar toda la información mundial y hacerla universalmente accesible y útil", se ha visto influenciada por unos objetivos empresariales ambiciosos, más si cabe tras su salida a bolsa en 2004.

La dependencia actual de su maná publicitario a través del programa Google AdWords (origen del 99% de sus ingresos) ha sido el acicate para realizar numerosas compras estratégicas, intentando ampliar su mercado y diversificar sus servicios, aparte de invertir su largo remanente de tesorería. Sus más sonadas adquisiciones fueron:

- Pyra Labs (creadores de Blogger[28]) en 2003.
- Urchin Software Corporation[29] en 2005.
- YouTube[30] en 2006.
- DoubleClick[31] en 2007.
- AdMob[32] en 2009.

[27] Brown Optimor, Millward: "2007 Brandz, top 100 most powerfull brands", http://www.millwardbrown.com/Sites/Optimor/Media/Pdfs/en/BrandZ/BrandZ-2007-RankingReport.pdf.
[28] http://www.blogger.com
[29] http://www.google.com/urchin/index.html
[30] http://www.youtube.com
[31] http://www.doubleclick.com
[32] http://www.admob.com

Incluso durante 2007 se hizo con la start-up española Panoramio[33], una interesante solución web híbrida o *mashup* (aplicación que se nutre de la integración con otras aplicaciones) sobre Google Maps.

A estas compras se le añadieron el lanzamiento de nuevos servicios complementarios al buscador (mapas, correo electrónico, aplicaciones en línea o un servicio de estadísticas web, son algunos ejemplos). A través de Google Labs se canalizan todos los nuevos servicios y nuevas investigaciones, que siempre se lanzan en fase beta. Todo ello con el fin de aumentar un inventario publicitario (espacios para la publicidad) ya de por sí enorme. Y de paso meter miedo a sus competidores.

Con un diseño visual muy simple (su diseño "espartano" característico), Google se ha convertido en un gigantesco *player* de internet, sin tocar si quiera, salvo en contadas incursiones (véase Google Finance[34] o Google Knol[35]), lo que sus competidores apoyan y generan continuamente para crear valor en la red: los contenidos.

## Yahoo!

Si se habla de contenidos habrá que pasar al segundo gran jugador del mercado: Yahoo! Con unos ingresos más diversificados, fue una de las cabeceras web pioneras en ofrecer contenidos a sus usuarios a modo de Portal.

Yahoo!, como ya se apuntó anteriormente, fue en sus orígenes un directorio web gestionado por humanos, que más

---

33 http://www.panoramio.com
34 http://finance.google.com
35 http://knol.google.com

tarde derivaría, tras la adquisición de tecnologías de búsqueda punteras (Inktomi, Altavista), en Yahoo! Search, su buscador web basado en robot.

Yahoo! dedicó en sus inicios casi todos sus esfuerzos a su propio directorio, olvidándose de las tecnologías de búsqueda e indexación automática. En 2000 llegó a un acuerdo estratégico con Google para que este le cediese su tecnología en los resultados de búsqueda. La colaboración duró hasta que Yahoo! se metió de lleno en el mercado de la publicidad online contextual.

Yahoo! También aprovechó la compra estratégica de Overture para introducirse en las redes de pago por click y publicidad contextual. Esta firma, que antes se había hecho con Go To, fue pionera en el negocio de los enlaces patrocinados.

Actualmente Yahoo! gestiona a través de la marca Yahoo! Search Marketing todos sus servicios *Search*. Importantes adquisiciones fueron las de Flickr[36] o Del.icio.us, plataformas sociales para compartir fotos y enlaces favoritos. La integración de todos estos nuevos servicios y el lanzamiento de nuevos productos, como puede ser la plataforma colaborativa de preguntas y respuestas Yahoo! Answers[37], posiciona a Yahoo! como uno de los referentes de la llamada Web 2.0 o web social, en donde el usuario obtiene un papel de protagonista absoluto.

Yahoo!, como su principal competidor, también investiga. Dispone de *Research Centers* distribuidos por todo el mundo, uno de ellos en Barcelona. En estos centros se llevan a cabo proyectos de investigación sobre diferentes áreas:

---

36 http://www.flickr.com
37 http://answers.yahoo.com

buscadores, tecnologías de búsqueda y "search" es una de ellas.

## Bing

Pasando ya al terreno de la comunicación entre usuarios de internet toparemos con MSN, siglas de MicroSoft Network. Desde 1995, año en que se lanzó el servicio, MSN ha sido de gran apoyo online a toda la compañía y sus productos.

De los primeros pasos de MSN en la red se recuerda:

- La compra del primer proveedor mundial de correo electrónico gratuito en número de usuarios (Hotmail en 1997).
- El desarrollo de la aplicación líder en mensajería instantánea (MSN Messenger en 1999).

Microsoft presentó su primer buscador basado en robot en el año 2005, tras utilizar anteriormente tecnologías de búsqueda de sus competidores. En vez de comprar alguna tecnología ya establecida, MSN Search se materializó al 100% dentro de la casa, en donde los Centros de Investigación Microsoft Research tuvieron mucho que ver. Posteriormente aglutinó todos sus servicios online bajo el paraguas de Windows Live, incluido su buscador, Live Search.

El tercer cambio de la marca utilizada para search se produjo durante el 2009. Microsoft lanzó a nivel mundial en Junio de 2009 su nuevo buscador: Bing, sucesor de Live. Bing incorporó ciertas novedades como buscador, y tras los primeros meses de funcionamiento se ha convertido en una alternativa a Google, sobre todo en el mercado USA.

Microsoft está preparando nuevos lanzamientos como su propia red de enlaces patrocinados de pago por click llamada AdCenter[38], ya que actualmente depende de Yahoo en este sentido, y su red de publicidad contextual para editores web al estilo Google AdSense, llamada Content Ads.

Microsoft entró en octubre de 2007 en el accionariado de la red social más popular del momento: Facebook[39] (ver imagen 1.12).

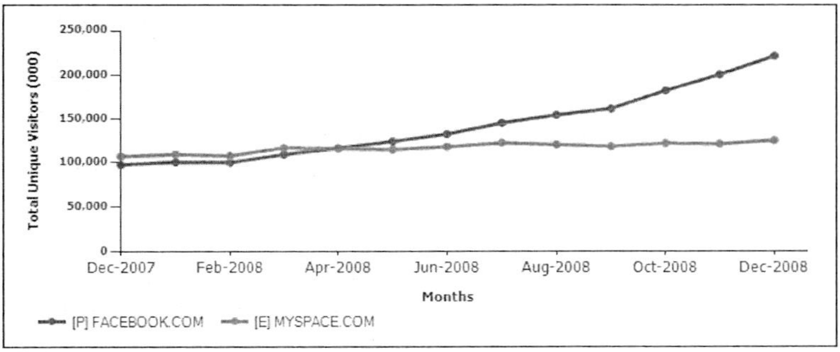


*Imagen 1.12.* Gráfico comparativo de visitantes únicos de las redes sociales Myspace[40] y Facebook, periodo diciembre 2007-diciembre 2008. *Fuente:* Comscore[41].

Con más de 400 millones de usuarios registrados[42], si Facebook fuese un país tendría más población que USA (ver imagen 1.13).

En 2008, Microsoft llegó a hacer una oferta pública de adquisición por Yahoo!, que fue rechazada por los gestores de ésta última compañía. Durante 2009. La compañía llegó

---

38 https://adcenter.microsoft.com
39 http://www.facebook.com
40 http://www.myspace.com
41 http://www.comscore.com
42 Datos del 5 de febrero de 2010, http://blog.facebook.com/blog.php?post=287542162130.

a acuerdos de cesiones e intercambios de publicidad y tecnología con Yahoo.

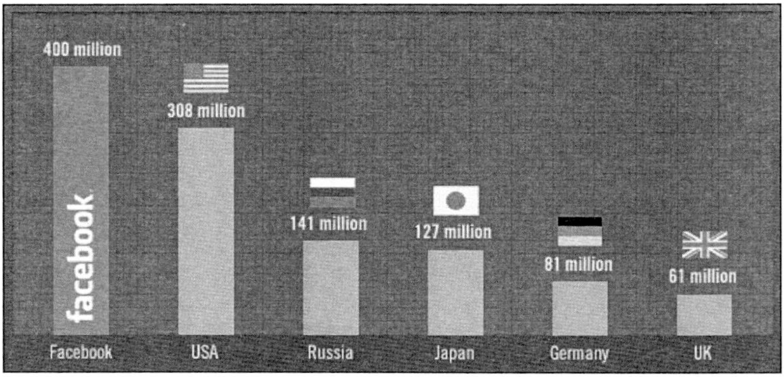


*Imagen 1.13.* Gráfico comparativo de usuarios registrados en Facebook y la población de diferentes países. *Fuente:* Pingdom[43].

Con este buscador se completa la matriz principal de buscadores a nivel mundial: GYB (Google, Yahoo! y Bing).

*Imagen 1.14.* Interfaz visual de Bing España, noviembre 2009. *Fuente:* Bing.com.

43 http://royal.pingdom.com

A grandes rasgos, estas son las principales diferencias y similitudes de los 3 grandes jugadores dentro del mercado de las búsquedas, que no solo compiten entre sí en cuanto a sus buscadores se refiere, sino que miden fuerzas en otros muchos campos de batalla:

- Búsqueda de imágenes.
- Búsqueda de noticias.
- Búsqueda de blogs.
- Búsqueda de videos.
- Búsquedas a través del móvil.
- Búsqueda de escritorio (desktop search).
- Barras de herramientas para navegador (toolbars instalables).
- Publicidad online en sus diferentes formatos: banners, enlaces patrocinados y publicidad contextual.
- Mapas y callejeros.
- Clientes de mensajería instantánea (GTalk, Yahoo! Messenger y Windows Live Messenger).
- Correo electrónico, sobre todo en su capacidad de almacenamiento (GMail, Yahoo! Mail y Windows Live Mail-Hotmail).
- Plataformas sociales multimedia (videos, fotos, etc.) y redes sociales: YouTube, Flickr y Facebook.
- Búsqueda y opinión sobre productos.
- Pasarelas de pago online.
- Agregadores y lectores de feeds.
- Aplicaciones ofimáticas.
- Estadísticas web.
- Plataformas de blogging entre otras muchas aplicaciones y plataformas.

Con todos estos datos se puede afirmar que la joven industria de los buscadores (con no más de 20 años de existencia) ha sufrido una fuerte evolución en los últimos años, provocada por la transformación en las tecnologías de búsqueda, pasándose de un modelo de catalogación semimanual a otro totalmente automatizado. El Premio Príncipe de Asturias de Comunicación y Humanidades 2008[44] otorgado a Google, es una señal inequívoca de la marcha hacia la madurez en el mercado de los buscadores.

Por su parte, los usuarios de los buscadores se han ido especializando cada vez más, planteando búsquedas más concretas y con más palabras clave que antaño. Sus necesidades de información se han ido ampliando, utilizando y accediendo a nuevos recursos de búsqueda (imágenes, noticias, videos, mapas).

Por último, la disciplina del SEO ha ido amoldándose a todos estos cambios, aprendiendo a medida que tanto buscadores como usuarios evolucionaban.

---

44 http://www.fpa.es, la Fundación Príncipe de Asturias, reunida en Oviedo, el 11 de junio de 2008 concedió a Google el Premio Príncipe de Asturias de Comunicación y Humanidades 2008.

Capítulo 2

# Aproximación al marketing y al posicionamiento web en buscadores

MIGUEL ORENSE

## 1. LAS ESTRATEGIAS DE MARKETING DE RESULTADOS DENTRO DEL MARKETING DIGITAL

Las últimas cifras indican un importante repunte de la inversión en publicidad online. Tras unos años de ajuste, pasada la burbuja tecnológica de los años 1999-2002, el pastel publicitario se ha venido incrementando año a año, sobre todo de 2005 a 2006, creciendo más de un 90% en ese periodo. Por poner un ejemplo, del total de la inversión publicitaria en España, Internet aportó en 2007 más de un 6%, siendo la inversión en buscadores una de sus partidas más importantes, con un 49% sobre el total invertido en medios interactivos[1]. Datos de 2009[2] reafirman esta tendencia, alcanzando los medios digitales el 11,64% de la inver-

---

[1] Estudio "Inversión en medios interactivos 2007", realizado por PriceWaterhouseCoopers e Internet Advertising Bureau España (IAB Spain). Sección "Estudios de mercado IAB", http://www.iabspain.net.

[2] http://www.slideshare.net/IAB_Spain/estudio-de-inversion-en-medios-digitales-iabpwc-2009

sión publicitaria y los buscadores un 54,49% sobre el total destinado a interactivos.

El uso de buscadores es la actividad más repetida por los internautas, junto a la consulta del correo electrónico. Además, según las últimas estadísticas pocos son los usuarios de los buscadores que sobrepasan la segunda página de resultados tras realizar una búsqueda[3].

Todo esto muestra un panorama difícil de analizar competitivamente hablando. Se plantean búsquedas (mercados) que facilitan millones de resultados (competidores) de los cuales sólo los 20 primeros van a tener una visibilidad privilegiada, convirtiéndose en líderes de mercado, y en muchos casos, también de opinión.

A diario se realizan millones de búsquedas de todo tipo. Si nuestro resultado se encuentra dentro de las primeras 20 posiciones, se tendrá infinidad de posibles contactos comerciales o clientes al alcance. Si no se copan las posiciones nobles, nuestra competencia podrá hacerlo, esfumándose así la posibilidad de conseguir clientes rentables a través de una presencia en los resultados de búsqueda de los diferentes buscadores.

Durante los últimos años, este doble empuje anunciantes-usuarios ha provocado que la inversión en buscadores haya sido la que mayor crecimiento ha experimentado, afectando a otros competidores publicitarios.

Pero partiendo del origen, se definirán de manera general todas aquellas estrategias de marketing que se pueden realizar en la red. Se dice que las estrategias y técnicas desarrolladas en internet para publicitar o vender información, bie-

---

3 IPROSPECT: "Search Engine User Behavior Study (April 2006)". http://www.iprospect.com/premiumPDFs/WhitePaper_2006_SearchEngineUserBehavior.pdf.

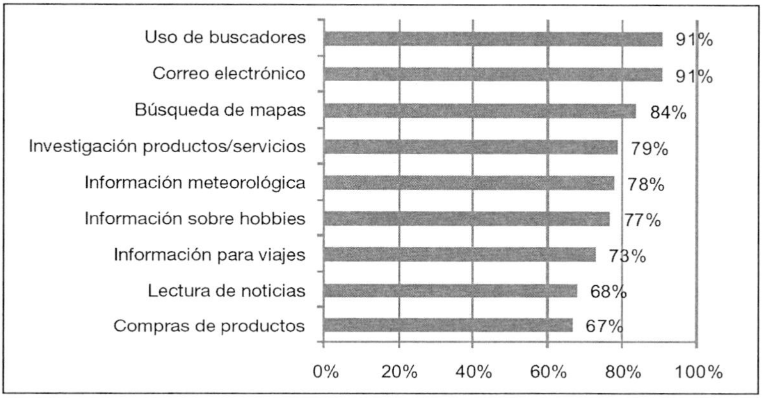


*Imagen 2.1.* Actividades más realizadas por los internautas. Buscadores y e-mail son los usos más repetidos.
*Fuente:* Search Marketing 2007 Benchmark Guide, Marketing Sherpa.

nes o servicios se conocen como marketing digital, marketing online o marketing en internet. Otros términos utilizados pueden ser marketing electrónico, e-marketing o marketing virtual.

Dentro del marketing digital existen diferentes disciplinas, que a su vez derivan en diversas estrategias de marketing, como pueden ser:

## Estrategia de Marketing de Marca

Se trata de la publicidad online "convencional", mediante banners y formatos gráficos o animados similares, como puede ser el video. Comunicar y publicitar una marca o hacer branding en internet es mucho más sencillo a través de anuncios de contenido gráfico y visual, siendo también conocidos como formatos de *display*. Esta estrategia es la más cercana a la publicidad tradicional en prensa o televisión, y se suele medir por CPMs (Coste Por cada Mil impresiones de anuncio contratado).

## Estrategia de Marketing de Permiso

Las estrategias de e-mail marketing o de envíos de e-mail segmentados a partir de una base de datos de direcciones de correo electrónico, deben siempre contar con el beneplácito del destinatario. Es lo que se conoce como permission marketing o opt-in e-mail, y no se debe de confundir con el envío indiscriminado de correos sin el consentimiento expreso del destinatario (e-mail spam).

## Estrategia de Marketing de Resultados

La facilidad de medición y consecución de objetivos en campañas de marketing de resultados en internet conduce a una estrategia o disciplina fundamental en este tipo de campañas: el Search Engine Marketing o Marketing en Buscadores, en sus dos vertientes existentes:

- El Pago Por Click (conocido como PPC o SEM), mediante anuncios de texto llamados enlaces patrocinados y su variante llamada publicidad contextual, anuncios que se sirven en función del contexto.
- El posicionamiento web en buscadores (SEO), también llamado posicionamiento optimizado en buscadores.

## Estrategia de Marketing de Viralidad

Hacer ruido en internet es la base de esta estrategia. El marketing viral y el buzz marketing son campañas online que utilizando diferentes soportes y métodos tratan de despertar el interés dentro de la comunidad online, el comentario y la replicación viral a través de la red. Aunque la viralidad se puede planear de forma estratégica en muchas ocasiones se trata de una consecuencia, alcanzable o no según el éxito conseguido con este tipo de acciones.

## Estrategia de Marketing en Medios Sociales

El Social Media Marketing, o la aparición, participación y optimización en medios sociales tales como blogs, feeds[4], webs 2.0[5] o redes sociales, remarcan la importancia del usuario dentro de cualquier estrategia de marketing online. Es lo que se conoce como Social Media Marketing (SMM) y Social Media Optimization (SMO).

Apuntar únicamente que también se podría incluir, dentro del marketing de resultados, al marketing de afiliación como otra posible variante. Los diferentes programas de afiliados se basan en el cobro de una comisión por la generación de "leads" (prospects) cualificados desde sitios web asociados al programa, lo que también se denomina, en ocasiones, campañas de coste por adquisición (CPA).

A grandes rasgos podemos afirmar que los objetivos de estas estrategias son parecidos: cualquier estrategia de marketing en internet tendrá como objetivo conseguir tráfico hacia un sitio web determinado, para que una vez allí se produzca el objetivo último de campaña.

El tráfico en web se mide en número de visitas, aunque últimamente han ganado protagonismo otras mediciones como puede ser el tiempo de permanencia medio por visita en un sitio web. Dentro del marketing en internet, el click es la medida habitual de éxito.

---

4 Un feed o canal de sindicación es todo aquel contenido que se puede compartir o distribuir independientemente dentro de un sitio web.

5 Tim O´Reilly acuñó el término "web 2.0" en 2005. Más información: http://www.oreillynet.com/pub/a/oreilly/tim/news/2005/09/30/what-is-web-20.html.

## 1.1. Diferencias entre las distintas estrategias de e-marketing

La diferencia entre estas estrategias y disciplinas reside en 4 variables fundamentales:

1) **Creatividad**, es decir, la dosis creativa para crear y definir campañas dentro de cada estrategia o disciplina.
2) **Participación** (que no atención) por parte del usuario, grado de importancia de la misma dentro de cada estrategia. Mide el nivel de implicación, no el grado de interés del usuario.
3) **Cualificación** o grado de interés del receptor del mensaje o impacto dentro de cada disciplina.
4) **Conocimientos técnicos** necesarios para implementar campañas en cada disciplina.

Así pues, se puede afirmar que las estrategias más intensivas en creatividad son el marketing viral y el marketing de marca, donde la idea creativa es de lo más importante. En el otro lado de la balanza, encontramos que en estrategias "search" o de marketing de resultados (SEM/SEO), el componente creativo disminuye a la mínima expresión, limitándose a la redacción de ciertos textos.

En cuanto a la participación del usuario, en estrategias de Social Media y Virales se tornará imprescindible, ya que de una u otra manera el usuario es partícipe o protagonista de las mismas.

En cambio, el componente participativo del usuario en estrategias Search es ínfimo, ya que éste no es partícipe en ningún momento de la estrategia planteada, sino que solamente participa si se consigue atraer su atención a través del mensaje o se está en el momento justo en el lugar adecuado. Eso sí, el grado de atención o interés del usuario es máximo en este tipo de estrategias.

Si hablamos de cualificación, entendida ésta como la cota de interés máxima que experimenta un usuario antes de recibir un mensaje, las estrategias SEO y SEM destacan sobre el resto, ya que juegan con la ventaja de que el usuario ha realizado una búsqueda para la cual, los resultados que va a mostrarle el buscador serán de su máximo interés. Según diversos estudios los resultados orgánicos (no pagados, SEO) de los buscadores gozan de mayor credibilidad (o interés) entre los usuarios que los resultados patrocinados (pagados, SEM)[6]. Podemos afirmar entonces que existe cierto paralelismo con la diferencia entre publicidad (SEM) y relaciones públicas (SEO).

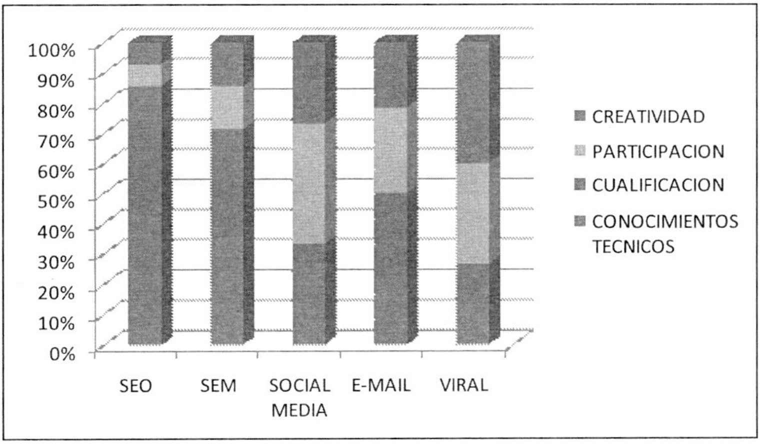


*Imagen 2.2.* Diferentes estrategias de marketing en internet y reflejo del peso proporcional de las variables que inciden en las mismas. *Fuente:* Elaboración propia.

[6] ENQUIRO SEARCH SOLUTIONS INC.: "Eye tracking report: Google, MSN and Yahoo! compared", noviembre de 2006.

Por último, y partiendo de la base de que el componente técnico es una parte importante de cualquier estrategia de marketing en internet, los conocimientos técnicos necesarios para llevar a cabo una campaña SEO son sensiblemente superiores a los de cualquier otra estrategia.

El SEO es por tanto la disciplina del marketing digital con un mayor peso técnico, además de ser, como veremos más adelante, la más multidisciplinar.

## 2. OBJETIVOS BÁSICOS DEL MARKETING Y DEL POSICIONAMIENTO EN BUSCADORES

### 2.1. Introducción al SEM - Search Engine Marketing

Cuando se aborda el marketing en buscadores se habla de una estrategia joven, nacida a raíz de la aparición y la evolución de los buscadores en el mercado internet. El perfeccionamiento de las tecnologías de búsqueda y la oferta publicitaria en buscadores, provocaron la consolidación. También se trata de una estrategia en constante evolución, en la que cada día surgen novedades y en la que habrá que estar al día sobre estos cambios para no quedarse rezagado.

El Search Engine Marketing o SEM (literalmente Marketing de motores de búsqueda) es una disciplina del marketing digital basada en resultados, que aglutina toda una serie de acciones como pueden ser:

- Estrategias publicitarias.
- Actividades y técnicas de promoción y posicionamiento.
- Marketing interactivo y directo online.

Todas estas acciones están focalizadas en obtener una visibilidad notable y una buena repercusión en los diferentes buscadores y directorios presentes en la red como medio para alcanzar, a través de búsquedas realizadas, un público objetivo concreto.

El SEM es un marketing de resultados, ya que todo es fácilmente medible dentro de campañas de este tipo, especialmente la evaluación de conclusiones, resultados y el retorno sobre la inversión.

Como actividades o disciplinas del SEM podemos incluir:

- Las campañas de enlaces patrocinados de Pago Por Click (por ejemplo, campañas en Google AdWords o Yahoo! Search Marketing[7]), o compra de palabras clave en buscadores.

  El PPC fundamenta su funcionamiento en el CPC, el Coste Por Click máximo que un anunciante está dispuesto a pagar por un click o visita. Una variante del PPC es la publicidad contextual, basada fundamentalmente en mediciones CPM (Coste por cada Mil impresiones). Esta se basa en el contexto de otras páginas web para servir anuncios relevantes y concordantes con la temática del sitio web de destino.
- El alta en buscadores y directorios, incluyendo el pago por inclusión (*paid listing*)[8]. Actualmente esta actividad ya no se considera una disciplina aparte, y se trata de una acción para ganar popularidad en internet a través de enlaces.

---

[7] Google y Yahoo! ofrecen ayuda y formación especializada sobre sus programas publicitarios de pago por click: http://adwords.google.es/support y http://help.yahoo.com/l/es/yahoo/ysm/sps/index.html. Por su parte, Microsoft prepara su propia plataforma de enlaces patrocinados llamada AdCenter: http://adlab.microsoft.com.

[8] Actualmente, dentro de los tres grandes buscadores solo Yahoo! ofrece servicios de paid listing a través de sus servicios Search Submit y Directory Submit.

- El posicionamiento optimizado en buscadores (SEO), también conocido como posicionamiento natural, orgánico o algorítmico.

La mayoría de buscadores presentan dos zonas diferenciadas dentro de sus resultados de búsqueda. Una zona es gratuita (no se paga por aparecer) y corresponde a resultados procedentes de la base de datos orgánica (es decir, interna) del buscador. La segunda es una zona patrocinada o pagada, en donde a los anunciantes se les cobrará en función del número de clicks que su anuncio reciba.

Si se observa una página de resultados de Google, Yahoo o Bing, los resultados situados a la izquierda son los resultados gratuitos obtenidos directamente de la base de datos de Google, Yahoo y Bing, y aquellos en los que el posicionamiento orgánico (SEO) intentará obtener visibilidad. Los resultados de la derecha (a veces, incluso, en la parte superior) separados de los anteriores por una línea vertical, corresponden a los resultados de pago procedentes de los programas Google Adwords o Yahoo Search Marketing (Bing utiliza estos últimos), los sistemas publicitarios de pago por click de Google y de Yahoo (SEM):

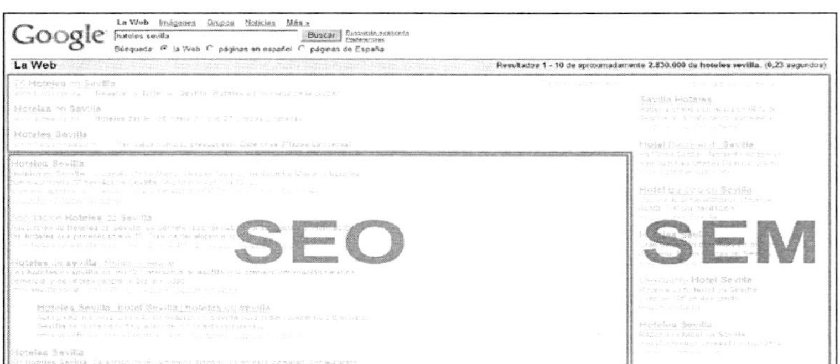


*Imagen 2.3.* Diferencia entre los resultados orgánicos y patrocinados y sus estrategias asociadas (SEO/SEM) en el buscador Google.

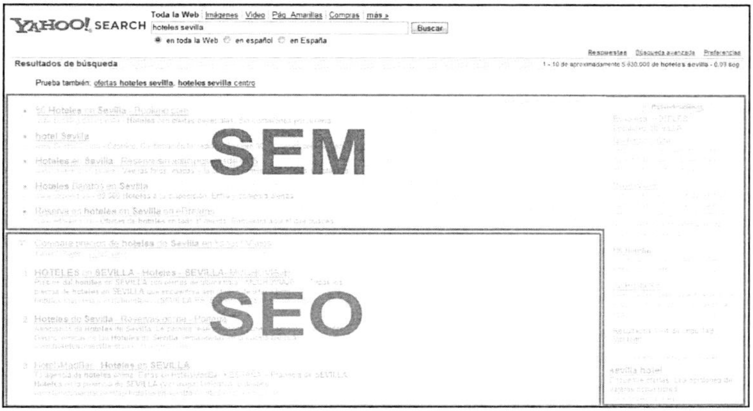


*Imagen 2.4.* Diferencia entre los resultados orgánicos y patrocinados y sus estrategias asociadas (SEO/SEM) en el buscador Yahoo!

*Imagen 2.5.* Diferencia entre los resultados orgánicos y patrocinados y sus estrategias asociadas (SEO/SEM) en el buscador Live Search.

A grandes rasgos las diferencias entre SEM y SEO que se aprecian en las páginas de resultados son:

- SEM: inserción de anuncios textuales de pago en los resultados publicitarios o esponsorizados, también llamados enlaces patrocinados de Pago Por Click (PPC).

- SEO: aparición gratuita y posicionamiento en los primeros puestos de los resultados no pagados, también llamados resultados naturales, orgánicos o algorítmicos.

Coloquialmente muchas personas identifican las campañas de PPC como SEM. Aunque realmente SEM abarca ambas disciplinas (PPC y SEO), la equivalencia PPC=SEM está tan extendida en el sector del marketing en internet que a partir de ahora se denominará SEM a todo aquello que sea PPC o búsqueda patrocinada.

## 2.2. Aparecer en buscadores pagando: el PPC - Pago por click

Aparecer pagando, por tanto, es una opción rápida y directa que los buscadores ofrecen. Preparar una sencilla y pequeña campaña SEM de enlaces patrocinados puede llevar sólo unos minutos. Queda pendiente, por lo tanto, definir el SEM bajo el nuevo marco contextual del Pago Por Click (PPC):

El SEM es un modelo de publicidad online basado en resultados, propio de los buscadores, en el que el anunciante sólo paga por los clicks que su anuncio de texto recibe. Estos anuncios textuales, conocidos como enlaces patrocinados, estarán ligados a búsquedas concretas realizadas por los usuarios y normalmente asociados a palabras clave. Su distribución se podrá realizar por idioma, por país o incluso por sitio web.

Los programas publicitarios online de los diferentes buscadores, como puede ser Google AdWords, Yahoo! Search Marketing o Miva, están basados en la compra de palabras clave por parte de los anunciantes a un precio fijado a través de una subasta (el llamado CPC, Coste Por Click) y en la gran facilidad para implementar y medir este tipo de campañas.

Tras esta subasta y después del estudio de la relevancia y del rendimiento actual del anuncio, el buscador ordenará estos anuncios, de manera que los mejores anuncios aparecerán más arriba, más visibles y dentro de las primeras páginas de búsqueda.

Como hemos visto en las imágenes 2.3, 2.4 y 2.5, los enlaces patrocinados aparecerán en forma de "L" invertida, en las partes superior y lateral derecha de los resultados de búsqueda.

Los buscadores también han llegado a acuerdos con grandes portales o con más modestos webmasters y editores para insertar sus anuncios en otros sitios web, ampliando así sus redes de pago por click.

En estos sitios asociados de la llamada red de búsqueda y de contenido, se insertan enlaces patrocinados en función del contexto de la página huésped: es la llamada publicidad contextual. Bajo este modelo de publicidad los buscadores reparten sus ganancias generadas con el editor web propietario del sitio que les presta el espacio. El administrador web solo deberá de introducir un código JavaScript en el lugar donde quiera que se visualicen los anuncios.

La red de contenido también acepta otro tipo de anuncios, como pueden ser banners en sus diferentes formatos y dimensiones (gifs, flash, video, etc.), más cercanos al modelo CPM, tarificando por cada mil visualizaciones del anuncio. Los grandes buscadores han provocado así un impulso del marketing de marca a través del banner, como fórmula para copar las dos principales variantes de publicidad online existentes en el mercado (display y search). Las redes de contenido más importantes son las de los sitios pertenecientes a los

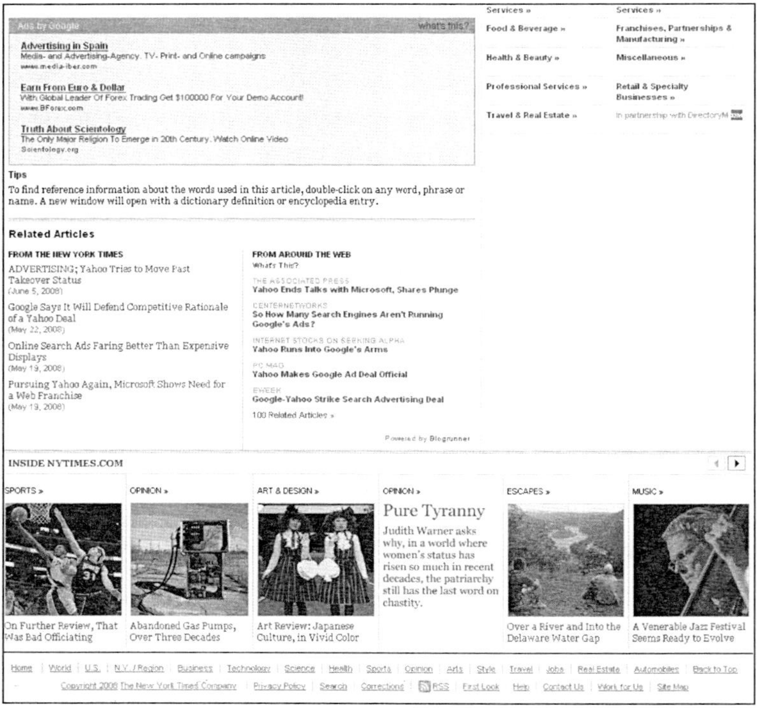


*Imagen 2.6.* Anuncios de publicidad contextual (cuadrado resaltado) insertados en el sitio web de The New York Times. *Fuente:* Thenewyorktimes.com[9].

programas Google AdSense[10] y Yahoo! Publisher Network, aunque existen opciones similares como puede ser Clicksor[11].

El SEM es la vertiente más publicitaria del marketing en buscadores, y la que mayor ganancia aporta a estos. En el

9 http://www.nytimes.com

10 Google lanzó su programa de publicidad contextual, pionero en internet, llamado AdSense en 2003, tras la compra de Applied Semantics, y la posterior integración de su tecnología.

11 www.clicksor.com es un programa publicitario destinado a editores web y basado en “revenue sharing”, en donde las ganancias publicitarias se reparten entre el programa y el sitio web asociado.

caso de Google, el 99% de sus ingresos totales provienen de su programa publicitario Google AdWords. Un 65% de estos ingresos publicitarios provienen de su buscador y sus sitios web, mientras que un 35% tienen su origen en la publicidad contextual de su red de sitios web asociados[12]. Los ingresos de los otros buscadores punteros en la red están más diversificados. En el caso de Yahoo!, el 86% de sus ingresos provienen de sus diferentes servicios de marketing, ya sea a través de sus propios sitios web (53%) o a partir de sitios web afiliados (33%)[13].

El carácter tan publicitario del SEM hace que también sea conocido en algunas ocasiones como SEA (Search Engine Advertising) o publicidad en buscadores.

## 2.3. Posicionamiento web en buscadores o SEO - Search Engine Optimization

Existe otra manera de aparecer en buscadores y de una manera gratuita: saliendo en los resultados de búsqueda (orgánicos, naturales) que se muestran al usuario tras una *query*. Los buscadores, según la consulta, pueden proporcionar millones de estos resultados. Si esta aparición se produce dentro de las dos primeras páginas de resultados podrá llegar a ser interesante en términos de rentabilidad para quien aparece listado. Si no es así, se estará perdiendo una oportunidad de sacar provecho al posicionamiento en buscadores.

*Search Engine Optimization* significa literalmente Optimización para Motores de Búsqueda. También se puede hablar

---

[12] Cifras referentes al segundo cuatrimestre de 2007, http://investor.google.com/earnings.html.

[13] Cifras referentes al primer cuatrimestre de 2008, http://yhoo.client.shareholder.com/results.cfm.

de SEO para designar a una persona. Si es así hablaremos de Serch Engine Optimizer, Optimizador para Motores de Búsqueda, consultor SEO o simplemente SEO.

SEO como disciplina es el proceso mediante el cual una página web obtiene y mantiene posiciones notables en las páginas de resultados (Search Engine Results PageS, SERPs) naturales de los buscadores, también llamados resultados orgánicos (provienen de una gran base de datos orgánica) o algorítmicos (dependen de un algoritmo para su ordenamiento).

En el SEO intervienen ciertas búsquedas de palabras clave previamente definidas y que tienen un interés comercial enorme, ya que estarán relacionadas íntimamente con los productos o servicios que se ofrezcan en esa página web.

Dentro del proceso de campaña o metodologías aplicadas para conseguir un Posicionamiento Optimizado en Buscadores se encuentran numerosos y diferentes factores o técnicas, los cuales, por su naturaleza, los podemos dividir en internos (*on page* u *on site*) y externos (*off page* u *off site*). Asimismo, en función de su ética o compatibilidad con las directrices técnicas, de calidad y los términos de servicio de los diferentes buscadores se pueden denominar técnicas lícitas o *White Hat* e ilícitas o *Black Hat,* muchas de éstas últimas consideradas también spam en buscadores[14].

El fin de toda campaña o estrategia SEO es conseguir un tráfico (visitantes) estable y cualificado hacia un sitio web concreto, aunque para estrategias avanzadas podemos definir un objetivo relacionado con el ROI de la inversión o la

---

[14] El término spam hace referencia a la recepción de mensajes no solicitados por el destinatario, habitualmente de tipo publicitario y enviados de forma masiva. Aunque es un término muy asociado al correo electrónico, se puede también hacer spam por distintas vías, como pueden ser los buscadores.

Google Grupos

**alt.current-events.net-abuse.spam**

"search engine optimization" Buscar en

**ascella.net = regulus.net** Opciones

1 mensaje - Contraer todos

me Ver perfil (3 usuarios) Más opciones 26 jul 1997, 03:00

Return-Path: <72880_@aol.com>
From: 72880_@aol.com
Date: Sun, 27 Jul 97 03:09:22 EST
To: t_@tosonoe875.com
Subject: The Truth About Internet Marketing
Reply-To: r_@tosonoe875.com
X-PMFLAGS: 59762846 8
Comments: Authenticated sender is <r_@tosonoe875.com>

Many of you are wondering how to sell products and services on
the Internet. We all know others are successfully doing it. The mystery

is how are they doing it. We are going to tell you how it is done, right
here, now in this letter.

But First a Brief word on What Doesn't Work.

WEB SITES DON'T WORK BY THEMSELVES !!! Many of you have
web sites and having spent large amounts of money for these web sites
only to get precious few hits and generate only a few sales. Currently,
there
are about 300,000 NEW WEB SITES a WEEK going up. When the
search engine lists your web site you usually get buried so deep in the
search engine index that it would take a person doing a search hours
and hours to find your site. 80% of those doing a search won't go deeper
than the first twenty web sites they come to or they go to the second page
of the search engine results.

So, How Do You Make Money On The Internet ??
We all know others are doing it. Well, now we are going to tell you
three ways to accomplish this.

FIRST METHOD - Purchase Internet Advertising on search engines. The
problem with this is it requires a large advertising budget that runs into
the
thousands of dollars per month. For most of us, this isn't a viable
option
so we will move on to realistic cost effective approaches
SECOND METHOD - This is what we call **Search Engine Optimization**.
What we mean by this is the Optimization of your web site to make the
search engine(s) think your web site is one of the most relevant web sites
in it's index for the relevant key word(s). Let's elaborate: Search
engines
are trying to serve their customers as best they can. Search Engines make
their money by selling advertising, they're not charitable or public
service
entities. The more people that use search engines, the more money the
search engine they can charge for their advertising. You see, the search

engines spam you with ads when you do a search. Well, the search
engines
want to do the best job for those who use their search engine, so the
customers

*Imagen* 2.7. Mensaje que paradójicamente pertenece a un grupo de noticias sobre spam y en donde apareció por primera vez el término "Search Engine Optimization".
*Fuente:* Google Groups[15], 26 de julio de 1997.

conversión de visitas en objetivos (registros, descargas, compras, etc.). Cualquier acción SEO, así como cualquier estrategia Search, llevará asociada una serie de keywords específicas, que definidas correctamente lograrán el doble objetivo de campaña y se acercará a los objetivos de conversión.

Cuando se define el tráfico como estable se refiere a duradero en el tiempo, en el medio-largo plazo y cuando se refie-

15 http://groups.google.com/group/alt.current-events.net-abuse.spam

re a cualificado se hace referencia al máximo interés del visitante, que lo convierte en una visita de calidad y potencialmente convertible.

El SEO es una estrategia bastante atractiva para las empresas, independientemente de su tamaño. Se trata de una forma "barata" de hacer marketing, ya que el coste de adquisición de clientes es muy bajo y el retorno sobre la inversión o ROI muy alto, todo ello en comparación con otras acciones, tal y como muestra la imagen 2.8.

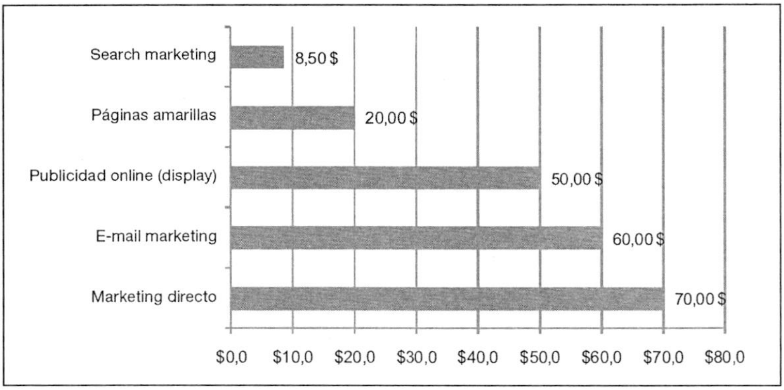


*Imagen 2.8.* Comparativa del coste aproximado de adquisición de clientes en varios canales. *Fuente:* Piper Jaffray & Co[16].

El SEO puede generar también un tipo de conversión más difícilmente medible: la traslación de clientes online al mundo offline y la consecución de "reputación online" o generación de branding digital y relaciones públicas (por ejemplo, al conseguir que un afamado buscador diga que tú eres el primero en su listado de resultados para una búsqueda relacionada con tu negocio).

16 PIPER JAFFRAY & Co.: "The New eCommerce Decade: The Age of Micro Targeting", Octubre 2006.

La mayor credibilidad que provocan los resultados orgánicos de los buscadores para el usuario hace el resto: es el marketing de oportunidad, estar situado en el momento justo en el lugar adecuado.

Pero a la hora de plantearse cualquier estrategia de generación de tráfico estable y cualificado tendremos también que considerar otro tipo de acciones, no exclusivamente relacionadas con el Search, el Keyword Marketing y el Marketing de resultados. Estrategias en medios sociales también pueden aportar tráfico duradero y visitantes de calidad a un sitio web, (blogs, RSS marketing o redes sociales entre otros).

## 2.4. Optimización en medios sociales o SMO - Social Media Optimization

Hoy en día la red se ha convertido en un gran hervidero de blogs, botones naranjas de sindicación de contenidos y las más diversas redes sociales en las que sus usuarios generan, comparten o comentan contenidos de toda índole. En los medios sociales el usuario es el protagonista.

El SMO es una novísima corriente de marketing y optimización en medios sociales. Su fundador ideológico es Rohit Bhargava, Vicepresidente de Marketing Interactivo en Ogilvy Public Relations a nivel mundial. El término fue acuñado en su blog personal[17] sobre marketing interactivo, añadiendo además 5 reglas fundamentales de apoyo al SMO, que como no podía ser de otra forma, se han ido ampliando a 16 a través de la "colaboración social" de otros interesados.

---

[17] Se puede consultar el post original en donde se define SMO, de fecha 10/08/2006, en la siguiente dirección web http://rohitbhargava.typepad.com/weblog/2006/08/5_rules_of_soci.html.

La definición de Bhargava de Social Media Optimization (SMO) o Optimización en Medios Sociales versa sobre los métodos de optimización de sitios web para que éstos estén más fácilmente conectados, entrelazados o "linkados" con comunidades online y "webs de comunidad", como pueden ser los blogs, las webs 2.0 ó las redes sociales.

Algunos ejemplos de ésto pueden ser implementar un feed o canal de sindicación RSS; facilitar el proceso de enlazado de contenidos o incorporar funcionalidades de terceros provenientes de las redes sociales (como pueden ser fotos de Flickr o video de YouTube). Con todos estos métodos se pretende incrementar la visibilidad en medios y herramientas sociales, lo que en definitiva persigue conseguir tráfico entrante y nuevos visitantes "sociales", facilitando la tarea de integración de contenidos en esas plataformas.

Además propone 5 reglas fundamentales de soporte ideológico para el SMO (t*raducción de Oscar Ugaz*)[18]:

> ***"Regla 1. Incremente su capacidad de ser linkeado"***
>
> La actualización de un sitio web debe de ser constante, para así generar contenido interesante y altamente enlazable. Para ganar frecuencia de "*update*" se puede crear un blog o integrar algún canal RSS externo.
>
> ***"Regla 2. Facilite que su página se agregue a favoritos o acepte tags"***
>
> El *tagging* de contenidos y enlaces favoritos facilita el flujo de información dentro de los medios y las redes sociales. Asegurarse de que los contenidos puedan añadirse a favoritos o aceptar etiquetas resultará muy positivo.

---

[18] Traducción al castellano del post original en donde se define SMO: http://www.oscarugaz.com/2006/09/reglas_para_la_.html.

### *"Regla 3. Premie a los que incluyan su web como un link en sus propias paginas/blogs (inbound links)"*

Los enlaces entrantes siguen siendo el principal factor para medir la popularidad y el éxito de un sitio web o blog en la red. Por ello, ofrecer incentivos y facilidades para que ser enlazado (permalinks en blogs, optar por intercambios, realización de concursos, premios, etc.) será de gran utilidad.

### *"Regla 4. Ayude a que su contenido viaje"*

Para ganar visibilidad en los nuevos entornos sociales será fundamental que el contenido "integrable" (PDFs, video, audio, fotos, etc.) tenga la maleta hecha y esté preparado para visitar otros sitios en donde pueda generar más atención y enlaces entrantes.

### *"Regla 5. Promueva el uso de 'mashups' (híbridos)"*

En concordancia con la regla número 4, las estrategias de SMO facilitan que el contenido pueda ser usado por otros. El concepto de *mashup* (remezcla o híbrido) va un paso más allá, integrando software de otras aplicaciones para generar una herramienta web propia. Un *mashup* se nutre de información de diversas fuentes relevantes para crear un nuevo servicio en relación a ellas, normalmente mediante Servicios Web y APIs[19] públicas.

En definitiva lo que se busca con el SMO es alcanzar y facilitar una notoriedad y una visibilidad extra en la red a partir de los actuales "entornos sociales" existentes en inter-

---

[19] Application Program Interface, interfaz de programación de aplicaciones. Serie de funciones que están disponibles para que los programadores puedan realizar programas para un cierto entorno.

net. Dentro de las principales diferencias entre el SMO y el SEO se puede destacar:

- Las plataformas sociales son el medio, no los motores de búsqueda.
- No se basa en conseguir rankings. La visibilidad y el enlace es lo importante.
- Existe conversación y comunidad.
- Se comparte y se integra contenidos.

Los nuevos entornos sociales propician una nueva oportunidad de conseguir tráfico cualificado para los SEOs. Conocer y saber utilizar estas nuevas herramientas y plataformas resultará de gran interés, ya que su actual nivel de uso y su potencialidad de crecimiento futuro es enorme.

Los inconvenientes del SMO pueden venir generados por la actual saturación de este tipo de plataformas y redes sociales. La ausencia de un estándar que permita la interoperabilidad entre las distintas redes es otro de los problemas actuales, aunque iniciativas como las aportadas por Facebook o Google con Open Social[20] van encaminadas a resolverlos.

Ante tal sobredosis de información e impactos, lo más valioso que poseen los usuarios suele ser su tiempo, que cambian por su atención: es lo que se denomina "economía de la atención".

Sin buscar una clasificación estricta, los principales tipos de plataformas sociales existentes en la red y los *Social Media Sites* más importantes en la actualidad son:

---

[20] Open social pretende conseguir la interoperabilidad de las diferentes redes sociales entre sí, mediante un desarrollo de aplicaciones común entre distintos sitios web y plataformas sociales. Es la respuesta de Google al imparable avance de Facebook.

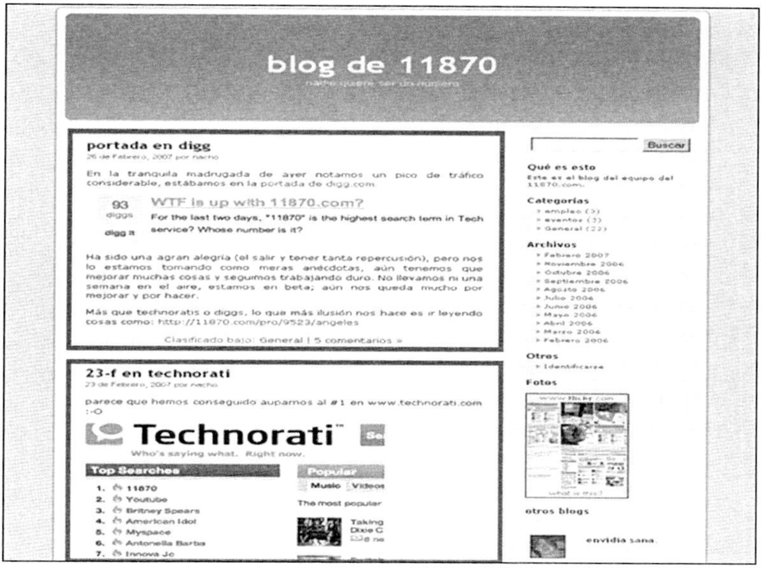


*Imagen 2.9.* Apariciones en las portadas de Digg y Technorati de 11870.com, como ejemplo de atracción de tráfico y repercusión mediática a través del SMO (efecto Digg y efecto Technorati). *Fuente:* Blog 11870[21].

**Blogs y Wikis**: son contenidos generados por los usuarios, en forma de anotaciones personales o temáticas recogidas cronológicamente y con soporte para comentarios (blogs) o bien en sitios web de fácil edición (wiki), en donde se promueven la participación y la conversación.

Ejemplos de blogs y wikis:

- The Huffington Post (http://www.huffingtonpost.com). Blog número 1 a nivel mundial según el buscador blog Technorati[22] en junio de 2008.
- Wikipedia (http://www.wikipedia.org).

[21] http://11870.com/blog/2007/02/

[22] http://technorati.com/blogs/huffingtonpost.com

**Buscadores de blogs, agregadores de feeds y de noticias**: Technorati es el mayor buscador exclusivo para bitácoras del momento, rastreando más de 100 millones de blogs. Los agregadores facilitan la lectura y distribución de feeds o de noticias. Un ejemplo particular de agregador son las páginas de inicio personalizadas, como Netvibes.

Ejemplos de buscadores de blogs y agregadores de feeds:

- Technorati (http.//www.technorati.com)
- Google Blog Search (http://blogsearch.google.com)
- Ice Rocket (http://www.icerocket.com)
- Bloglines (http://www.bloglines)
- Netvibes (http://www.netvibes.com)
- Protopage (http://www.protopage.com)

**Plataformas sociales multimedia**: pertenecen a esta rama aquellos portales y sitios sociales en donde se comparten materiales multimedia de todo tipo: fotos, video, audio, presentaciones, etc. Estamos ante grandiosos repositorios digitales de material multimedia. Gigantescas redes sociales en donde la viralidad propia de la red se multiplica, apoyada por la sencilla integración de estos contenidos en otros sitios web.

Ejemplos de plataformas sociales multimedia:

- Fotos: Flickr (http://www.flickr.com)
- Video: YouTube (http://www.youtube.com)
- Música: LastFM (http://www.lastfm.com)
- Presentaciones: SlideShare (http://www.slideshare.com)

**Redes sociales de ocio o de networking**: se trata de comunidades online, de carácter lúdico o profesional, en donde sus miembros comparten contactos, gustos, aficiones, etc.

Ejemplos de redes socials de networking:

- Facebook (http.//www.facebook.com)
- Myspace (http.//www.myspace.com)
- Tuenti (http://www.tuenti.com)
- Hi5 (http://www.hi5.com)
- LinkedIn (http://www.linkedin.com)
- Xing (http://www.xing.com)

**Redes sociales de comunicación**: estas redes se basan en servicios con soporte en internet, como puede ser la voz sobre IP, la mensajería instanténea o el micro-blogging.

Ejemplos:

- Skype (http://www.skype.com)
- Twitter (http://www.twitter.com)
- Tumblr (http://www.tumblr.com)
- Seesmic (http://www.seesmic.com)

**Redes sociales de enlaces favoritos**: los llamados *Social Bookmarking Sites* tratan de facilitar la labor de recopilación, archivo y catalogación de enlaces a páginas favoritas o de interés.

Ejemplos:

- Delicious (http://del.icio.us)
- Furl (http://www.furl.net)
- Reddit (http://www.reddit.com)

**Sistemas de filtrado social de noticias**, en donde se votan las noticias enviadas por los usuarios, siendo las más votadas las que se cuelan en la portada.

Ejemplos de sistemas de filtrado social de noticias:

- Digg (http://www.digg.com)
- Menéame (http://www.meneame.net)

**Otros**: existen multitud de formatos adicionales a los explicados, que amplían cada día más el abanico de sitios y redes sociales: sitios de respuestas (Yahoo! Answers), plataformas y redes sociales de geolocalización (Google Maps y Panoramio, Tagzania), Mundos virtuales (Second Life). El listado es interminable.

## 2.5. Labores de un consultor SEO

A la persona encargada de realizar estrategias o campañas de posicionamiento optimizado en buscadores se le denomina SEO (Search Engine Optimizer) o consultor SEO.

Según desempeñe su trabajo internamente en una empresa o en una agencia SEM/SEO o de marketing online se le denominará *in-house SEO* o *out-house SEO*.

El SEO interno o in-house[23] podrá desempeñar, según la jerarquía establecida o sus roles dentro del departamento, el puesto de:

- Director de Search Marketing, en dependencia directa del Director de Marketing. Es un puesto muy estraté-

[23] En esta entrada del blog Natural Search se puede encontrar una lista de importantes in-house SEO: http://www.naturalsearchblog.com/archives/2007/02/27/some-top-in-house-seos.

gico y de él dependerá toda la estrategia de marketing y posicionamiento en buscadores de una empresa.
- Director o Responsable SEO, liderando un departamento SEO.
- Gestor de campañas o técnicos SEO, que reportando al Director SEO realizarán las tareas del día a día del departamento.

Si se trata de SEOs externos o empleados de una agencia SEM/SEO, podrán desempeñar las funciones de:

- Director SEO, que normalmente es un consultor SEO con mucha experiencia y que dirige un departamento o un equipo, definiendo sus estrategias y líneas de actuación generales. También se puede dedicar a formar a su equipo y suele participar en seminarios o conferencias.
- Consultor SEO, que según su grado de experiencia será un consultor junior o senior. Este consultor gestiona los proyectos SEO de la agencia, reportando al Director SEO.
- Por último, también existirán gestores de campañas o técnicos SEO, que reportando al Consultor SEO responsable realizarán las tareas del día a día del departamento.

Centrando el tiro en la figura del consultor SEO, éste es una pieza clave de cualquier departamento o equipo SEO. Un consultor SEO deberá de manejarse en diferentes disciplinas. Su perfil tendrá que ser multidisciplinar, a caballo entre el marketing y la tecnología. Como requisitos mínimos, un SEO deberá de poseer nociones en estas áreas de conocimiento:

- Altos conocimientos de marketing en internet.
- Altos conocimientos sobre los buscadores y sus tecnologías.
- Conocimientos básicos de diseño y programación web.
- Nociones sobre usabilidad.
- Conceptos sobre accesibilidad web.
- Pericia en la redacción de textos (copy).
- Conocimientos medios o avanzados sobre métricas, estadísticas y analíticas web.

Más al detalle, en cuanto a las áreas de conocimiento y tareas más específicas que debería de dominar un consultor SEO podemos mencionar:

**Buscadores, tecnologías de búsqueda e information retrival**: conocimientos sobre el funcionamiento de los buscadores, como rastrean la WWW y como sacan la información de los diferentes sitios web. Nociones de information retrival, técnica que usan los buscadores para recopilar y evaluar la información de sus bases de datos, no estaría de más.

**Diseño y programación web**: conocer el lenguaje de programación HTML (el más común para realizar páginas web) resultará de gran ayuda para el trabajo de un SEO, así como conocimientos de hojas de estilos (CSS), la principal especificación para separar presentación de contenido en web. Es importante saber interpretar los códigos y tener alguna noción de diseño web, pero no será necesario dominar las disciplinas de diseño y programación web a fondo.

**Keyword research o estudio de palabras clave**: la labor de estudio y definición de aquellas palabras clave que más visitantes y retorno puedan generar en cada campaña en concreto es una de las labores más importantes de un SEO. Dominar las técnicas de recopilación y análisis resultará fundamental para elegir aquellas palabras clave exitosas para la campaña.

**Link building, captación de enlaces y creación de popularidad**: todos los esfuerzos para ganar popularidad web se tornan fundamentales en cualquier campaña SEO. Por eso será fundamental conocer los métodos básicos para conseguir enlaces y aplicarlos oportunamente. Conocer y desenvolverse bien por las diferentes redes y medios sociales existentes en internet debería de ser un conocimiento común para cualquier SEO.

**Copywritting y redacción de textos**: la creación de textos y secuencias para la optimización es otra de las tareas con las que se encontrará un SEO en su quehacer diario. Tener algo de destreza para realizar esta labor será muy útil.

**Accesibilidad y usabilidad web**: el SEO deberá de conocer al menos las pautas básicas de accesibilidad web y nociones de usabilidad, imprescindibles para convertir un sitio web con barreras para los buscadores en un sitio accesible para estos y *search engine friendly*.

**Web analytics**: aunque sin ser un experto en la materia el SEO deberá de dominar los términos y cuestiones básicas referentes a estadísticas web y métricas de publicidad en internet (referers, page views, visitas únicas, impresiones, CTR, CPM,...). La medición en campañas SEO se vuelve de vital importancia para comprobar el resultado y la marcha de la campaña.

Un consultor SEO se valdrá de herramientas o *SEO tools* para realizar su trabajo. Estas herramientas van, por ejemplo, desde un analizador de palabras clave, hasta diferentes simuladores y comprobadores.

Por último, Google describe brevemente en su Centro para Webmasters[24] servicios útiles a ofrecer por un SEO, entre los que destaca:

- Revisar y proporcionar recomendaciones respecto al contenido y la estructura del sitio web.
- Asesoramiento técnico en el desarrollo de sitios web.
- Desarrollo de contenidos.
- Administración de campañas online de desarrollo de negocio.
- Formación SEO.
- Experiencia en sectores específicos y regiones geográficas.

En la misma página se añade información muy útil y valiosa a la hora de contratar a un SEO, citando textualmente "**si está considerando la posibilidad de contratar a un SEO, cuanto antes lo haga, mejor**".

## 3. BREVES CONCLUSIONES FINALES

El llamado marketing de resultados es una estrategia online emergente, que ha ganado gran popularidad de uso en los últimos años. Ya sea en cualquiera de sus variantes (posicionamiento orgánico o enlace pagado), este uso intensivo se nota tanto entre los webmasters más amateurs como espe-

---

[24] http://www.google.com/support/webmasters/bin/answer.py?hl=es&answer=35291

cialmente entre las empresas. Estas últimas se han venido dando cuenta de la efectividad de este tipo de estrategias, que les pueden proporcionar *prospects* cualificados a buen precio, en comparación con otros medios más tradicionales.

La importancia que los usuarios han ganado en los últimos años en la red les convierte tanto en el objetivo de campañas como en medio, participando activamente como artífices de estrategias sociales de marketing y optimización.

Todo esto hace que el consultor SEO deba de dominar, o por lo menos, conocer sobradamente, no solo a los buscadores si no a las redes y sitios sociales de internet. Deberá de ser un navegador infatigable, analizando, consultando y revisando fuentes web de interés. También tendrá que estar al día sobre cualquier novedad que surja en el campo del posicionamiento web.

# Capítulo 3
# Metodología de campaña y técnicas de optimización SEO

Miguel Orense

## 1. EMPEZANDO A OPTIMIZAR. CONCEPTOS BÁSICOS Y PASOS PREVIOS

En este capítulo se afrontarán todas y cada una de las problemáticas SEO. Se describirá la metodología, los factores influyentes y las técnicas más utilizadas para conseguir el éxito dentro una campaña de optimización web en buscadores. Se explicará lo que en el argot se denominan *search engine ranking factors*. También se describen soluciones a situaciones reales y casos prácticos.

Siempre que se quiera ahondar en el mundo del posicionamiento en buscadores se tendrá que partir de una base técnica y de unos conceptos básicos cuyo conocimiento será fundamental para comenzar a trabajar.

Para los no iniciados, HTML son las siglas de HiperText Markup Language. Es hoy todavía el principal lenguaje en el que se programan las páginas web.

La especificación del lenguaje HTML es un estándar en internet[1], junto a otros lenguajes promovidos por el World Wide Web Consortium (W3C)[2].

Un código fuente[3] programado en HTML se transforma en una página web al ser interpretado por un navegador o cliente web. Este lenguaje de programación proporciona información en cuanto a apariencia y a contenido de la página.

Cada vez es más frecuente la separación formal entre apariencia y contenido dentro de la programación de una página web, siendo esta división positiva de cara al posicionamiento en buscadores. Esta tendencia se remarca más aún tras la irrupción de otros estándares web, como puede ser las hojas de estilo en cascada (CSS, Cascading Style Sheets) que se encargan de añadir estilo y definir la presentación de un documento web para su visualización en un navegador.

En cuanto al contenido, se puede utilizar HTML, aunque cada vez es más frecuente que éste se maneje a través de gestores de contenidos que dependen de bases de datos y de lenguajes de servidor tipo ASP o PHP. En su última versión, el HTML se convierte en XHTML[4] (eXtensible HTML), que incluye sintáxis proveniente de lenguajes más avanzados como XML[5].

---

1 Un lenguaje estándar en internet o simplemente estándar web es un conjunto de recomendaciones acerca de cómo crear e interpretar documentos basados en web.

2 El organismo internacional W3C es el encargado de velar por el desarrollo y el mantenimiento de estándares web en internet. www.w3c.org.

3 Un conjunto de líneas que conforman un bloque de texto, escrito según las reglas sintácticas de algún lenguaje de programación destinado a ser legible por humanos. Fuente: Wikipedia.

4 El lenguaje XHTML corresponde a la más reciente especificación del lenguaje HTML, siendo un estándar web y combinando sintaxis provenientes de otros lenguajes.

5 XML o Extensible Markup Language (lenguaje de marcas extensible), es un metalenguaje extensible de etiquetas desarrollado por el W3C.

En resumen, la división entre apariencia y contenido genera menos código y más información útil y relevante para el buscador, potenciando unas bases sólidas para conseguir un posicionamiento en buscadores.

Pero el HTML también proporciona metainformación a los buscadores a través de las metaetiquetas. Estos "trozos de código" que aparecen en la cabecera del documento web y no se visualizan a través del navegador, son conocidos también como etiquetas META o META tags.

Las "METAs" solían ser consultadas por los buscadores para recopilar información relevante sobre una URL concreta, y por lo tanto, utilizadas por los SEO. Es importante señalar que estas etiquetas tenían mucha más representatividad antaño de la que actualmente tienen. Simplemente basta con ir a la opción de *Ver > Código fuente (de la página)* en cualquier navegador para poder visualizar las META tags y el resto de código de una página web, tal y como se puede comprobar en el siguiente ejemplo:

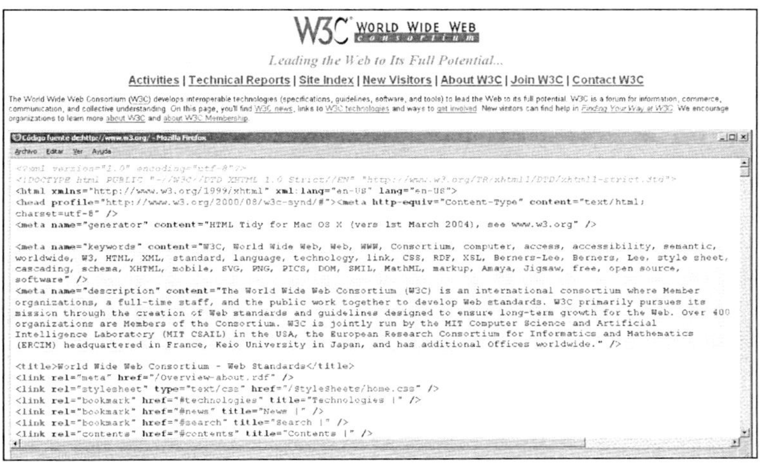


*Imagen 3.1.* Etiquetas META de la página principal del W3C.
*Fuente:* http://www.w3c.org.

Sin ser una metaetiqueta, pero sí un metadato para los buscadores la tag TITLE sigue siendo una de las etiquetas más importantes para los SEO. El título se visualiza en la barra superior de la ventana del navegador y figura también, junto a las etiquetas META, dentro de la cabecera de la página. Esta etiqueta es valorada y ponderada por los buscadores como una de las más importantes dentro de la programación de la página. La propia URL también proporcionará información al buscador. De ahí la importancia del nombre de dominio, como luego se explicará, de cara al posicionamiento en buscadores.

La estructura global del sitio web es otro factor SEO reseñable. Un diseño y una programación acorde, sin barreras para los buscadores y que ayude a conseguir la indexabilidad y la navegabilidad del sitio web, siempre apoyará al posicionamiento en buscadores.

Conseguir páginas ligeras y de carga rápida, con un código limpio en donde exista la ya mencionada división entre presentación y contenido serán mejor valoradas por los buscadores.

Por último y para acabar con este breve resumen de hechos relevantes para el SEO o *SEO key facts* los buscadores se fijarán en el contenido y en su frecuencia de actualización, así como en otros factores menos controlables, como puede ser la popularidad del sitio web, entre otros.

## 1.1. El estudio de palabras clave (keyword research)

La primera fase de toda campaña SEO deberá de comprender un pormenorizado estudio y análisis de palabras clave, para así poder elegir qué términos se utilizarán en las fases posteriores.

Una palabra clave (del inglés *keyword*) es aquella palabra o frase que los usuarios introducen en los buscadores para acceder a la información que desean. En resumen, son aquellos términos que se introducen en el cajetín antes de pulsar el botón "buscar".

*Imagen 3.2.* Interfaz de búsqueda del buscador Ask España.
*Fuente:* http://www.ask.es.

El límite en la "creación" de estos términos clave reside en la imaginación humana y en como ésta construye búsquedas. Se dice que el 85% de las búsquedas diarias realizadas en buscadores son nuevas o no recurrentes (es decir, que nunca antes se habían formulado). Este dato, aunque pueda parecer un problema para una estrategia SEO no lo es, ya que se dispone de datos más o menos fiables, facilitados por los propios buscadores, para descubrir que palabras son las más buscadas por los usuarios.

Por lo tanto, en toda campaña SEO habrá que tener en cuenta unas palabras clave para las cuales se centrarán todos los esfuerzos de optimización. Una perspectiva de marketing imperará a la hora de la elección de estas palabras.

Estos términos deberán ser acordes, descriptivos y relacionados con el sitio web a posicionar. Estarán alineados con el nicho de mercado y el sector de negocio en donde opera la empresa o sitio web a posicionar, así como con su público objetivo. Tampoco deberán ser muy genéricos o demasiado segmentados. Sólo así se obtendrá rentabilidad de una campaña SEO, ya que si no se estará realizando un ejercicio inútil y sin retorno de ningún tipo.

La concordancia de estas palabras con el contenido del sitio web debe de ser real y, como se verá más adelante, unos buenos y ricos contenidos aportarán gran parte del éxito de una campaña de posicionamiento en buscadores. De ahí la gran importancia de la elección de estos términos, que requiere un estudio y análisis avanzado.

Existen herramientas desarrolladas por los propios buscadores que facilitan la labor de descubrimiento, estudio y análisis de palabras clave. Proporcionan un volumen de búsqueda para una keyword en concreto, así como un listado de similitudes.

AdWords Keyword External Tool de Google, la plataforma Yahoo! Search Marketing y a nivel internacional, las herramientas de análisis de palabras clave de WordTracker[6] y Keyword Discovery[7] de Trellian Software, que incluso disponen de productos de pago, son las herramientas de análisis de palabras clave más importantes.

Todas estas herramientas proporcionan una estimación del número de búsquedas realizadas en relación a una palabra clave y sus coincidencias durante el último mes o último año (según la herramienta utilizada).

Servirán para elegir palabras evaluando el tráfico potencial que cada término puede aportar.

---

6 www.wordtracker.com
7 www.keyworddiscovery.com

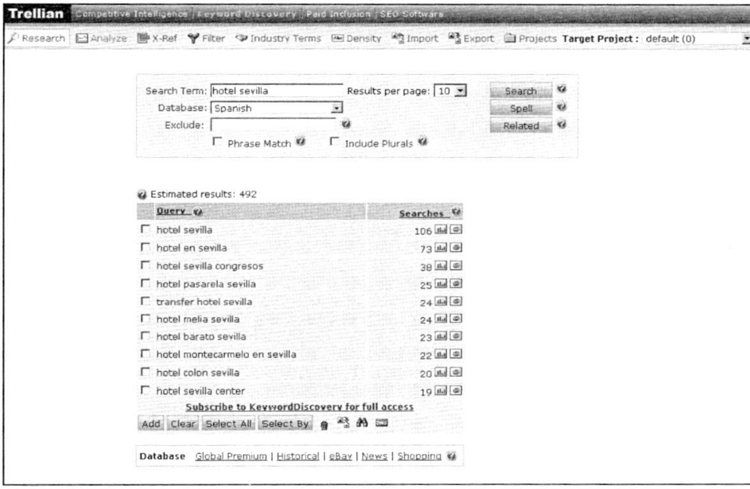


*Imagen 3.3.* Búsqueda de coincidencias para "hoteles Sevilla".
*Fuente: Free trial*, Keyword Discovery, Trellian Software.

Otras herramientas que se pueden utilizar para analizar sugerencias o tendencias de búsqueda son:

**Términos más buscados** (más populares): se puede probar con Google Zeitgeist (http://www.google.com/press/zeitgeist/archive.html) o Yahoo! Buzz (http://buzz.yahoo.com/overall).

**Comparación del volumen de búsqueda entre términos**: Google Trends (http://www.google.es/trends) y Google Insights for Search (http://www.google.es/insights/search) son evaluadores de tendencias con versión en español. Muy útil para decidirse entre palabras clave muy parejas en volumen de búsquedas.

**Búsqueda y análisis de términos similares**: Search-based keyword tool (http://www.google.es/sktool) o la suite de herramientas de Microsoft AdCenter (http://adlab.microsoft.com).

Otras fuentes en donde se puede encontrar inspiración para conseguir palabras clave relevantes serán:

**Preguntar al propio cliente o dueño del sitio web**. Normalmente todo servicio SEO comercial comienza con un *brainstorming* con el cliente, en donde éste marcará una serie de palabras clave altamente atractivas e ideas sobre términos de búsqueda rentables para su negocio.

A partir de este primer listado el consultor SEO confeccionará la lista definitiva de palabras clave, desechando aquellas de alta competencia, bajo tráfico o poco representativas del negocio a posicionar.

**Las estadísticas web propias**: los datos de visitas a un sitio web siempre proporcionarán ideas sobre términos de búsqueda o pueden desvelar aquellas palabras para las que el sitio web está ya bien posicionado.

**Fijarse en la competencia**: otra opción es fijarse en los sitios web de la competencia para comprobar qué palabras están utilizando en sus contenidos o en sus estrategias de posicionamiento en buscadores.

**Utilizar un diccionario de sinónimos**: la lengua castellana es muy rica en vocabulario, por lo que siempre se podrá encontrar algún sinónimo relacionado con los términos a posicionar.

Por otro lado, a la hora de realizar un estudio de palabras clave habrá que tener en cuenta la competencia (o número de competidores) para el término o palabra a estudiar, dentro de su propio nicho de mercado y su potencialidad de conversión o atractivo comercial, de manera que sea más susceptible de originar un cliente, una venta o una conversión.

Para calcular el número de competidores para una búsqueda concreta bastará con realizarla en Google y fijarse en el número de resultados o coincidencias que la búsqueda genera, que serán nuestra competencia directa para esa palabra clave.

Se utiliza Google, ya que es el buscador con el índice más grande y por lo tanto, el que registra un mayor número de resultados de búsqueda. Aún así, si se quiere comprobar más a fondo el nivel competitivo de una palabra clave también se puede evaluar el número de resultados que generen los otros dos grandes buscadores, Yahoo! y Bing :

*Imagen 3.4.* Número de resultados (competidores) en Google.

*Imagen 3.5.* Número de resultados (competidores) en Yahoo.

*Imagen 3.6.* Número de resultados (competidores) en Bing.

Por ejemplo, en las imágenes 3.4, 3.5. y 3.6 se puede determinar que para la palabra clave "créditos hipotecarios" se estima que se cuenta con 2.540.000 competidores en Google, 927.000 en Yahoo! y 272.000 en Bing, en sus versiones para España. La media sería de 1.189.793 competidores para los tres grandes buscadores.

Por último, centrarse en aquellas palabras más competidas es uno de los errores SEO más habituales. La elección de las palabras clave para una campaña de optimización en buscadores se tendrá que hacer siempre teniendo en cuenta una serie de condicionantes, que varían según el proyecto:

- **El volumen de búsquedas que estas palabras puedan generar**. Cuántas más búsquedas se realicen más atractiva será la palabra.
- **El nivel de competencia o competitividad de cada palabra**. Cuánta menos competencia tenga la palabra habrá más posibilidades de posicionarse.
- **Las conversiones que puedan generar las palabras elegidas**. Al menos, una valoración positiva en expectativas de objetivos de conversión.
- **Las características propias del sitio web a posicionar**. Estructura, contenidos y sus parámetros relacionados con el posicionamiento en buscadores (saturación, popularidad web, etc.) también condicionarán las palabras a elegir.

Aplicar inteligencia de mercado (*market inteligence*) para la elección de palabras clave resultará fundamental. Estudiar a la competencia, saber que están haciendo en materia de posicionamiento en buscadores los que copan los primeros resultados y la propia experiencia, basada en proyectos y hechos reales, será importantísimo para valorar hasta donde se puede llegar en estrategias SEO.

La correcta elección de unas palabras clave acordes y relevantes para el proyecto a acometer será una de las labores más importantes de un consultor SEO y condicionará toda la estrategia posterior.

## 1.2. Casos particulares de palabras clave

Existen palabras clave particulares que muchas veces son tratadas de distinta forma por los buscadores. Se trata de:

- **Las *stop words***: son aquellas palabras de concatenación, habitualmente preposiciones, que no influyen de manera directa en una búsqueda (por ejemplo, en la búsqueda "pisos en Madrid" la stop Word sería "en"). Este tipo de términos son considerados por los buscadores a la hora de ofrecer los resultados de búsqueda, aunque en muchas ocasiones los suelen ignorar, ya que indexarlos sería poco operativo. Los resultados de búsqueda con o sin stop words suelen variar, pero sólo ligeramente, tal y como se puede observar en las imágenes 3.7. y 3.8:

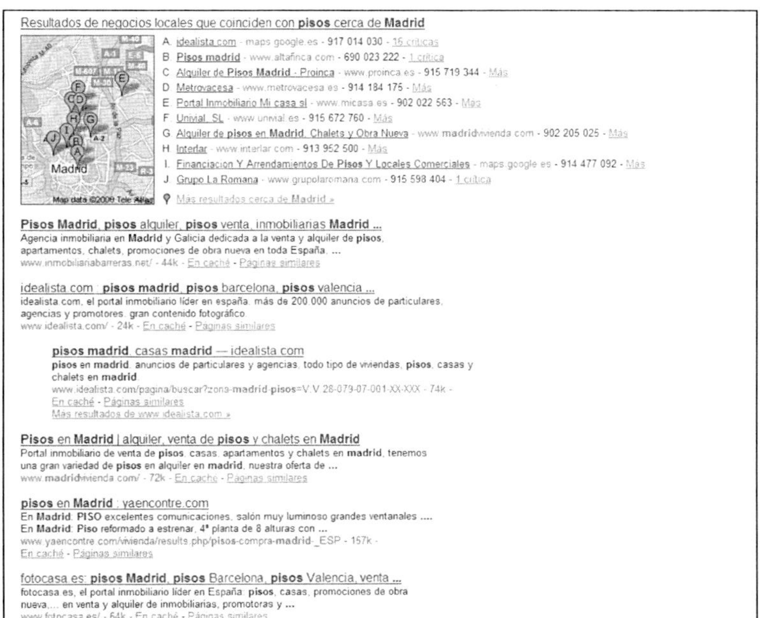


*Imagen 3.7.* Primeros resultados para la búsqueda "pisos madrid". *Fuente:* Google.es.

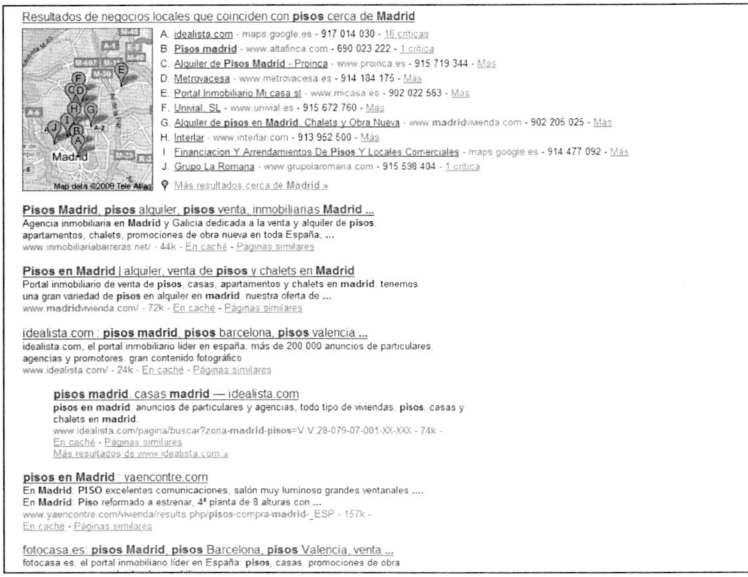


*Imagen 3.8.* Primeros resultados para la búsqueda "pisos en madrid".
*Fuente:* Google.es.

- **Los operadores booleanos**: son aquellos términos para formular consultas combinadas, como O (OR) Y (AND) y NO (NOT). Los buscadores reconocen estos operadores para búsquedas especiales.
- ***Stemming* y *misspelling***: muchas veces los buscadores sorprenden con resultados de búsqueda idénticos o muy similares para palabras que comparten raíz (por ejemplo, las búsquedas "aprender ingles" y "aprende ingles"). Es lo que se denomina stemming. Otras veces el volumen de búsquedas generadas por palabras clave mal tecleadas (misspelling) llega a ser relevante. Aprovecharse del stemming puede resultar interesante, aunque intentar acaparar tráfico a partir del misspelling resultará la mayor parte de las veces improductivo e ineficiente dentro de un estudio de palabras clave.

- **Diferenciación de palabras clave sin acentos y con acentos**: los buscadores diferencian los acentos, aunque los resultados para ambas alternativas siempre son muy similares. Es recomendable siempre elegir las palabras sin acentos, ya que es la fórmula habitual de introducir los términos de búsqueda en el buscador.

Una vez elegidas las palabras clave de una campaña hay que centrar los esfuerzos en la optimización de ciertos elementos para tratar de obtener puestos relevantes en los diferentes buscadores.

## 1.3. Caso práctico. Estudio real de palabras clave

Para reflejar el proceso de estudio, análisis y selección de palabras clave se propone un sencillo ejemplo práctico de un sitio web con las siguientes características:

- Proporciona información especializada sobre quesos.
- Su mercado específico es España, centrándose en los tipos de quesos españoles, especialmente aquellos que se elaboran de manera artesanal.
- El sitio web tiene una sección de pedidos y venta de productos online.

Para ello, se va a utilizar la herramienta para palabras clave de Google AdWords. Se puede consultar en abierto, aunque se encuentra también integrada en cuentas AdWords con más funcionalidades. La herramienta muestra el volumen de búsquedas estimado para un listado de palabras clave similares, definidas a través de una palabra clave o una dirección web.

Se empieza buscando las coincidencias para la palabra **queso**, sesgando por idioma español y país principal España:

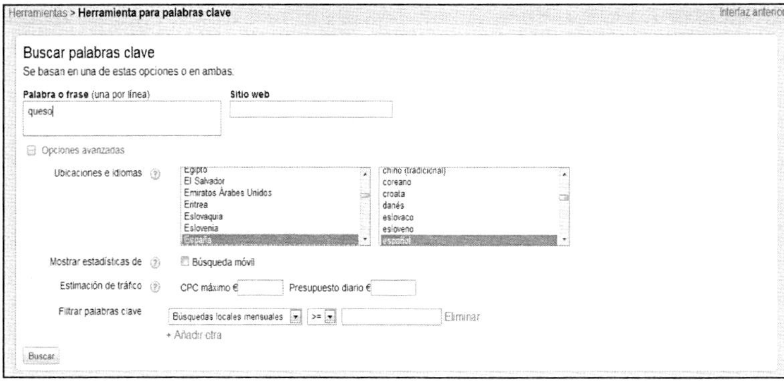


*Imagen 3.9.* Interfaz de búsqueda de la herramienta para palabras clave. *Fuente:* Google AdWords.

Se continúa ordenando los resultados obtenidos, en este caso por volumen de búsquedas locales mensuales.

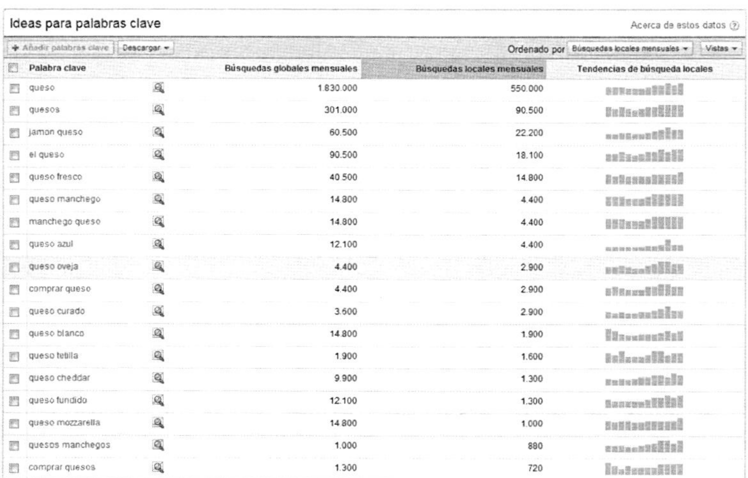
Ideas para palabras clave

Acerca de estos datos

+ Añadir palabras clave | Descargar | Ordenado por Búsquedas locales mensuales | Vistas

| Palabra clave | Búsquedas globales mensuales | Búsquedas locales mensuales | Tendencias de búsqueda locales |
|---|---|---|---|
| queso | 1.830.000 | 550.000 | |
| quesos | 301.000 | 90.500 | |
| jamon queso | 60.500 | 22.200 | |
| el queso | 90.500 | 18.100 | |
| queso fresco | 40.500 | 14.800 | |
| queso manchego | 14.800 | 4.400 | |
| manchego queso | 14.800 | 4.400 | |
| queso azul | 12.100 | 4.400 | |
| queso oveja | 4.400 | 2.900 | |
| comprar queso | 4.400 | 2.900 | |
| queso curado | 3.600 | 2.900 | |
| queso blanco | 14.800 | 1.900 | |
| queso tetilla | 1.900 | 1.600 | |
| queso cheddar | 9.900 | 1.300 | |
| queso fundido | 12.100 | 1.300 | |
| queso mozzarella | 14.800 | 1.000 | |
| quesos manchegos | 1.000 | 880 | |
| comprar quesos | 1.300 | 720 | |

*Imagen 3.10.* Coincidencias y similitudes para la palabra "queso", así como una estimación numérica de búsquedas durante el último mes. *Fuente:* Google AdWords.

Siempre se recomienda llevar los datos obtenidos a una hoja de cálculo para un mejor tratamiento, corrigiéndolos y adaptándolos ligeramente. Tras eliminar incoherencias, stop words y palabras no relacionadas, el listado se ha visto reducido a las siguientes palabras clave:

| Tráfico mensual | Palabra clave | Competidores Google | KEI | Selección |
|---|---|---|---|---|
| 1.600 | queso tetilla | 17.000 | 0,0941 | x |
| 550.000 | queso | 9.720.000 | 0,0566 | |
| 2.900 | queso curado | 99.600 | 0,0291 | x |
| 4.400 | queso manchego | 164.000 | 0,0268 | x |
| 90.500 | quesos | 4.510.000 | 0,0201 | |
| 14.800 | queso fresco | 751.000 | 0,0197 | x |
| 2.900 | queso oveja | 210.000 | 0,0138 | x |
| 4.400 | queso azul | 500.000 | 0,0088 | x |
| 880 | quesos manchegos | 163.000 | 0,0054 | |
| 1.900 | queso blanco | 681.000 | 0,0028 | x |
| 2.900 | comprar queso | 1.100.000 | 0,0026 | x |
| 260 | queso iberico | 257.000 | 0,0010 | |
| 260 | quesos artesanales | 274.000 | 0,0009 | x |
| 720 | comprar quesos | 1.100.000 | 0,0007 | |
| 480 | quesos frescos | 781.000 | 0,0006 | |
| 590 | elaboración queso | 3.170.000 | 0,0002 | |

*Imagen 3.11.* Coincidencias y similitudes para la palabra "queso", así como una estimación numérica de búsquedas durante el último mes. *Fuente:* Google AdWords.

Se han incluido datos adicionales, como una columna con el número de competidores (resultados) para Google España (google.es) y otra columna con el dato KEI (Keyword Effectiveness Index).

Existen varias formas de calcular el KEI, un índice que estudia la relación entre el tráfico potencial que va a generar una palabra y su grado de competencia medido en resultados que proporciona Google para esa búsqueda. Es una medida de popularidad y potencialidad de posicionamiento para una palabra clave. Un KEI elevado será lo óptimo, aunque no es indicado utilizarlo como medidor único para tomar decisiones, ya que los datos comparados no son correlativos.

La elección definitiva de las palabras clave depende en gran parte del propio sitio web a posicionar y de sus contenidos. No solo se puede basar en el análisis del tráfico, de la competencia y del índice KEI para una palabra clave. El saber si se puede llegar a posicionar un término u otro es una labor del consultor SEO, y depende mucho de su experiencia. Algunos consejos y variables a analizar son:

- Qué están haciendo los que copan los primeros lugares para posicionarse.
- Qué popularidad web tienen los competidores del sitio web a posicionar.
- Estructura interna y de navegación de sus páginas.
- Popularidad medida en cantidad de enlaces entrantes y Page Rank, etc.

Se elegirán aquellos términos que con más tráfico y con relativamente poca competencia tengan más potencialidad de conversión. Es lo que se denomina un "chicharro" en el argot.

En el ejemplo, se han elegido aquellas palabras acordes e íntimamente relacionadas con el sitio web a posicionar, sus contenidos, sus productos y sus secciones; con un tráfico relevante y relativamente poca competencia (y elevado KEI). Las palabras elegidas han sido:

*queso tetilla*
*queso curado*
*queso manchego*
*queso fresco*

*queso oveja*
*queso azul*
*queso blanco*
*comprar queso*
*quesos artesanales*

Desde luego que aquí no terminaría la labor de *keyword research*. La recomendación es realizar un análisis mucho más profundo, estudiando diferentes tipos de palabras que complementen a las elegidas para el ejemplo.

## 2. FACTORES INTERNOS DE OPTIMIZACIÓN WEB

Tras decidir aquellas palabras para las cuáles se centrarán nuestros esfuerzos de optimización, el siguiente paso dentro de una campaña SEO será optimizar factores de importancia para los buscadores y sus algoritmos de posicionamiento y relevancia.

La optimización de estos factores de trascendencia implica:

- Lograr una accesibilidad de cara a buscadores previa a su indexabilidad.
- Conseguir un incremento de la indexabilidad y/o de la saturación de un sitio web en buscadores. La saturación indica el número total de páginas web que un buscador tienen en su índice sobre un sitio web concreto.
- Interactuar con aquellos factores críticos de relevancia y/o popularidad, que los buscadores ponderan muy positivamente a la hora de realizar su ordenación de resultados.

Como factores internos, también llamados *on page* u *on site*, se pueden definir aquellos referentes al sitio web o al servidor web donde se aloja, siempre que se pueda interactuar con ellos. Se trata de factores todos ellos "manejables" o que dependen en cierta medida del administrador del sitio web.

Básicamente se trata de la optimización de código HTML y contenidos textuales, aunque no habrá que olvidarse de la optimización del diseño, de la estructura y de la arquitectura del sitio web e incluso de factores relativos al alojamiento web o al dominio.

## 2.1. La importancia del contenido

Tener un buen contenido a posicionar es fundamental en SEO, siendo de los factores más determinantes a la hora de acometer una campaña. Ese contenido rico, fresco y actualizado siempre tendrá que ir emparejado con diversas optimizaciones, estructuras de navegación y diseño web favorecedoras del posicionamiento en buscadores. Si no se estará perdiendo tiempo y dinero en generarlo.

Es cierto que los buscadores priman y ponderan positivamente el buen contenido, siendo la metodología más natural de obtener buenos resultados en buscadores.

Hay que estar de acuerdo con la afirmación de que el contenido es el rey en internet. Es la esencia de la WWW. Mediante una correcta estrategia de contenidos, una buena oferta o un inmejorable servicio online será más sencillo llegar a la cima de los buscadores.

Ciertamente, la importancia del contenido es el factor SEO más importante, conocido y obvio de todos. Por tanto, no se le dedicará mayor explicación. Simplemente comentar que sin contenidos medianamente aceptables no habrá posicionamiento que valga.

## 2.2. Estructura global y diseño del sitio web

A través de una organización estructural del sitio web acorde con buscadores y de un diseño web indexable se conseguirá un sitio web *search engine friendly* (amigable para los buscadores).

La eterna cuestión aquí es si diseñar y definir arquitecturas de la información pensadas para máquinas (robots de los buscadores) o por el contrario focalizar todos nuestros esfuerzos en diseñar y definir estructuras centradas en humanos (usuarios). En la dicotomía entre robots y usuarios la mejor opción reside en el equilibrio y en buscar soluciones de navegación y diseño compatibles con buscadores.

Los principales problemas de estructuración de la navegación global de un sitio web y de su diseño son:

- Tecnología Flash.
- Uso de frames e iframes.
- Enlazado no legible para los buscadores.
- Lenguajes de script.
- Tecnología AJAX.
- Inexistencia de mapa web.

Estos inconvenientes pueden derivar en problemas de indexación o barreras a la accesibilidad para buscadores. A continuación se explican las posibles soluciones a estas problemáticas.

### 2.2.1. *Tecnología Flash*

Adode Flash[8] (hasta 2005, Macromedia Flash) es una tecnología multimedia que permite crear y visualizar animaciones interactivas para la web. Para ello se basa en una aplicación software de escritorio para el diseño y creación de las animaciones (o de sitios web completos) y de un plug-in o extensión instalable para navegadores, que posibilita el visionado en web de este tipo de creaciones. Flash no es recomendable para la correcta indexación de las páginas de un sitio web en buscadores.

Los buscadores indexan los archivos de extensión Flash (.swf), pero ignoran el contenido interior dentro de la animación, que normalmente está programada en un lenguaje de script ilegible para los buscadores (el ActionScript). Esto quiere decir que si los enlaces a páginas interiores están dentro de la animación Flash, el robot los ignorará en el rastreo y no indexará.

Por tanto, se recomienda no utilizar esta tecnología en el diseño de los elementos de navegación del sitio web. Si Flash fuera necesario, lo óptimo sería usarlo como objeto o script incrustado en la propia programación de la pagina, a través de las etiquetas HTML <object>, <embeded> o <script>. Nunca debe utilizarse Flash para el desarrollo del menú principal o los sistemas de navegación recurrentes.

Dotar al sitio web de una alternativa para buscadores válida, mediante un rediseño completo del sitio web en un lenguaje de programación legible para los buscadores (HTML,

---

[8] Tras la compra de Macromedia por parte de Adobe Systems Incorporated en 2005, Flash se incorporó a la oferta de programas especializados en diseño gráfico y web de Adobe, junto a otros productos de la compañía (Photoshop o Illustrator) y otros de Macromedia (Dreamweaver, Fireworks o Freehand).

ASP, PHP, etc.) será la mejor solución al problema de flash como barrera de indexación.

Las etiquetas <noembed> o <noscript> pueden facilitar el trabajo de indexabilidad cuando flash suponga una barrera infranqueable para los buscadores hacia las páginas interiores del sitio web. Insertar enlaces a páginas internas dentro de estas etiquetas proporcionará la solución deseada. Esta técnica habrá que utilizarla con mesura, ya que un uso abusivo puede dar resultados no deseados, ya que estas etiquetas han sido utilizadas muchas veces de manera fraudulenta y para introducir spam de manera oculta.

Por último, comentar que los buscadores han mejorado muchísimo en lo referente a indexación de archivos Flash, aunque de cara al posicionamiento están todavía por detrás de la relevancia SEO que puede aportar un sitio web en HTML.

```
<HTML>
<HEAD>
<TITLE>republic :: think noodles</TITLE>
</HEAD>
<BODY bgcolor="#E5E5E5">

<table border=0 cellpadding=0 cellspacing=0 width=100% height=100%>
<tr><tD align=center valign=middle>

<OBJECT classid="clsid:D27CDB6E-AE6D-11cf-96B8-444553540000"
 codebase="http://download.macromedia.com/pub/shockwave/cabs/flash/swflash.cab#version=5,0,0,0"
 WIDTH=752 HEIGHT=420>
 <PARAM NAME=movie VALUE="repub_site_01.swf"> <PARAM NAME=quality VALUE=high> <PARAM
 NAME=bgcolor VALUE=#E5E5E5> <EMBED src="repub_site_01.swf" quality=high bgcolor=#E5E5E5
 WIDTH=752 HEIGHT=420 TYPE="application/x-shockwave-flash"
 PLUGINSPAGE="http://www.macromedia.com/shockwave/download/index.cgi?
 P1_Prod_Version=ShockwaveFlash"></EMBED>
</OBJECT>

</tD></tr></table>

</BODY>
</HTML>
```

*Imagen 3.12.* Indexación de contenido en Flash: snippet que muestra el buscador, página en Flash y código fuente sin META DESCRIPTION. *Fuente:* Bing.

## 2.2.2. *Uso de frames e iframes*

Una estructura basada en marcos (frames) o marcos en línea (inline frames o iframes) dividen la ventana del navegador en subventanas o subregiones, predefinidas en colocación y tamaño. Cada una de estas subdivisiones dispone de su propia URL independiente. Las etiquetas HTML <frameset> e <iframe> son las que definen este tipo de estructuras de navegación, muy utilizadas en diseño web hace unos años.

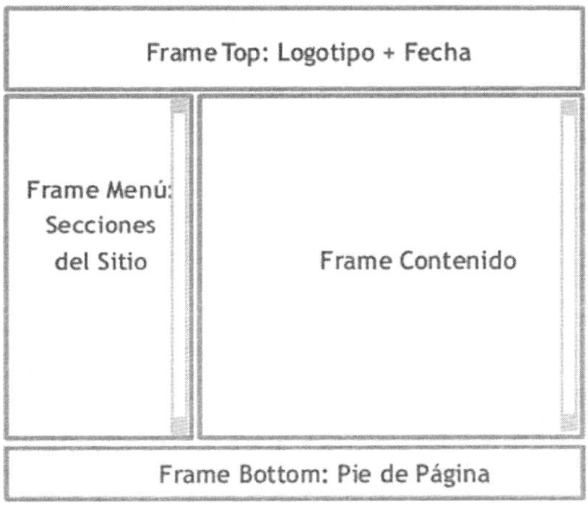


*Imagen 3.13.* Típica estructura de 4 marcos.

Esta metodología de diseño es poco recomendable para la correcta indexación de las páginas del site en buscadores. Los frames, como ya se ha comentado antes, dividen las páginas del site en "trozos", de manera que cada marco es considerado por el buscador como una página independiente indexable, provocando graves incoherencias de navegación cuando las diferentes páginas son indexadas por buscadores.

En estos casos utilizar la etiqueta <noframes> puede ser una alternativa para conseguir la correcta indexación de los frames de contenido. Insertando los enlaces a páginas de contenido dentro de esta etiqueta puede resolver el problema de indexación de páginas, pero no el de pérdida de control sobre la navegación, incoherencias de disposición de contenidos y de usabilidad.

### 2.2.3. *Enlazado interno no legible para los buscadores*

En su labor de rastreo, los bots de los buscadores siguen los enlaces, tanto internos como externos a otros sitios o páginas web, que van encontrando en su camino. En muchas ocasiones, los buscadores llegan a ciertos enlaces que resultan imposibles de seguir de otra manera.

Todo enlace de hipertexto que no está planteado con nomenclatura HTML estándar (de tipo <a href="...">) tendrá problemas de accesibilidad para buscadores. Esto incluye, por ejemplo, aquellos enlaces planteados en JavaScript, aquellos que se encuentren dentro de una animación Flash o en algún control específico de .NET, el entorno de programación web de Microsoft.

También habrá que tener en cuenta el *anchor text* o texto del enlace, es decir, el texto a través del cual se apunta al enlace. Muchas veces se pierde la posibilidad de optimizar los anchor text de los enlaces internos del sitio web al utilizar imágenes en vez de texto para los puntos de menú. Esto provoca que se pierda una posible ponderación positiva de ciertos buscadores.

La optimización de los anchor text de los enlaces cobrará todavía más importancia cuando se traten de enlaces entrantes externos o *backlinks*, tal y como se verá en las optimizaciones externas al sitio web u off page.

Al añadir el atributo rel="no follow" a cualquier enlace se desactivará la ponderación que ese enlace estaba traspasando a la página web de destino. Google también dejará de traspasar Page Rank a la página de destino. Este atributo, que en realidad es un microformato, está pensado para combatir el spam en foros y blogs y se verá más adelante.

La anatomía técnica de un enlace podría ser como en el siguiente ejemplo:

```
<a href=http://www.3wmk.com rel="nofollow">Web Marketing</a>
```

En un navegador, el enlace se vería de la siguiente manera:

Web Marketing

### 2.2.4. *Lenguajes de script y lenguajes no legibles para los buscadores*

Un script es un conjunto de instrucciones que permiten la automatización de tareas creando pequeñas utilidades. Los buscadores no leen scripts, no profundizan en ellos y tampoco los interpretan.

Normalmente los scripts son interpretados por la parte cliente (navegador) y se incrustan en el código fuente de una página web o se llaman a través de una petición a un archivo externo. Otros lenguajes que los buscadores no entienden son las hojas de estilo (CSS), que dotan de presentación a las páginas web.

Sería una gran pérdida de tiempo para los buscadores rastrear e interpretar todos los estilos y scripts que encontrasen por su camino, por lo que simplemente los ignoran. Si se trata de scripts sencillos sí que pueden llegar a entenderlos, aunque existen detractores a esta idea.

Aún así, lo conveniente siempre es que los vínculos no estén planteados en JavaScript o VisualBasicScript, no se vaya a perder la capacidad del enlace de ser indexado.

### 2.2.5. *Tecnología AJAX*

AJAX[9] es una técnica de desarrollo web basada en comunicaciones asíncronas entre el navegador y el servidor. El intercambio de información se realiza de una manera no correlativa, lo que hace que se puedan efectuar cambios en páginas web sin necesidad de recarga. Las aplicaciones en AJAX gozan de una interactividad, rapidez de descarga y usabilidad difícil de conseguir con otro tipo de aplicaciones.

Un ejemplo de AJAX puede ser las plataformas GMail o Maps de Google y la aplicación de página de inicio personalizada Protopage.

AJAX, debido a su enorme capacidad para crear añadidos interactivos a páginas web, supone un nuevo reto para los diseñadores de interacción y los SEOs, ya que muchas veces ambas cuestiones pueden chocar.

AJAX se basa en lenguajes de Script, por lo que es difícilmente indexable por buscadores. Es importante volver a remarcar la importancia de que los enlaces y secciones principales de navegación no estén programados en tecnologías script, para evitar posibles barreras a la indexación.

---

[9] Asynchronous JavaScript and XML es una metodología de diseño y programación web para crear aplicaciones interactivas, que combina varias tecnologías ya existentes como HTML, CSS, JavaSript, XML, el modelo DOM o el objeto XMLHttpRequest. Las aplicaciones AJAX se ejecutan en el cliente, que mantiene una comunicación en segundo plano con el servidor, la cual no tiene porqué estar sincronizada.

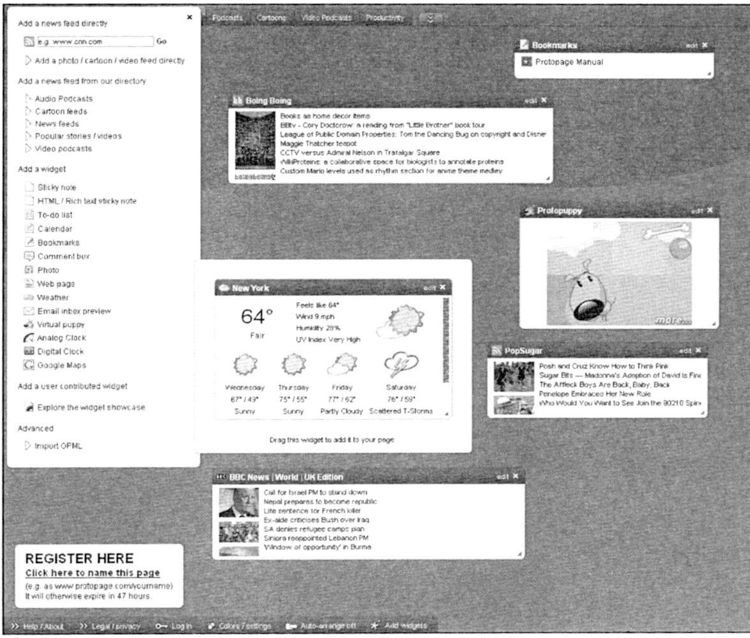


*Imagen 3.14.* Protopage es una página de inicio personalizable mediante aplicaciones AJAX. *Fuente:* Protopage.com[10].

## 2.2.6. *Inexistencia de mapa web*

Un grave problema del que adolecen innumerables sitios web es la ausencia de un mapa web de navegación, una referencia siempre presente de "donde estoy" o hacia "donde ir" dentro del sitio web.

A nivel usabilidad, el mapa web es imprescindible. Para SEO, muchas veces también lo es. En sitios pequeños, con pocas páginas y ligeros de contenido el mapa será una referencia para los buscadores, ya que cuando lleguen a éste tendrán una recopilación de todos los enlaces existentes en

[10] http://www.protopage.com

el sitio web, que si están bien planteados podrán recorrer e indexar.

En sitios web más grandes, en donde la jerarquía de páginas y los flujos de navegación no están tan definidos al ser mucho más complejos, plantear un mapa web puede suponer la no inclusión de ciertas partes del sitio web o una complicación para los usuarios.

Una alternativa válida será implementar un Sitemap, un archivo XML que recoja todas las URLs del sitio web para su envío a buscadores. Este archivo se verá en más profundidad en los factores *on server*.

## 2.3. Optimización del etiquetado HTML

Disponer de un código fuente optimizado para buscadores resultará fundamental en toda campaña SEO. Existen diversas etiquetas para las cuales se tendrá que hacer una labor de análisis y optimización. A continuación, se explican las más importantes.

### *2.3.1. Etiquetas TITLE y META*

Diversos estudios[11] y encuestas[12] colocan al uso de palabras clave en la etiqueta TITLE como un factor crítico a la hora de conseguir rankings en los buscadores

Lo cierto es que la etiqueta <TITLE> es una de las más importantes de cara al posicionamiento en buscadores, pero no es la única etiqueta que se debe de optimizar.

---

[11] Estudio de SEOmoz, http://www.seomoz.org/article/search-ranking-factors.

[12] Ver capítulo 9, "Primera Gran Encuesta del Sector SEO Hispano".

El contenido de esta etiqueta aparecerá, además de en la ventana del navegador, en el título del resultado de búsqueda mostrado por el buscador, así como al añadir la URL a favoritos, a marcadores o al enviar la página por correo electrónico en el asunto del mensaje.

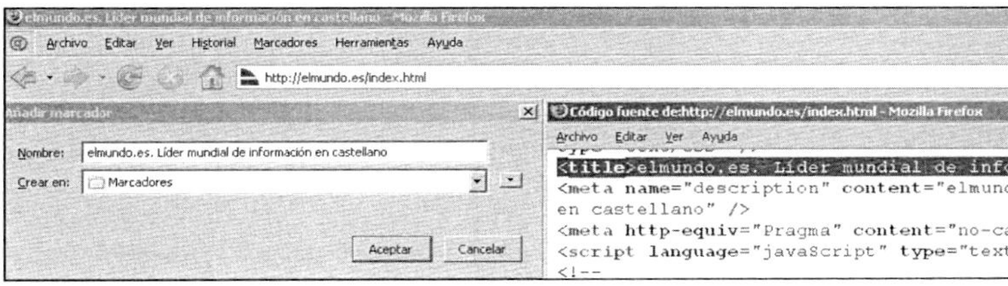


*Imagen 3.15.* Apariciones de la etiqueta TITLE en la ventana del navegador, en añadir a marcadores y en el código fuente de la página principal de la edición digital de El Mundo. *Fuente:* Elmundo.es[13].

Las etiquetas META en HTML siempre tienen la misma estructura: una definición del nombre de la etiqueta y un detalle de su contenido.

<*META NAME="etiqueta" CONTENT="contenido"* / >

La descripción o META description es otro metadato que los buscadores reflejan en sus páginas de resultados. Se trata de una etiqueta que proporciona una breve explicación sobre la URL a visitar.

La META keywords era anteriormente valorada y ponderada por los buscadores hasta que se empezó a utilizar con fines de spam. Recopila una serie de palabras clave, separadas por comas o espacios, relacionadas con la URL a la que acompañan. Su implementación nunca está de más, siempre

13 http://www.elmundo.es

que no sobrepase las 15-20 palabras. Se comenta que algunos buscadores la pueden estar utilizando para obtener una orientación o referencia a la temática del sitio web.

## 2.3.2. *Los snippets*

Al conjunto de título, descripción y URL visible en los resultados naturales de los buscadores se le conoce como *snippet*.

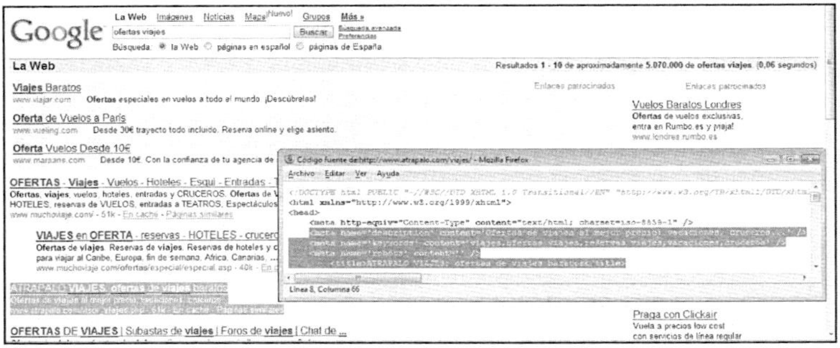


*Imagen 3.16.* Relación entre el etiquetado HTML (etiquetas TITLE y META) de la programación de una página web y los snippets que el buscador Google muestra en sus SERPS.

La optimización de los snippets será por tanto fundamental en toda campaña SEO. Se trata de nuestra "creatividad" de campaña, la traslación creativa del enlace patrocinado SEM al mundo SEO. Se trata del texto con el que el posible visitante se topará antes de hacer click, de ahí su importancia.

Para empezar a optimizar los snippets, el título deberá de contener una secuencia descriptiva, concisa y que preferiblemente contenga el nombre de la marca o empresa, además de los términos o palabras clave a posicionar. El número de caracteres nunca podrá sobrepasar los 65 si se quiere que todos los buscadores lo muestren por completo, aunque lo óptimo será un título de entre 65 y 85 caracteres.

El número de caracteres que los buscadores muestran para la descripción de la página es superior al título, y ronda entre los 155 y 180. El contenido de la META description, por tanto, nunca deberá de pasar este número de caracteres.

Alternativamente, si los buscadores no encuentran esta etiqueta en el código pueden proporcionar una descripción sacada del contenido textual de la página o la descripción que el directorio DMOZ les proporcione.

La URL deberá de ser descriptiva respecto a la búsqueda pero sin extenderse demasiado. Contener alguna keyword será positivo, pero sobrecargar la URL con palabras a posicionar puede ser penalizado o mal considerado por los buscadores.

Realmente no existe una "fórmula mágica" para redactar los títulos y las METAs e implementar las URLs de los snippets para, automáticamente conseguir los primeros resultados de los buscadores. Pero lo que sí es certero comentar es que un reflejo constante de los términos a posicionar en estas etiquetas ayudará mucho en el posicionamiento en buscadores.

### 2.3.3. *Otras etiquetas META*

El listado de etiquetas META en el lenguaje HTML es extensísima. Incluso son los propios buscadores los que a menudo definen nuevas etiquetas META.

Se podría, sin ningún tipo de problemas, definir e insertar tantas etiquetas META como se quiera en el código fuente. Lo cierto es que realmente sólo unas pocas de ellas serán tenidas en cuenta por los buscadores.

Existen otras etiquetas META utilizadas para SEO, como las tags robots y revisit-after, que dan información al robot del buscador sobre el contenido a indexar y sobre la frecuencia de rastreo. Un ejemplo práctico de estas dos etiquetas podría ser:

```
<META NAME=”robots” CONTENT=”index,follow,all” / >
<META NAME=”revisit-after” CONTENT=”15 days” / >
```

En éstas se estaría indicando al robot que indexase el contenido y se le indicaría una frecuencia de visita al sitio web de 15 días. Muchos son los que dudan de la efectividad de ambas etiquetas, ya que la opción "por defecto" es que todos los robots indexen el contenido y visiten regularmente el sitio web.

Adicionalmente, se podrán definir etiquetas robots para la no indexación de páginas:

```
<META NAME=”robots” CONTENT=”noindex,nofollow” / >
```

La etiqueta robots se podrá también "personalizar" en función del robot visitante, como se muestra en este ejemplo:

```
<META NAME=”msnbot” CONTENT=”index,follow” / >
```

Aparte de la etiqueta META robots general o personalizada, existen otras etiquetas más específicas, definidas por los propios buscadores que se pueden incluir o no en función del objetivo a lograr, y que facilitan diversas labores:

Deshabilita la aparición de la descripción de DMOZ (NO Open Directory Project) en los snippets de los resultados de búsqueda de Google:

<META NAME=”*robots*” CONTENT=”*noopd*” / >

Deshabilita la aparición de la descripción de Yahoo! Directorio (NO Yahoo! Directory) en los snippets de los resultados de búsqueda de Yahoo!:

<META NAME=”*robots*” CONTENT=”*noyd*” / >

Permite la supresión del resultado en caché dentro de los snippets del buscador Google:

<META NAME=”*googlebot*” CONTENT=”*noarchive*” / >

Hace desaparecer la descripción de los snippets en los resultados de búsqueda de Google. El nosnippet también aplicará un noarchive al snippet:

<META NAME=”*googlebot*” CONTENT=”*nosnippet*” / >

Evita la indexación de las imágenes de la página web por Google.

<META NAME=”googlebot” CONTENT=”noimageindex” / >

Marca una fecha de expiración del contenido de la página web, a partir de la cual no podrá ser visualizado ni indexado.

```
<META NAME="googlebot" CONTENT="unavailable_after:
FECHA y HORA" / >
```

Otras etiquetas que se suelen implementar de cara al SEO son:

META Abstract, META Author, META Content Lenguage y otras, como pueden ser las etiquetas META http-equiv o la especificación de etiquetas DC[14] (Dublin Core).

Aunque existen diferentes opiniones sobre la efectividad de todas estas etiquetas de cara a la indexación y al posicionamiento en buscadores, muchos SEO son los que creen conveniente incluirlas en la programación de sus páginas optimizadas.

### 2.3.4. *Optimización de otros códigos o etiquetas*

Aparte de las etiquetas META, existen otros códigos dentro del etiquetado HTML que será conveniente optimizar para así sentar las bases para un buen posicionamiento.

Habrá que tener en cuenta la disposición del código; los formatos de énfasis y jerarquización; las etiquetas alternativas para las imágenes y el código HTML accesible.

Sentar las bases para un buen posicionamiento en buscadores también dependerá de la codificación empleada:

- Una disposición del código limpia, en donde haya una división clara entre presentación y contenido.

[14] Dublin Core Metadata Initiative (DCMI) es una organización encargada de promover la difusión y la adopción de un estándar de metadatos interoperable, desarrollando vocabularios de metadatos especializados que describan recursos. Para la WWW, Dublin Core define etiquetas META específicas. http://www.dublincore.org.

- Una maquetación que no adolezca de exceso de código, utilizando por ejemplo capas mejor que tablas.
- Un planteamiento mínimamente accesible, que aunque no cumpla estrictamente todos los test de accesibilidad web se acerque sobremanera a su cumplimiento.
- Una estructuración jerarquizada de los contenidos, que divida claramente los encabezados del cuerpo de los párrafos y demás elementos de navegación (puntos de menú, enlaces externos, imágenes, etc.).
- Un empleo adecuado de palabras clave en códigos, formatos y etiquetas.

En este sentido, la inserción de palabras clave y el uso de etiquetas jeráquicas HEADER <H1> o <H2> para los enca-

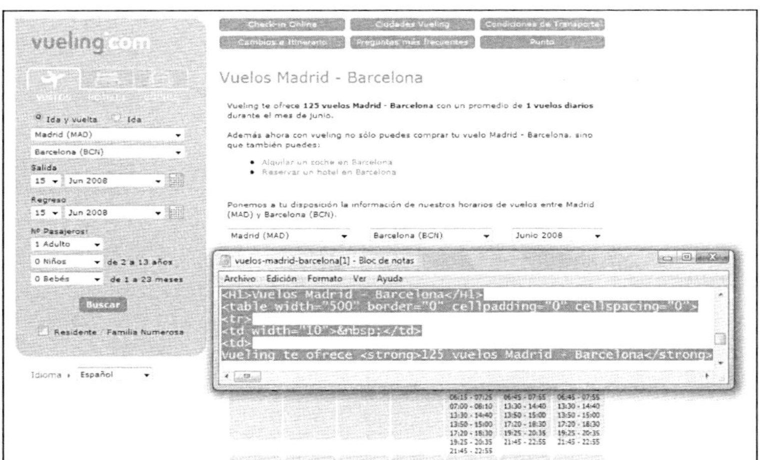


*Imagen 3.17.* Relación entre las etiquetas de encabezado y énfasis (H1 y STRONG) y el aspecto visual de una página del sitio web de Vueling[15].

15 http://www.vueling.com/ES/horarios/vuelos-madrid-barcelona.php

bezados; etiquetas BOLD <b> o STRONG <strong> para resaltar y dar énfasis a contenidos internos y la etiqueta de texto alternativo <ALT> para las imágenes apoyará la obtención de un código optimizado y accesible para los buscadores.

## 2.4. Optimizacion de contenidos

En este punto se abordan los factores o técnicas SEO internos (on page u on site) más importantes dentro de una campaña de posicionamiento orgánico. El más relevante de todos ellos es el contenido. En esta sección se aborda como optimizarlo para los motores de búsqueda.

El contenido es el factor SEO que define la temática de un sitio web para el buscador. Sin contenido indexable por los buscadores difícilmente se podrá posicionar sitios web. Por eso muchas veces habrá que acondicionar un sitio web para que su contenido llegue a ser indexable, liberándolo de posibles barreras o creando contenido nuevo optimizado.

Conseguir un contenido original, único y que proporcione un valor añadido al usuario resultará importantísimo de cara a obtener un buen posicionamiento en buscadores. Además, si a este contenido se le añade frescura y relevancia se tendrá la llave para posicionarlo en buscadores.

Para dotar al contenido de frescura se podrán generar nuevos contenidos y mantenerlos actualizados. Para conseguir la ansiada relevancia se tendrá que optimizar el texto legible para los buscadores, de manera que sea mejor ponderado por éstos.

### 2.4.1. *Conceptos básicos. Keyword density y SEO copywritting*

A la hora de optimizar el contenido de una página web hay que fijarse en el texto en formato plano (código HTML, no texto en imágenes) presente en el documento.

En dicho texto sería conveniente que se incluyesen algunas de las palabras clave elegidas para la optimización, presentadas de una manera acorde y lógica. La repetición ilógica y sin sentido de palabras clave en un texto web es considerada una técnica ilícita para los buscadores. También es muy importante tratar temáticas afines al contenido de nuestro sitio web.

De todas estas premisas básicas, surgen dos conceptos fundamentales a la hora de optimizar contenidos para SEO: la densidad de palabras clave (*keyword density*) y la redacción de textos para SEO (*SEO copywriting*).

– **Keyword density**: se trata del número de repeticiones de una palabra clave en relación al total de palabras dentro del texto de una página web. Si se plantea una campaña SEO con rigurosidad matemática, este ratio (número de repeticiones de la keyword/número de palabras totales del texto) debería estar en torno al 2%-10%. En la práctica, a veces es complicado alcanzar estos registros, por lo que con un par de repeticiones de la keyword en cuestión o su única inclusión en algún título o encabezado será sufieciente.

Aunque la keyword density es importante, también existen otras fórmulas, que se podrán usar de forma complementaria o paralela para dotar de relevancia al contenido a posicionar. Se trata de las técnicas de enlazado interno inteligente (optimización de los anchor text internos o aplicación eficiente del rel="nofollow" al enlazado) y la consecución de enlazado externo con anchor text optimizado.

– **SEO copywriting**: la escritura de textos optimizados para SEO es una técnica para adecuar los contenidos web a las ponderaciones de relevancia de los buscadores. De cara al usuario no se podrá sacrificar el contenido, sino que habrá que apuntarlo hacia ciertos términos de búsqueda y palabras clave. El SEO copywriting no sólo trata de elevar la keyword density de las páginas a optimizar, sino que también define correctamente la estructura y la jerarquía del documento, las políticas de enlazado, la colocación del texto dentro del código y su disposición visual, diferenciando la redacción de contenidos e inclusión de enlaces en las diferentes partes del documento (cabecera, cuerpo, pie, etc.).

Crear contenido optimizado resulta muchas veces imprescindible cuando no se dispone de texto legible por los buscadores o se tropieza con barreras a la indexación. Otras veces se utiliza como técnica de apoyo a otras optimizaciones on page.

Aunque existen corrientes de opinión que incluyen la optimización de otros elementos on page, como pueden ser las etiquetas TITLE, META o ALT, como SEO copywriting, no es correcto considerarlo así.

Pero también habrá que tener en cuenta los peligros de la sobreoptimización. Una repetición desmesurada de los términos a posicionar dentro de los textos a optimizar, unido a otro tipo de optimizaciones (URLs, TITLEs, METAs) pueden provocar el efecto contrario, dando pie a que el buscador pueda penalizar por sobreoptimización.

En las imágenes 3.16. y 3.17 se pueden ver ejemplos de un antes y un después de aplicar técnicas de SEO copywriting a una página web. Se personaliza el ejemplo para una página web del sitio de Bancaja y para la palabra "créditos hipotecas". No solo se cambia el *copy*, incluyendo "créditos hipotecas", sino que se optimiza el encabezado y el punto de menú mediante la palabra clave elegida.

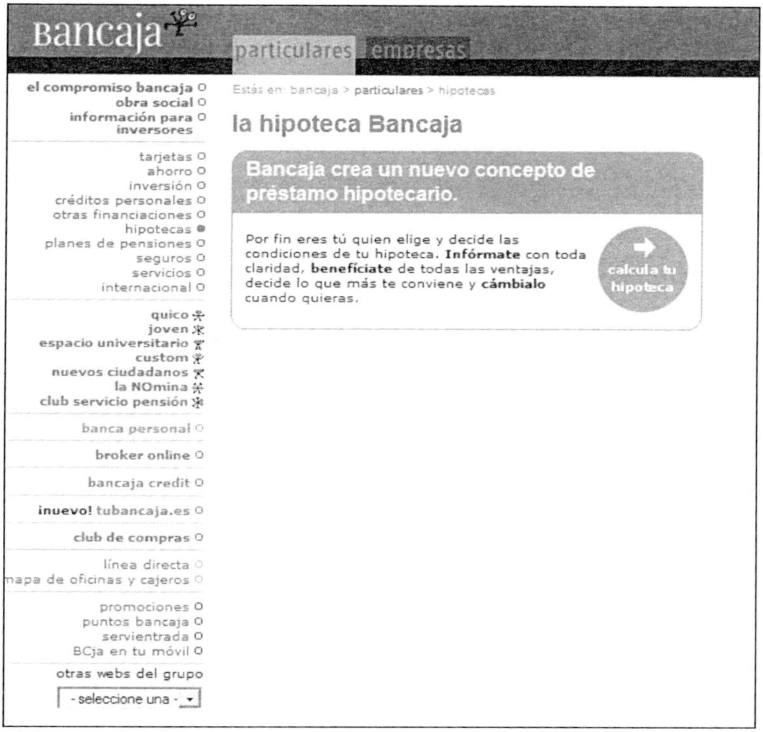


*Imagen 3.18.* Página web de Bancaja[16], sección "hipotecas".

[16] http://bancaja.es/CAS/productos/hipotecas.aspx?urls=home

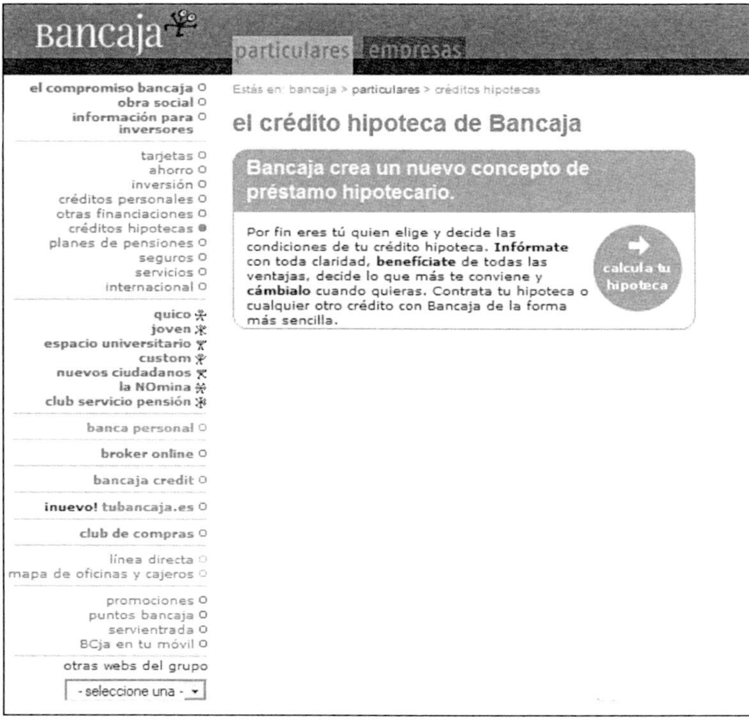


*Imagen 3.19.* Aplicación de técnicas de SEO copywritting a la misma página web de Bancaja para la palabra "créditos hipotecas".

## 2.4.2. *Usuario, optimización web y frecuencia de actualización*

La importancia de la optimización web y de la mejora de la experiencia del usuario es fundamental para el posicionamiento en buscadores. Campos como la usabilidad y la accesibilidad web, que tratan de mejorar y adaptar las aplicaciones web para el usuario, resultan muy aprovechables también de cara al posicionamiento en buscadores. Esta sección trata de adentrarse brevemente en estos dos campos tan extensos y ver sus intersecciones con el SEO.

La Iniciativa de Accesibilidad Web (WAI)[17] del W3C reúne unas recomendaciones denominadas *Pautas de Accesibilidad al Contenido Web 1.0* (WCAG 1.0)[18], que son normas "de facto" y aceptadas universalmente como pautas de accesibilidad web. Existen herramientas de test[19] que validan la accesibilidad de un web, emitiendo informes sobre el grado de adecuación en función del cumplimiento de las pautas de accesibilidad web.

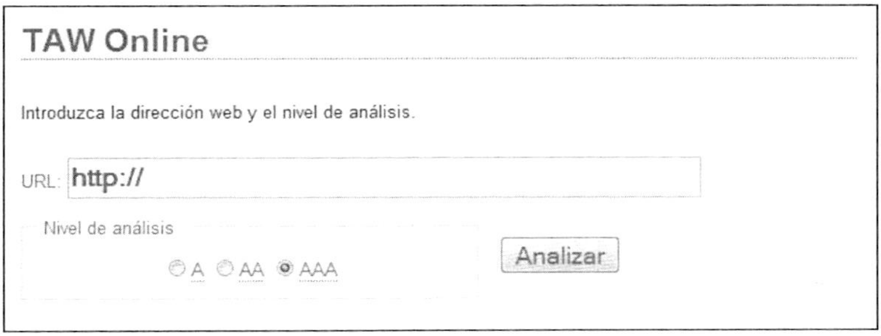


*Imagen 3.20.* Herramienta TAW online para validación de la accesibilidad de una página web. *Fuente:* TAW-Test de Accesibilidad Web.

La optimización web basada en las recomendaciones y pautas de accesibilidad web tiene como fin un doble objetivo:

- Por un lado, poder alcanzar a cuantos más usuarios sea posible, especialmente facilitando la labor a aquellos usuarios discapacitados.
- Por otro lado, poder llegar a más dispositivos. El "multidispositivismo" ayuda a que la información sea idéntica, independientemente del dispositivo en donde se visualice.

[17] http://www.w3.org/WAI
[18] http://www.w3.org/TR/WAI-WEBCONTENT
[19] http://www.tawdis.net

Ambos objetivos anhelan conseguir una universalidad en el acceso a la información, siendo el usuario el principal benefactor de este deseo.

En cuanto a pautas de accesibilidad web recomendables también para SEO, cabe destacar entre otras:

- **Alternativas textuales en imágenes**. Utilizar una etiqueta ALT para imágenes descriptiva y optimizada con palabras clave llegado el caso.
- **Estructura jerárquica de la página**. Una jerarquía posibilitará un código estructurado, que será más fácilmente legible y cacheable por las arañas de los buscadores.
- **Evitar el empleo de abreviaturas.** En partes clave de la página, como pueden ser los encabezados es recomendable optimizar estas partes con palabras clave provenientes de la estrategia SEO.
- **Funcionamiento sin JavaScript**. Dotar de una alternativa a este lenguaje resultará muy útil cuando éste suponga una barrera a la indexación completa del sitio. Recordar que los robots de los motores de búsqueda no interpretan JavaScript.
- **Proporcionar metadatos para añadir información semántica a las páginas y sitios**. Las etiquetas <TITLE> o META ya no solo serán útiles para los SEO, sino que también se requieren para conseguir la accesibilidad de un sitio y dotarle de información semántica, aportando significado.
- **Mapa Web y Accesibilidad.** La colección de enlaces que proporciona el mapa web siempre es una referencia obligada para cualquier araña o rastreador, allanándole el camino para conseguir la completa indexa-

ción de un sitio. Tener esta referencia siempre visible no solo beneficiará a la accesibilidad web del sitio, sino que mejorará la usabilidad del mismo.

Una sencilla definición de usabilidad web orientada a SEO podría ser "hacer que en un sitio web sea fácil de encontrar la información que los clientes necesitan cuando la necesitan", es decir, mostrar la información exacta en el lugar y momento adecuados.

No solo existen intersecciones de la usabilidad con la accesibilidad web, sino que también las hay con el posicionamiento en buscadores.

Entre los factores positivos de usabilidad reutilizables para el posicionamiento web se pueden destacar:

- Conseguir un menor peso en Kb de una página web para así poder descargarla más rápidamente. Tanto usuarios como buscadores lo agradecerán.
- Navegación clara y consistente, junto a un contenido conciso, comprensible y de paso que contenga palabras clave que aportarán relevancia para el posicionamiento web.

La usabilidad web, en su faceta aprovechable para el posicionamiento, comienza en las SERPs. Cada buscador dota a sus páginas de dosis propias de usabilidad, pero resultará fundamental que el snippet, un factor interno controlable, esté optimizado de cara al usuario.

Convertir al snippet en un factor "usable", consiguiendo un texto claro, atractivo y que llame al click será una labor mixta, tanto SEO como optimización web (usabilidad).

Un paso más allá, alcanzados los objetivos de tráfico y visitas cualificadas provenientes de buscadores achacables al SEO y dentro ya del sitio web de destino, la usabilidad web será fundamental para alcanzar los objetivos de conversión.

Por último, señalar que la frecuencia con que se actualice un sitio web también es tenida en cuenta y valorada positivamente por los buscadores.

Un sitio web con contenidos renovables, que implique una frecuencia diaria de actualización, incitará a las arañas de los buscadores a visitarlo diariamente, llegando a éste muchas más veces que si el contenido fuese estático en el tiempo.

Por tanto, una elevada frecuencia de actualización hará que el sitio sea rastreado con mayor regularidad por los buscadores, denotando que se trata de una web con contenidos frescos y actuales, algo que los buscadores valoran positivamente.

## 2.5. Factores de optimizacion on server

Dentro de los factores SEO internos u on site se encuentran aquellos que dependen del servidor web. Si bien casi todos ellos son controlables, se pueden encontrar casos en los que condicionantes "heredados" pueden incidir negativamente de cara al SEO. Por ejemplo, dominios cuyo alojamiento web sufre de constantes caídas de servicio o a dominios que han sufrido penalizaciones.

Ante estas situaciones, numerosos son los afectados que prefieren continuar como están, sin cambiar de proveedor de hosting o de dominio, convirtiéndolos en factores SEO incontrolables.

Aparte del propio servidor web y su alojamiento asociado, el dominio también tiene importancia como factor SEO on server, así como ciertos ficheros (archivos Robots y Sitemap) que residen en el servidor y que son interpretados por los buscadores.

Por último, son los propios buscadores los que proporcionan una serie de herramientas específicas para webmasters y administradores de sitios web, a través de las cuales se pueden gestionar ciertas cuestiones relacionadas con SEO y buscadores.

### 2.5.1. *La importancia del servidor web, el alojamiento y el dominio*

Se acaba de mencionar la importancia de un buen alojamiento de cara al SEO. Un ejemplo práctico real pudiera ser que tras una caída de servicio, nuestro sitio fuese recorrido por algún *crawler* de los buscadores. Estos obtendrán continuamente respuestas 404 (no encontrado) del servidor web, corriendo peligro de perder la indexación conseguida.

En cuanto al servidor web, factores como la plataforma tecnológica que utilice, sea Linux o Windows, es indiferente de cara al SEO. Dará igual posicionar bajo arquitectura LAMP (Linux como sistema operativo servidor, Apache como servidor web, MySQL como base de datos y PHP como lenguaje de programación) que bajo arquitectura WISA (Windows como sistema operativo servidor, Internet Information Server como servidor web, SQL como base de datos y ASP/ASP .NET como lenguaje de programación).

El servidor web tendrá que procesar las peticiones que le lleguen correctamente, sirviendo las respuestas de una manera ágil y transparente para el usuario. Ralentizaciones en el servidor no solo serán poco aconsejables para SEO, sino que el usuario no lo admitirá (no le gustan las esperas), corriendo el riesgo de perderlo. De ahí que otro de los factores on-server importantes será tener un sitio web con páginas de carga ligera y rápida, para así contentar tanto a los robots de búsqueda como a los usuarios.

En cuanto a la importancia del nombre del dominio para SEO, éste resulta fundamental, aunque un buen nombre de dominio no asegura el posicionamiento. Tener un dominio rico en las keywords que se desea posicionar es una virtud que se podrá aprovechar. Para ejemplificarlo, poseer un buen dominio es como partir con ventaja en una carrera de fondo. Si esta no se mantiene (mediante contenido y optimizaciones), seremos rebasados por otros corredores.

También hay que señalar que el nombre de dominio ha perdido importancia a lo largo de los últimos tiempos. Antiguamente registrando dominios con palabras clave a posicionar bastaba para obtener resultados. Eso ahora no es así, aunque se sigue notando que, un nombre de dominio *premium* facilita (y mucho) las cosas.

Por ejemplo, si se quiere atacar los mercados SEM/SEO apostando por palabras como "posicionamiento en buscadores", "marketing en buscadores", "posicionamiento web" o "posicionamiento seo" disponer de un nombre de dominio similar (o que contenga) la palabra posicionamiento será de total interés. Aunque bien es cierto que luego habrá que dotar al dominio de unos contenidos decentes, revisar y optimizar los factores on page y por supuesto, conseguir enlaces.

El dominio es importante de cara al posicionamiento en diferentes mercados. Tener un dominio cuya extensión sea la de un país local target de las estrategias SEO ayudará bastante en la labor de optimización, aunque también existen otras opciones (optar por subdominios locales del .com, subcarpetas bajo el dominio principal o indicar en las herramientas para webmasters de los buscadores cual es nuestro mercado objetivo).

### 2.5.2. *Los archivos de servidor*

Para optimizaciones on server habrá que tener muy en cuenta una serie de archivos que normalmente residen en el directorio raíz del servidor y que indicarán a los robots de los buscadores ciertas cuestiones de interés de cara a conseguir una correcta y completa indexabilidad de un sitio web. Se trata de los archivos robots.txt y sitemap.xml.

#### 2.5.2.1. *Robots.txt*

El archivo robots.txt es un fichero de texto plano que contiene diversas indicaciones para los robots spiders de los buscadores sobre el sitio web a rastrear. Se supone que un robot, cuando llega a un sitio web, lo primero que comprueba es la existencia de este archivo y procede a leerlo e interpretarlo.

En la práctica esto no ocurre siempre así, ya que existen robots malintencionados que ignoran este archivo, especialmente aquellos robots *malware* utilizados habitualmente por spammers.

El protocolo de exclusión de robots o REP (Robots Exclusion Protocol)[20] es una convención internacional para pre-

---

[20] http://www.robotstxt.org

venir que los spiders y otros robots web puedan acceder a todo o solo a ciertas partes de un sitio web, definidas en el archivo robots.txt por el administrador del sitio.

La directiva más drástica que se puede aplicar al archivo robots.txt es la exclusión total del sitio web de los buscadores. Es decir, desaparecer de los índices de todos los buscadores:

```
User-agent: *
Disallow: /
```

Esta opción se podrá "personalizar" por robot, simplemente indicando el *user-agent* para el cual se quiere evitar la indexación. Esta será la mejor opción para atajar ciertos ataques, como pueden ser los bombings, que se explican más adelante. Las exclusiones de este tipo se podrán combinar a nivel página con la META etiqueta robots de parámetros "noindex, nofollow". También se podrán incluir ciertas carpetas o partes del sitio web a las que no se quiere que el rastreador acceda, por ejemplo:

```
User-agent: *
Disallow: /
Disallow: /tmp/
```

Como inconvenientes, se pueden mencionar que una incorrecta implementación del archivo podrá ocasionar daños considerables. Para ello existen herramientas de validación del fichero robots[21].

[21] Robots.txt checker, http://tool.motoricerca.info/robots-checker.phtml.

También es necesaria la cooperación del robot, ya que de lo contrario este archivo no servirá para nada. El robots.txt es un archivo público y visible, por lo que si se definen zonas críticas a las que no se desea que el buscador acceda estarán públicamente accesibles, siendo esto un reclamo interesante para los hackers.

Pero como utilidades principales, mediante el archivo robots.txt se puede evitar la indexación de contenido duplicado o informar al robot de la existencia de un sitemap en nuestro sitio web. Simplemente vale con añadir una línea al archivo:

```
Sitemap: http://www.misitio.com/sitemap.xml
```

Como ejemplo real de la implementación de un archivo robots.txt se muestra el caso para el sitio web YouTube:

```
# robots.txt file for YouTube

User-agent: Mediapartners-Google*
Disallow:

User-agent: *
Disallow: /browse
Disallow: /comment
Disallow: /forgot
Disallow: /login
Disallow: /profile
Disallow: /results
Disallow: /signup
Disallow: /t/terms
Disallow: /t/privacy
Disallow: /verify_age
Disallow: /watch_ajax
Disallow: /watch_queue_ajax
```

En el ejemplo de YouTube, el archivo robots deja "vía libre" y da total acceso al sitio al robot Mediapartners (el bot de Google AdSense), impidiendo el acceso de todos los otros robots a ciertas carpetas, definidas en la segunda directiva del archivo.

En junio de 2008 los 3 grandes buscadores llegaron a un acuerdo para la adopción conjunta del protocolo REP, incluyendo algunas novedades[22].

### 2.5.2.2. *Sitemaps*

El Sitemap es un archivo XML que deberá de ser confeccionado por los webmasters o administradores web. En éste, se informa a los buscadores de las páginas que se pueden rastrear en sus sitios web.

Un Sitemap enlista URLs de un sitio, así como otros datos adicionales como su última actualización, su frecuencia de modificación o su grado de importancia. Los motores de búsqueda dispondrán entonces de información más valiosa para así realizar el rastreo de la web de una forma más eficiente.

El Sitemap ofrece estos datos a los robots de los buscadores para que así seleccionen todas las URLs presentes en el Sitemap y extraigan información de éstas. El uso del protocolo Sitemaps no garantiza que las páginas web se incluyan en los índices de los buscadores, pero proporciona sugerencias para mejorar su trabajo de rastreo de sitios.

La estructura de un archivo sitemap en XML es siempre la misma:

---

[22] FOX, Vanessa, redactora de Search Engine Land, sobre el acuerdo conjunto de Google, Yahoo! y Microsoft: http://searchengineland.com/080603-121100.php.

```
<?xml version="1.0" encoding="UTF-8"?>
<urlset xmlns="http://www.sitemaps.org/schemas/sitemap/0.9">
<url>
<loc>http://www.ejemplo.com/</loc>
        <lastmod>2008-01-01</lastmod>
        <changefreq>monthly</changefreq>
        <priority>0.8</priority>
</url>
</urlset>
```

Se trata por tanto de un formato predefinido por las diferentes URLs del sitio web, a las que se les asignan unos atributos para cada etiqueta.

| Atributo | | Descripción |
|---|---|---|
| `<urlset>` | obligatorio | Encapsula el archivo y hace referencia al protocolo estándar actual. |
| `<url>` | obligatorio | Etiqueta principal de cada entrada de URL. Las demás etiquetas son secundarias de esa. |
| `<loc>` | obligatorio | URL de la página. Esta URL debe comenzar con el protocolo (por ej., http) y acabar con una barra diagonal, si su servidor web así lo requiere. Este valor debe contener menos de 2.048 caracteres. |
| `<lastmod>` | opcional | Fecha de la última modificación del archivo. Esta fecha debe encontrarse en formato Fecha y hora de W3C. Este formato le permite omitir la parte referente a la hora, si así lo desea, y utilizar AAAA-MM-DD.<br><br>Tenga en cuenta que esta etiqueta es independiente de la cabecera "If-Modified-Since (304)" que puede mostrar el servidor y que los motores de búsqueda pueden utilizar la información de ambas fuentes de forma diferente. |
| `<changefreq>` | opcional | Frecuencia con la que puede cambiar esta página. Este valor proporciona información general a los motores de búsqueda y es posible que no se corresponda exactamente con la frecuencia de rastreo de la página. Valores aceptados:<br>• always<br>• hourly<br>• daily<br>• weekly<br>• monthly<br>• yearly<br>• never<br><br>El valor "always" (siempre) debe utilizarse para describir documentos que cambian cada vez que se obtiene acceso a ellos. El valor "never" (nunca) debe utilizarse para describir direcciones URL archivadas.<br><br>Tenga en cuenta que el valor de esta etiqueta se considera una *sugerencia* y no una orden. A pesar de que los rastreadores de motores de búsqueda puedan tener en cuenta esta información a la hora de tomar decisiones, pueden rastrear páginas marcadas "hourly" (cada hora) con menor frecuencia de lo que indica la marca, así como rastrear páginas marcadas "yearly" (cada año) con más asiduidad. Asimismo, pueden rastrear periódicamente páginas marcadas "never" (nunca) para poder manejar los cambios inesperados que se produzcan en ellas. |
| `<priority>` | opcional | La prioridad de esta dirección URL es relativa con respecto a las demás URL de su sitio. Los valores válidos abarcan desde 0,0 a 1,0. Este valor no afecta a la comparación de sus páginas con respecto a las de otros sitios; únicamente permite informar a los motores de búsqueda de las páginas que considera más importantes para los rastreadores.<br><br>La prioridad predeterminada de una página es 0,5.<br><br>Tenga en cuenta que la prioridad que asigne a la página no suele influir en la posición de sus URL en las páginas de resultados de los motores de búsqueda. Los motores de búsqueda pueden utilizar esta información para elegir entre varias URL del mismo sitio, de modo que puede emplear esta etiqueta para incrementar las probabilidades de que sus páginas más importantes se incluyan en un índice de búsqueda.<br><br>Asimismo, tenga en cuenta que la asignación de alta prioridad a todas las URL de su sitio probablemente no le servirá de ayuda, dado que la prioridad es relativa y sólo se utiliza para elegir entre las distintas URL de su sitio. |

*Imagen 3.21*. Definiciones de las etiquetas XML presentes en un documento Sitemap. *Fuente:* Sitemaps.org[23].

---

[24] http://www.sitemaps.org/es/protocol.php

La especificación Sitemap 0.90 es compatible con buscadores, incluidos Google, Yahoo!, Microsoft y Ask.

Los distintos buscadores ofrecen diferentes alternativas para notificar la existencia de Sitemap en el sitio:

- A través del archivo robots.txt, como se ha visto anteriormente.
- Vía una solicitud HTTP de tipo "ping" al buscador, es decir, introduciendo una URL con este formato: <searchengine_URL>/ping?sitemap=sitemap_url
- Mediante los métodos de verificación disponibles a través de las herramientas para webmasters, que se verán a continuación.

### 2.5.3. *Las herramientas para webmasters de los buscadores*

Los grandes buscadores ponen a disposición de los administradores de sitios web una extranet con herramientas muy útiles, a través de las cuáles se pueden administrar ciertas cuestiones y tareas en relación a los procesos de rastreo e indexación, incluyendo Sitemaps. Estas herramientas son:

- Google Webmaster Tools[24].
- Yahoo Site Explorer[25].
- Bing Webmaster Tools[26].

---

24 http://www.google.com/webmasters/tools
25 http://siteexplorer.search.yahoo.com
26 http://webmaster.live.com

### 2.5.3.1. *Herramientas para webmasters de Google*

Google incluye estas herramientas en su centro para webmasters. Mediante éstas se podrán crear sitios que se adapten mejor a los requisitos del buscador, diagnosticando los posibles problemas que se detecten durante el proceso de rastreo del sitio web.

Por ejemplo, Google proporciona datos sobre los últimos rastreos, indicando aquellos errores u omisiones de URLs. También proporciona las consultas de búsqueda más habituales, diversas estadísticas detectadas por Googlebot y una recopilación de los enlaces entrantes y salientes, así como la gestión de los *site links* del sitio, si es que los hubiese.

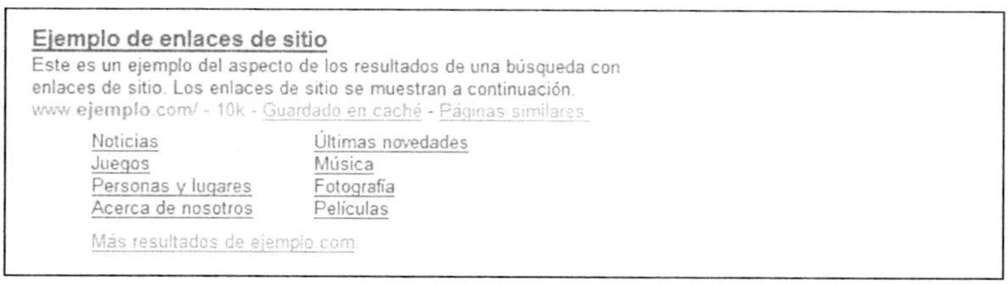


*Imagen 3.22.* Los enlaces de sitio son vínculos de un sitio web que se generan automáticamente en las SERPs de Google, proporcionando utilidad añadida al usuario. *Fuente:* Google Webmaster Tools.

Por supuesto que la función estrella son los Sitemaps. A través de las herramientas para webmasters se puede notificar a Google la existencia de algún archivo sitemap en un sitio, previa verificación de que sé es el propietario del sitio web.

Por último, Google amplía de forma constante las funcionalidades de su extranet con webmasters, ofreciendo otro tipo de herramientas adicionales, como un visor de páginas web tal y como las visualiza Googlebot, detalles sobre el rendimiento del sitio o sus palabras clave más frecuentes.

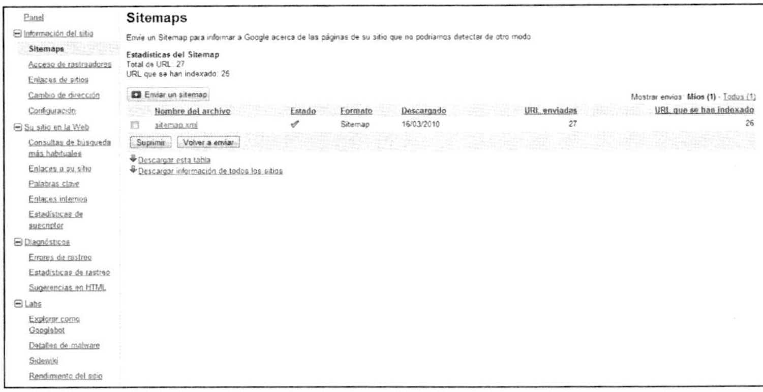


*Imagen 3.23.* Google, aparte de los Sitemaps, ofrece diversas herramientas adicionales que facilitan trabajo a los webmasters.
*Fuente:* Google Webmaster Tools.

## 2.5.3.2. *Yahoo! Site Explorer*

Yahoo! ofrece a los webmasters una interfaz mejorada para el envío de Sitemaps en los diferentes formatos que la plataforma soporta: xml (sitemaps), txt (urllist) o feed (RSS o Atom).

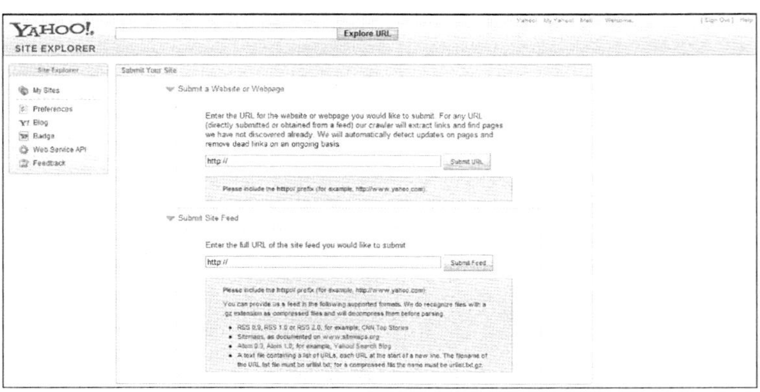


*Imagen 3.24.* Página de envío de Sitemaps.
*Fuente:* Yahoo! Site Explorer.

El fuerte de Yahoo! Site Explorer es su funcionalidad para la mejora de la indexación de URLs dinámicas, algo que, por ejemplo, Google Webmaster Tools no tenía hasta hace poco. La herramienta también permite eliminar URLs del índice de Yahoo!

Un parámetro o argumento de URL es un par nombre/ valor añadido a una URL. El parámetro comienza con un signo de interrogación (?) y adopta la forma de *name=value*. Si existen varios parámetros de URL, cada parámetro se separa con un signo &[27].

La herramienta de Yahoo! da la posibilidad de "reescribir" las URLs, eliminando parámetros de las URLs a indexar por el crawler de Yahoo!, como pueden ser las IDs de sesión, así como la posibilidad de usar un valor por defecto para el reemplazo de parámetros:

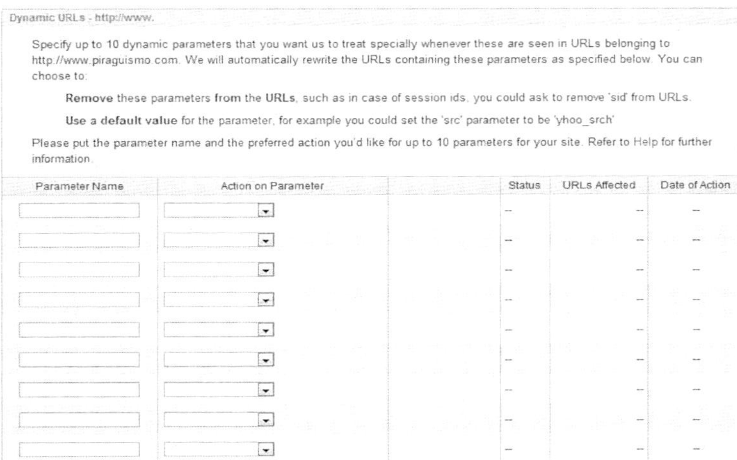


*Imagen 3.25.* Herramienta Dynamic URLs (en beta), que resuelve el problema de indexación de URLs dinámicas.
*Fuente:* Yahoo! Site Explorer.

---

27 El ejemplo muestra un parámetro de URL con dos pares de nombre/valor: http:// server/path/document?name1=value1&name2=value2. Fuente: Adobe Livedocs.

Yahoo! Site Explorer también ofrece los operadores "site" y "link" mejorados, a través de los cuales proporciona datos bastante fidedignos sobre saturación y popularidad de un sitio web.

Por último, Yahoo dispone de otras herramientas accesibles desde Site Explorer, como puede ser Top Queries (en beta), que posibilita chequear posiciones conseguidas en Yahoo! o Site Builder, que permite construir fácilmente un buscador de Yahoo! para integrarlo en un sitio web o blog.

### 2.5.3.3. *Bing Webmaster Tools*

Desde que Microsoft adoptó el protocolo Sitemaps, Bing ha desarrollado su *suite* de herramientas para webmasters y administradores de sitios web. Ya se pueden enviar URLs al buscador mediante archivos sitemap de una manera fácil e intuitiva, algo que antes se hacía de manera individual a través de MSN URL submit[28] o Live URL submit[29], formularios que todavía no se han desactivado pero que redirigen a Bing Submit Site Page[30].

La extranet Webmaster Tools se trata de una interfaz muy sencilla, en donde aparte de poder enviar los archivos sitemap se pueden comprobar algunas estadísticas de rastreo e indexación. Como también ocurre en las herramientas de los otros buscadores, es necesario estar registrado en Bing para poder utilizar la herramienta.

También se incluyen datos interesantes sobre enlaces, tanto entrantes como salientes, información que Bing no proporciona en abierto.

28 http://search.msn.com/docs/submit.aspx
29 http://search.live.com/docs/submit.aspx
30 http://www.bing.com/webmaster/SubmitSitePage.aspx

Por último, como en la herramienta de Google también se incluye un validador de archivo robots.txt, así como otras herramientas adicionales: un verificador de cabeceras HTTP y una herramienta de keyword research que se integra en Excel (adCenter Add-in for Excel[31]).

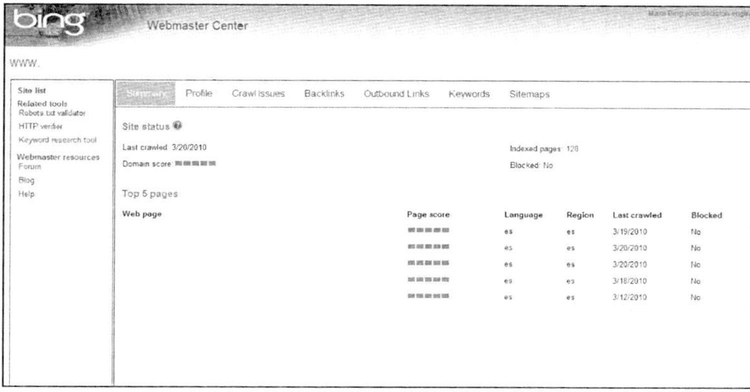


*Imagen 3.26.* Página resumen dentro de las herramientas para webmasters de Bing.com. *Fuente:* Bing Webmaster Tools.

## 3. FACTORES EXTERNOS DE OPTIMIZACIÓN WEB

Como factores externos de optimización web, también conocidos como off page u off site, se identifican aquellos que son difícilmente controlables o manejables por el webmaster o el administrador del sitio web. Aunque sí que podrá intentar interactuar con ellos y plantear estrategias, no serán tan directamente custodiables como los factores on page.

El principal factor SEO externo han sido siempre (y seguirán siendo en un futuro próximo) los enlaces entrantes que apuntan hacia el sitio web a posicionar. La importancia

31 http://advertising.microsoft.com/learning-center/downloads/microsoft-advertising-intelligence

que tienen los links se ve reflejada en el peso que los buscadores proporcionan a la popularidad web en sus algoritmos. El enlace se identifica todavía como una recomendación positiva o voto de un sitio a otro.

También cabe destacar el protagonismo que ha ganado el usuario en la red durante los últimos años, característica que también se ve reflejada en los buscadores y en el sector SEO. Su papel actual, generando y valorando contenidos en la red, unido a su capacidad para enlazar, le transforma en una figura importantísima

## 3.1. La importancia de los enlaces

Una de las esencias de la WWW es el hipertexto, cuyo principal protagonista es el hiperenlace.

La funcionalidad hipertextual del enlazado entre páginas web se remonta a los orígenes de la red. La capacidad de enlazar y ser enlazado siempre ha estado presente en internet, aunque el uso del hiperenlace como una medida de popularidad de una página o un sitio web es posterior y se debe a los buscadores: los enlaces representan votos del sitio "enlazador" al enlazado.

El número de enlaces entrantes que apuntan a una web determinada es hoy el principal factor off page, off site o "no directamente controlable" dentro de una campaña SEO. Se trata de un factor imprescindible dentro del posicionamiento orgánico y para muchos SEO es el más importante de todos.

En esta sección se descubren las técnicas más utilizadas y efectivas para la obtención de enlaces entrantes, tratando así de convertir esta tarea en algo más manejable para el consultor SEO.

Pero hay que señalar que no solo la cantidad cuenta, sino que la calidad, el origen del enlace, la temática o la "naturalidad" en su planteamiento son muy tenidos en cuenta a la hora de valorarlo y ponderarlo positivamente por parte de los diferentes buscadores.

El enlace desde otro sitio web es la manera más fácil y directa de "entrar" y ser indexado por los buscadores, ya que si los crawlers se "topan" con ese enlace en su labor de rastreo es muy probable que quede registrado e indexado en el índice del buscador.

El enlazado desde otros sitios debería por lógica incrementar el tráfico web, ya que las referencias externas también proporcionarán visitantes. Junto a las visitas directas (aquellas que escriben nuestra URL en la barra de direcciones del navegador web) y a las visitas desde buscadores serán los tres tipos de "referidos" o fuentes de tráfico posibles en analítica web.

### *3.1.1. Link building*

Literalmente "construcción de enlaces", aunque captación o consecución de enlaces podrían ser otras traducciones más cercanas al concepto de *link building.*

A través del link building se establecen métodos para incrementar los enlaces entrantes provenientes de otros sitios web de internet, definiendo estrategias, entre las que se pueden destacar:

– **Alta en buscadores y directorios**: bajo esta modalidad de alta o registro se aglutina a todos aquellos directorios secundarios y buscadores de segunda fila menos conocidos. Es decir, todos aquellos buscadores que no sean Google,

Yahoo!, Live y Ask, aparte de la infinidad de directorios presentes en la red en la actualidad.

Las altas se deberán de hacer manualmente y de manera secuencial. No es recomendable realizarlas todas de golpe ni con un software automatizado. Los grandes buscadores podrían interpretarlo como un acto de incremento artificial de la popularidad web y penalizarlo.

Existen numerosos listados de buscadores y directorios en la red. Muchos de ellos son SEO friendly, de manera que se puede elegir el anchor text del enlace. También existen infinidad de directorios de pago, casi todos montados con plantillas y scripts predefinidos.

Se considera muy relevante de cara al posicionamiento estar listado en directorios de prestigio, como el directorio de Yahoo! y el Open Directory Project (DMOZ).

– **Inserción de enlaces en redes de tráfico**: existen agencias especializadas que trabajan con su propia red de sitios web, así como con cientos de sitios de webmasters asociados en donde se podrán colocar enlaces relevantes.

– **Optar por el intercambio o la compra de enlaces**: la opción del intercambio siempre está abierta, aunque será recomendable plantearla siempre entre sitios afines temáticamente. En cuanto a la compra de enlaces, se podrá realizar directamente o mediante intermediarios TLB (Text Link Brokerage). En el capítulo 4 se debate ampliamente sobre la idoneidad de esta técnica.

– **Alta en otro tipo de buscadores**, como pueden ser plataformas y marcadores sociales, buscadores de RSS o de blogs, etc. Todo dependerá del carácter del sitio web a posicionar, si dispone de contenidos renovables a diario, sindicación de contenidos, etc.

Por último, mencionar al link baiting, que se explica a continuación, como otra fórmula de captación de enlaces.

### *3.1.2. Link baiting*

Del inglés *bait*, que significa cebo. Se trata de enlaces provocados mediante un cebo o gancho a través de la generación de un contenido altamente interesante para la comunidad online, de manera que sea enlazado de forma natural, y en muchas ocasiones, de manera viral.

Por ejemplo, un artículo, un video, un podcast o un post considerado muy interesante por otras personas y potencialmente enlazable. El cebo puede ser de diferentes características: informativo, humorístico o incluso una herramienta

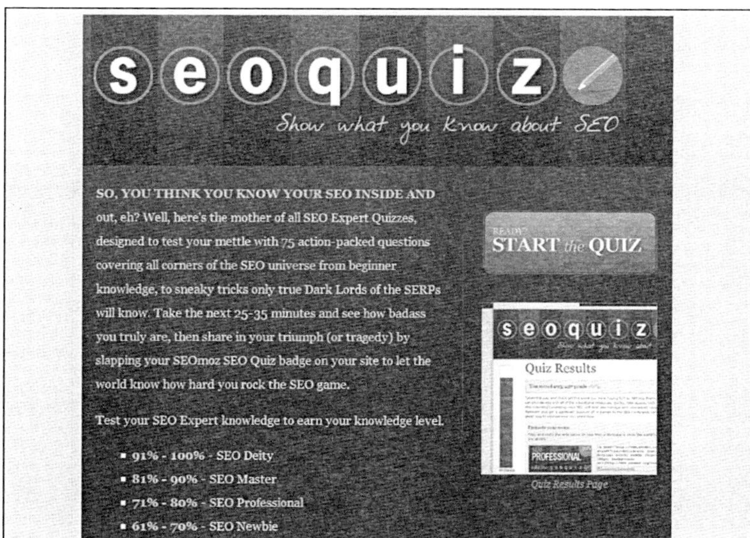


*Imagen 3.27.* Técnicas de link baiting, en este caso una encuesta (SEOquiz) que mide el nivel de conocimientos SEO a través de 75 preguntas. *Fuente:* http://www.seomoz.org.

(*tool hook*). El link bait es muy utilizado en la optimización para buscadores y medios sociales, como pueden ser los blogs.

Un claro ejemplo de link baiting se puede encontrar en infinidad de contenidos de la comunidad online SEOmoz, como pueden ser estudios sobre temas relacionados con la optimización en buscadores o encuestas online para medir niveles de habilidad SEO.

Todo este material tiene muchas posibilidades de ser enlazado dentro de la comunidad SEO.

### *3.1.3. Otras estrategias*

En cuanto a otras posibilidades para la generación de enlaces, el patrocinio de webs o blogs puede ser otra estrategia válida de link building. Se tratá de creatividades gráficas que tienen insertados enlaces textuales estandar (del tipo <a href…>) con el texto del enlace optimizado para SEO. Aunque algunos lo ven como una forma encubierta de comprar enlaces, es una fórmula muy extendida y utilizada para ganar relevancia y sobre todo popularidad para algunas búsquedas.

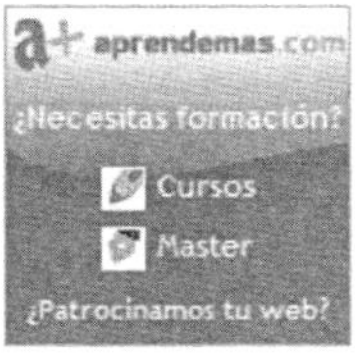


<a **href="http://www.aprendemas.com"** style="font-family:Trebuchet MS;color:# FFF;font-size:11px;font-weight:bold" target="_blank">**Cursos**</a><br>

…

<a **href="http://www.mastermas.com"** style="font-family:Trebuchet MS;color:# FFF;font-size:11px;font-weight:bold" target="_blank">**Master**</a><br>

*Imagen 3.28.* Creatividad y parte del código fuente del botón de patrocinio de Aprendemas.com, en donde las palabras "Cursos" y "Masters" son enlaces <a href> estándar optimizados.

Los web widgets, entendidos como mini aplicaciones a insertar en otros sitios web o blogs a través de un código descargable, pueden ser una buena técnica para captar enlaces.

Incluyendo enlaces optimizados en los web widgets, se podrá conseguir un aumento de la popularidad web. Si triunfan entre la comunidad online, se pueden servir de su viralidad (*grab this widget!*, coge este widget) para convertirse en sólidas estrategias de link baiting.

Como ejemplo práctico se puede señalar la estrategia de widget marketing seguida por Rate it all[32]. Este portal norteamericano, que aglutina opiniones y valoraciones de usuarios, está consiguiendo gracias a esta estrategia buenos resultados de cara al posicionamiento orgánico.

Rate it all ofrece en su sitio web una interesante cartera de widgets[33] a elegir. Todos sus widgets incluyen *backlinks* hacia sus páginas, algunos de ellos optimizados. Por ejemplo, para la búsqueda "web 2.0 blogs" han conseguido estar bien posicionados gracias a los enlaces desde sus widgets.

Aún sin ser estrategias alternativas para generar enlaces, merece la pena comentar, dado el interés suscitado por ambas acciones dentro de la comunidad SEO, los casos de bombing y bowling.

Los bombings o *Google bombing* son acciones que intentan influir en las posiciones de los resultados de Google o de cualquier otro buscador, con el fin de que una tercera página consiga aparecer entre los primeros puestos de resultados de dicho buscador. Aunque pueda asemejarse al posicionamiento en buscadores esto no es así, ya que se persiguen otro tipo de metas: desprestigio, mofa de una persona, marca o producto, denuncia social, etc.

---

32 http://www.rateitall.com

33 http://www.rateitall.com/wt-widgets.aspx

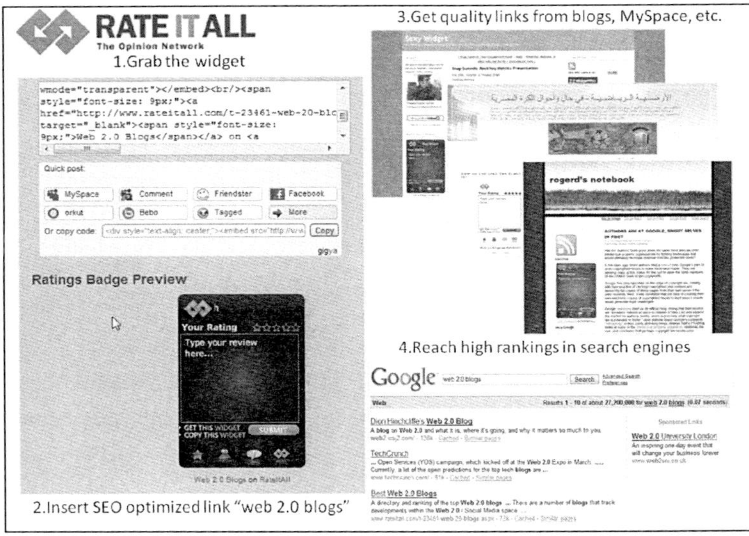


*Imagen 3.29.* Explicación de cómo a través de web widgets se pueden conseguir enlaces de calidad desde diferentes sitios web, blogs o plataformas sociales que ayuden a obtener rankings en buscadores. *Fuente:* Elaboración propia.

Los también conocidos como *link bombs* se valen, precisamente, de la preponderancia que los buscadores asignan a la cantidad de enlaces entrantes hacia una web en sus algoritmos, para así posicionar una página a través del enlazado masivo desde infinidad de sitios web, vía un anchor text predefinido y común en todos estos sitios.

Los Google bombings, a diferencia de lo que se rumorea, no fueron inventados ni ideados por SEOs, sino que se valen del hacer popular de las masas para provocar un efecto en los buscadores. Dos de los bombings más famosos se realizaron en EEUU a través de las búsquedas *“miserable failure”* (fracaso miserable, cuyo primer resultado dirigía a la página web oficial de George Bush) y en España en donde la búsqueda “ladrones” conducía a la página de la Sociedad General de Autores y Editores.

*Imagen 3.30.* Antes y después de que Google desactivara el bombing "miserable failure" contra George Bush. *Fuente:* Search Engine Land[34].

El *Google bowling*, aunque muy difícil de llevar a cabo, es considerada como una técnica de contraposicionamiento.

Se trata de intentar ganar posiciones en las SERPs de una búsqueda desplazando a la competencia. Como si de una partida de bolos se tratase, mediante estrategias de *bowling* se tratará de ir avanzando en los rankings de los buscadores "tirando bolos" (retrasando a los demás competidores), bien intentando introducir otros resultados alternativos o denunciando por malas prácticas a los predecesores en el listado de resultados.

Las estrategias de bowling rayan la ética SEO, y mucha gente las considera ilícitas, sobre todo si la técnica se reduce a hacer link spam (enlazado desde sitios de spam) a la competencia. Todo dependerá del carácter de la partida: hay empresas que juegan a los bolos para intentar retrasar resul-

34 Sullivan, Danny, editor jefe de Search Engine Land, sobre la desactivación del Google Bombing "miserable failure": http://searchengineland.com/070125-230048.php.

tados contraproducentes para sus fines comerciales. Otras intenciones más perversas tratan de colar resultados spam en los 10 primeros resultados para una búsqueda.

El propio Matt Cutts confirmo en la revista Forbes[35] la existencia de esta técnica, señalando que si bien existe, es difícil llevarla a cabo. Matt comentaba que el bowling entraña gran complejidad, sobre todo si se basa en acaparar enlaces spam para la competencia.

Lo cierto es que las empresas son cada día más conscientes de que este tipo de acciones, así como otras similares pueden perjudicar seriamente su reputación e imagen. EL SERM[36] (Search Engine Reputation Management) o gestión de la reputación online en buscadores trata de paliar estos posibles efectos negativos, intentando minimizar los posibles daños colaterales que ciertos resultados de búsqueda pueden provocar a las empresas.

## 3.2. La importancia de los usuarios. SMO (Social Media Optimization)

A lo largo de este capítulo se ha intentado explicar la relevancia de diferentes cuestiones de cara al SEO: contenidos, enlaces, códigos, etc. Pero llegada la hora de la verdad (la hora del click) es el usuario el que tendrá la última palabra sobre si pincha en un resultado u otro.

Lógicamente, el orden de los resultados de búsqueda influirá enormemente en la decisión del usuario. Aunque otros factores, como puede ser la forma en la que estén redactados

---

35 Reportaje "The Saboteurs Of Search", Revista Forbes, 06/28/2007, http://www.forbes.com/2007/06/28/negative-search-google-tech-ebiz-cx_ag_0628seo.html.

36 http://en.wikipedia.org/wiki/Search_engine_reputation_management.

los snippets que el buscador muestra en sus páginas de resultados podrán incrementar el número de clicks recibidos.

Una vez se haya aterrizado en el sitio web de destino, el usuario tomará toda la importancia, ya que protagonizará la acción de conversión.

Los usuarios también podrán potenciar una estrategia SEO, dado que dentro de la web social podrán generar contenido, votarlo, transmitirlo, promocionarlo u opinarlo en las diferentes plataformas sociales. Los usuarios se han convertido en impulsores de aquel contenido que les gusta, que les resulta gratificante o con el que se sienten identificados. Incluso podrán enlazar masivamente a fuentes y páginas web que consideren de interés.

### *3.2.1. Search Marketing 2.0*

En el capítulo 2 se definía el SMO (Social Media Optimization) como la novísima corriente de optimización en medios sociales, como pueden ser los blogs o las redes sociales. Esta nueva disciplina, que se puede encajar dentro del Social Media Marketing, aglutina todas aquellas acciones de posicionamiento y optimización web que se pueden realizar a partir de plataformas de la denominada Web 2.0 o web social.

Los medios sociales han contribuido enormemente al cambio evolutivo que se ha producido y se está produciendo en la WWW en los últimos tiempos. Las facilidades que la tecnología aporta a la creación, gestión y acceso de nuevos contenidos en internet, unido a la variación en la mentalidad del internauta, pasando de una actitud pasiva a otra totalmente activa, han conducido el giro hacia el poder de lo social dentro de internet en general.

Estas tendencias también se observan dentro del search marketing. Analizando este cambio, se puede llegar a la conclusión de que esta evolución ha salpicado a todos los integrantes del mercado de las búsquedas, y no solo a sus usuarios. El propio proceso de crecimiento de los buscadores ha provocado, en gran parte, este cambio.

En entornos 1.0 se partía antaño de buscadores muy generalistas, que valían para todo (web, imágenes, noticias, etc.). Con un único buscador se satisfacía las necesidades informativas de los usuarios.

Actualmente existen buscadores y redes sociales altamente segmentadas y especializadas. El internauta se ha convertido en alguien mucho más exigente, también provocado por su mayor grado de conocimientos digitales y su paso a usuario avanzado.

Y es precisamente en estas plataformas sociales a donde el usuario avanzado acude para realizar búsquedas más concretas. Claros ejemplos de esto son los buscadores blog (Technorati), los sistemas de filtrado social de noticias (Digg, Meneame), las redes sociales de etiquetado de favoritos (Del.icio.us) y las plataformas multimedia de fotos (Flickr), presentaciones Power Point (Slide Share) o videos (YouTube).

Los APIs de desarrollo de los buscadores y la aplicación de servicios web o nuevas técnicas de programación como AJAX, han aumentado la capacidad de integración de búsquedas en otros sites. Mención específica merecen los denominados híbridos o mashups, que se nutren de la combinación de los diferentes APIs para crear su propia aplicación.

También se nota la concentración de las búsquedas en los 3-4 buscadores más importantes y que más trabajan el tema de integración y APIs de desarrollo.

El usuario 2.0 acapara el protagonismo absoluto de la Web 2.0, dejando para la tecnología un papel secundario, basándose ésta en la simplicidad de uso. Este nuevo usuario no solo busca o consume en Internet, sino que cataloga información, crea contenidos de todo tipo, participa colaborativamente con otros usuarios y por supuesto opina activamente sobre lo que acontece a su alrededor.

La información no solo fluye "*top to down*", sino que también se organiza "*down to top*". Cabe mencionar que este usuario 2.0 no es el usuario estándar y que se podría dividir el comportamiento del mismo en varios grados de compromiso o participación para la Web 2.0, porque no todos los usuarios participan activamente.

Por último, y bajo una perspectiva de Search Marketing, se dispone de más acciones y plataformas donde realizar labores de optimización y posicionamiento en buscadores y medios sociales.

| 1.0 | | 2.0 | | |
|---|---|---|---|---|
| SEM | SEO | SEM | SEO | SMO |
| Buscadores generalistas | | Buscadores y plataformas sociales altamente especializadas | | |
| Búsquedas cerradas no integrables | | APIs de desarrollo, nuevas tecnologías (AJAX) e integración de búsquedas | | |
| La tecnología es la protagonista | | El usuario es el protagonista | | |
| El usuario busca | | El usuario busca y cataloga | | |
| El usuario sólo consume | | El usuario consume, crea y opina: participa | | |
| La información se distribuye unilateralmente en una sola dirección | | La información fluye multilateralmente en todas direcciones | | |
| Menos factores influyen en SEO, pocas acciones de Search | | Más factores influyen en SEO, muchas acciones de Search & Social | | |

*Imagen 3.31.* Diferencias entre entornos 1.0 y 2.0 en lo referente a search marketing. *Fuente:* Elaboración propia.

### *3.2.2. Implicaciones sociales y web 2.0 en campañas SEO*

Siempre que se planifique una campaña de marketing o posicionamiento en buscadores se tendrá que tener muy en cuenta a los medios sociales y plataformas 2.0, que podrán aportar enlaces y visitas de interés muy aprovechables para alcanzar objetivos SEO.

Dentro de una campaña SEO, las estrategias de marketing y optimización en medios sociales se podrán plantear de 2 maneras:

- Una aproximación más *light*, mediante la cual se usa al SMO como una forma alternativa para ganar enlaces entrantes. Utilizar una página web o noticia para enviar a los sistemas de filtrado social de noticias, tipo Menéame, puede ser un sencillo ejemplo de ello.
- Como estrategias paralelas al SEO, adentrándose de lleno en la web 2.0 y planificando acciones originales en medios sociales. Se trata de proyectos de gran calado, con un gran componente de comunicación 2.0. Estrategias independientes aparte del SEO en las que se necesitará la producción de contenidos específicos, la distribución de estos contenidos para su consumo en medios sociales y la creación de perfiles de usuario o grupos para estas redes o blogs, entre otras acciones.

Como caso práctico de Social Media Marketing, se puede mencionar el ejemplo de la campaña para la película española "3 días"[37], del director F. Javier Gutiérrez. A partir de contenidos multimedia, principalmente el tráiler de la película, se consiguió gran repercusión en medios sociales gracias a inserciones y apariciones en YouTube, Facebook, Menéame, Wikipedia, blog de la película, otros blogs, comunidades online de cine, etc.

---

37 http://www.imdb.com/title/tt0984155

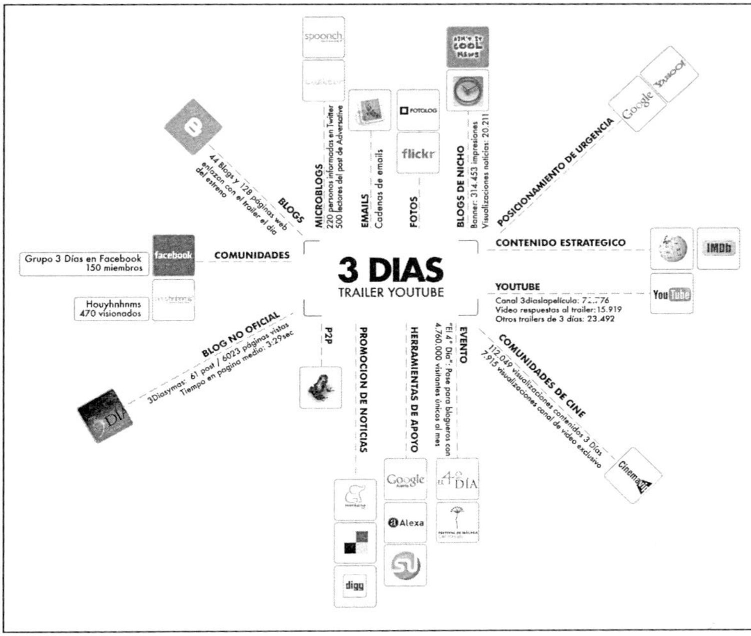


*Imagen 3.32.* Planificación esquemática para la campaña SMM/SMO de la película 3 días. *Fuente:* Agencia de desarrollo de contenidos La Sastrería Demente[38].

## 4. ESTRATEGIAS SEO AVANZADAS: SEO PARA SEOs

Durante las anteriores secciones de este capítulo, se han descubierto los fundamentos del SEO. Ha llegado el momento de tratar temas más complejos, a un nivel SEO avanzado.

No es lo mismo hablar de SEO para no iniciados que hacerlo para expertos en la materia. Es por ello que en esta sección se tratará de aglutinar aquellos aspectos más com-

38 http://www.lasastreriademente.com

plejos que no hayan tenido cabida en secciones anteriores. Este contenido va especialmente destinado a los profesionales de la industria SEO.

Aunque se podrían tratar infinidad de cuestiones muy complejas, se comentará alguna problemática, en concreto tres de ellas:

- Problemas que se pueden encontrar en alguno de los gestores dinámicos de contenidos actuales.
- Explicar algún aspecto relacionado con la implementación de sitemaps en XML avanzados.
- Breve introducción al SEO para móviles.

## 4.1. Gestores dinámicos de contenidos

Los CMS facilitan sobremanera la creación de nuevos contenidos, así como la administración general de un sitio web. Pero a un nivel SEO pueden presentar diversas incompatibilidades, como pueden ser:

**Contenido dinámico, que genera URLs no amigables con parámetros o IDs de sesión**. Esto dificulta la indexabilidad. Aparte existen gestores en los que la estructura del menú de navegación es dinámica, pudiendo añadir o eliminar puntos de menú y siendo cada uno de estos puntos enlaces a contenido interno. Esto hace que las URLs de estas secciones interiores puedan variar, convirtiéndose en "no fijas" en el tiempo, cambiando en el momento que se añadan o se eliminen puntos de menú.

**Duplicación de contenidos**. Debido en muchas ocasiones a la propia estructura del gestor (plantillas, URLs), se pueden dar casos de indexación múltiple del mismo contenido, lo que puede generar duplicaciones que podrían ser penalizadas por los buscadores.

**Imposibilidad de definir etiquetas Title y Meta únicas**. Si esto no se puede realizar para cada página, se estará impidiendo dotar de mayor relevancia SEO y optimizar cada página individualmente. En algunos gestores se tira de una plantilla predefinida o página maestra, a la que se le añaden los argumentos o parámetros necesarios en la URL para así servir un contenido u otro. En algunas ocasiones, esta plantilla no acepta etiquetas Title y encabezados Meta a nivel parámetro.

En cuanto a las posibles soluciones, para hacer amigables las URLs existen técnicas de reescritura de URLs.

Para el caso de servidores Apache en PHP, bastará con modificar el archivo .htaccess, un fichero que puede residir en la raíz de cualquier carpeta del servidor web.

Incluyendo directivas de reescritura en el .htaccess se convertirán las URLs a formato amigable sin parámetros. Un requisito imprescindible para que esto funcione es la activación de un módulo específico en el servidor Apache, llamado mod_rewrite[39].

Existen herramientas[40] que facilitan la modificación del archivo .htaccess, creando las directivas de reescritura necesarias para convertir las URLs a amigables.

Un ejemplo de un archivo .htaccess modificado para conseguir URLs amigables podría ser:

```
RewriteEngine on
RewriteRule ^([^/\.]+)/?$ /index.php?url=$1 [L]
```

39 http://www.apacheref.com/ref/mod_rewrite.html
40 http://www.iwebtool.com/htaccess_url_rewrite

Esta sentencia modificaría todas las URLs del sitio web del tipo http://www.midominio.com/index.php?url=category a otras del tipo http://www.midominio.com/category.

En servidores de tecnología Microsoft, como puede ser Internet Information Server[41], existen diferentes métodos de reescritura, entre los que se encuentra el módulo *ISAPI_rewrite*[42], que se escapa, dada su complejidad, al ámbito de este libro.

Para evitar la indexación duplicada de contenidos, la solución más extendida es bloquear contenidos duplicados a través de sentencias en el archivo robots.txt.

Un ejemplo de un robots.txt que evitaría el contenido duplicado en la plataforma Wordpress sería:

```
User-agent: *
Disallow: /cgi-bin
Disallow: /wp-admin
Disallow: /wp-includes
Disallow: /wp-content
Disallow: /tag

Sitemap: http://www.midominio.com/sitemap.xml
```

Algunas otras acciones que pueden ayudar a evitar la indexación de contenido duplicado son:

– Usar eficientemente redirecciones permanentes, en aquellos casos en que se hayan cambiado las URLs del sitio web.

41 http://www.iis.net
42 http://www.isapirewrite.com

- Conocer bien el gestor de contenidos del sitio web es la mejor forma de saber que contenidos pueden estar duplicados.
- Mantener una uniformidad en el enlazado interno del sitio. No es lo mismo enlazar a */carpeta/* que a */carpeta*.

Respecto a la imposibilidad de definir etiquetas Title y Meta únicas para cada página individualmente, se puede resolver mediante la programación del propio gestor de contenidos. Una sencilla solución para servir METAs en función del parámetro puede ser este código ASP, que muestra unas etiquetas u otras en función de la categoría presente en la URL:

```
<%
        Dim param
        param = Request("categoria")
        Dim Metas

        Select Case param
          Case "MOVILES":
                Metas = "<title>Venta de telefonos moviles - Tutiendaonline.es</title>" & _
                "<META NAME=""keywords"" CONTENT=""moviles venta telefonos libre movil libre accesorios telefonia tarjetas compra micro sd"" />" & _
                     "<META NAME=""description"" CONTENT="" Venta de moviles con GPRS. Toda la tecnologia y accesorios para telefonos móviles en Tutiendaonline.es."" />" & _
          Case "ACCESORIOS":
               Metas = "<title>Accesorios de telefonia movil – Tutiendaonline.es</title>" & _
                     "<META NAME=""keywords"" CONTENT="" accesorios telefonia movil libre telefono moviles kit manos libres bluetooth teléfonos accesorio original"" />" & _
```

```
                    "<META NAME=""description"" CONTENT=""Acceso-
rios y telefonia movil libre en nuestra tienda online. Telefonos móviles de
todas las marcas en Tutiendaonline.es."" />" & _
        End Select

%>
<html>
<head>
<%= Metas %>
</head>
```

## 4.2. Sitemaps XML avanzados

Sitemaps es un estándar para el planteamiento de mapas en XML preparados para buscadores. Este tipo de archivos ya han sido explicados con anterioridad, así que el análisis que se realizará en esta sección se basará en la estructura de archivos sitemap avanzados.

### *Sitemap de noticias*

Se trata de un archivo especial para últimas noticias publicadas (hasta 1.000), muy destinado a prensa online. La estructura de este archivo se basa en dos etiquetas específicas: publication_date y keywords (fecha de publicación y palabras clave) de cada noticia. La definición del esquema XML a utilizar tendrá que añadir una línea específica, así como etiquetas de publicación diferentes por si se publica bajo diferente nombre o idioma.

```
<urlset xmlns="http://www.sitemaps.org/schemas/sitemap/0.9"
  xmlns:news="http://www.google.com/schemas/sitemap-news/0.9">
 <url>

   <loc>http://misitiodenoticias.es/articulo100.html</loc>
   <news:news>
     <news:publication_date>2006-08-
17T03:19:00Z</news:publication_date>
     <news:keywords>Deportes, Baseball</news:keywords>

   </news:news>
  </url>
</urlset>
```

Otro tipo de sitemaps que se pueden implementar bajo soporte de Google son los sitemaps de videos y los sitemaps de Code Search (búsqueda de códigos de programación). Google proporciona información detallada sobre Sitemaps en su Centro de Asistencia para Webmasters[43].

### *ROR sitemaps*

ROR (Resources Of a Resource) es un formato XML independiente, que se podrá distribuir en RDF o RSS, para describir cualquier objeto de un contenido para su mejor comprensión por parte de los buscadores.

El ROR sitemap es un mapa de direcciones web enriquecido, pudiendo proporcionar información adicional a los motores de búsqueda. Un ejemplo de su nomenclatura puede ser:

---

43 http://www.google.es/support/webmasters/bin/topic.py?topic=8476

```
<?xml version=”1.0” encoding=”UTF-8”?>
<rss version=”2.0” xmlns:ror=”http://rorweb.com/0.1/” >
<channel>
  <title>ROR Sitemap for http://www.3wmk.com/</title>
  <link>http://www.3wmk.com/</link>
  <item>
    <title>ROR Sitemap for http://www.3wmk.com/</title>
    <link>http://www.3wmk.com/</link>
    <ror:about>sitemap</ror:about>
    <ror:type>SiteMap</ror:type>
</item>

<item>
    <link>http://www.3wmk.com/blog/</link>
    <title>Posicionamiento en Buscadores, Web Marketing, SEM,
    SEO y SMO</title>
    <ror:updatePeriod>daily</ror:updatePeriod>
    <ror:sortOrder>0</ror:sortOrder>
    <ror:resourceOf>sitemap</ror:resourceOf>
</item>
```

Como se aprecia en el ejemplo, el formato difiere de un sitemap habitual. Se puede generar un ROR sitemap gratuitamente y sin esfuerzo a través del sitio web oficial del proyecto[44].

## 4.3. SEO para móviles

La gran aceptación por parte del mercado y su público de los terminales móviles, unido a la popularización de las conexiones a internet a través de estos dispositivos ha pro-

44 http://www.rorweb.com/ror-feed-generator.htm

vocado que los principales buscadores soporten versiones móviles compatibles mejoradas.

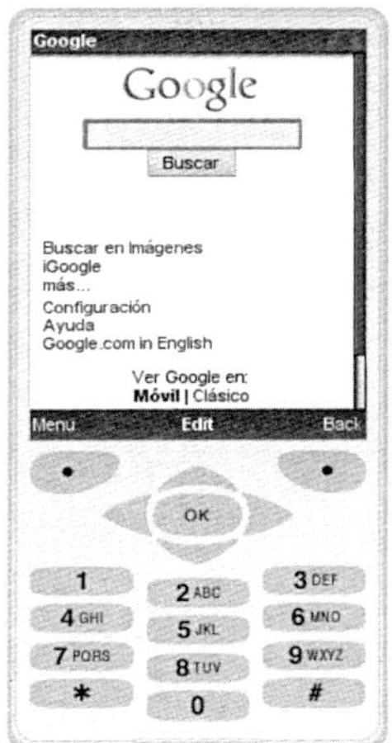


*Imagen 3.33.* Emulación de la versión móvil de Google en español.
*Fuente:* Navegador web móvil Opera Mini[45].

Las búsquedas móviles han experimentado un espectacular aumento durante los últimos tiempos, relanzadas gracias a la mejora en las prestaciones técnicas de los terminales y la bajada generalizada de los precios de conexión por parte de los operadores. Los internautas ya no solo consultan su correo electrónico a través del móvil, sino que formulan sus búsquedas en movilidad. Es la llamada web movil.

Antes de enfrentarse a una campaña SEO para móviles, habrá que plantearse una serie de cuestiones básicas:

¿Se encuentra mi público objetivo en este canal?

45 http://www.operamini.com/demo

Aunque el acceso a la web movil está bastante generalizado, los usuarios con conocimientos tecnológicos avanzados mantienen el liderato en número de accesos, dato que habrá que tener muy en cuenta a la hora de definir el target de campaña.

Como primera aproximación, se podría llevar a cabo una campaña SEM orientada a dispositivos móviles, para comprobar así el impacto de este novedoso canal.

¿Será necesario adaptar mis contenidos?

No es estrictamente necesario adaptar contenidos para la web movil, ya que algunos buscadores efectúan automáticamente dicha adaptación tras realizar una búsqueda. Aún así, es altamente recomendable disponer de algún contenido especialmente diseñado para móviles.

¿Se podrá conseguir algún retorno asociado a la inversión realizada?

Contenidos relacionados con la contratación o búsqueda de servicios de inmediatez serán los más apropiados para presentar en la web móvil. Los contenidos informacionales están todavía poco maduros, a excepción de los mapas, y será mucho más difícil obtener un retorno a través de ellos.

Para la web móvil, se reutilizarán muchas de las técnicas válidas para el "SEO convencional", aunque habrá que tener en cuenta una serie de características propias:

- Los resultados móviles no tienen porqué ser los mismos que los "clásicos".
- Las SERPs, lógicamente, cambiaran de tamaño y proporcionan menos resultados por página para evitar el scroll. La adaptabilidad al dispositivo y a sus caracte-

rísticas técnicas puede provocar distintos resultados para terminales diferentes.

- Mejora de la geolocalización en los resultados de la búsqueda, dado que técnicamente es más sencillo realizarla. Los buscadores de web móvil devolverán entradas de búsqueda local en función de la situación real del usuario.
- Buscadores como Google Mobile[46] o Yahoo! oneSearch[47] priman los resultados con versión móvil sobre resultados no adaptados, resaltándolos o incluyéndolos en categorías específicas.

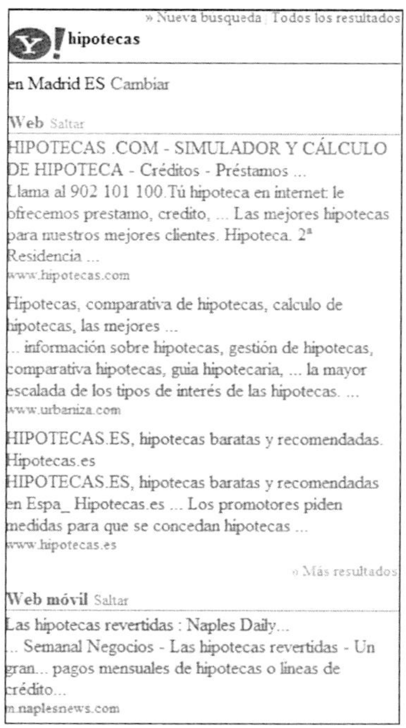


*Imagen 3.34.* Resultados para la búsqueda "hipotecas".
*Fuente:* Buscador Móvil Yahoo! oneSearch.

46 http://www.google.com/m
47 http://m.yahoo.com

## 5. DECÁLOGO SEO. 10 CONSIDERACIONES BÁSICAS PARA CONSEGUIR UN BUEN POSICIONAMIENTO EN BUSCADORES

A continuación se detallan una serie de consejos y recomendaciones personales, a considerar siempre que se quiera triunfar en buscadores. A modo de decálogo las 10 consideraciones básicas más importantes que se pueden recomendar son:

1) **Analice todas las palabras relacionadas con su negocio**. Piense en como le encontrarían sus usuarios en internet. Estudie el tráfico web relativo que le pueda aportar cada palabra. Utilice las herramientas adecuadas en cada caso y apóyese en un consultor o especialista SEO para elegir aquellas palabras clave objetivo susceptibles de conseguir resultados.

2) **Estudie a su competencia en la red a través de los buscadores**. Compruebe los resultados de búsqueda relativos a sus palabras clave de negocio y examine a las páginas que copen los primeros resultados, analizándolas pormenorizadamente (diseño, contenidos, código fuente, saturación y popularidad en buscadores, Page Rank y otros registros). Mantenga un comparativo temporal de estos registros para su sitio web.

3) **Defina etiquetas TITLE y META DESCRIPTION únicas** y descriptivas para cada página y contenido. Dote a estas etiquetas de relevancia y concordancia con sus palabras clave objetivo a posicionar, así como con sus contenidos web. El título y la descripción servirán de escaparate para los usuarios en las SERPs, por lo que será recomendable cuidar al máximo su planteamiento.

4) **Plantee una estructura de diseño concisa y jerárquica**, tanto en código como en contenidos, sin demasiados niveles de navegación y en donde la información se muestre de forma clara y directa. Evite estructuras inaccesibles para buscadores, como marcos o flash para la navegación principal del sitio. Desarrolle un sitio web *search engine friendly*.

Una maquetación que divida claramente presentación de contenido, en donde prevalezcan elementos como capas o llamadas a hojas de estilo, un código fuente accesible y una mínima usabilidad (por ejemplo, a través de un mapa web) sentarán las bases para un buen posicionamiento en buscadores.

5) **Redacte y consiga un contenido único, original, relevante y exclusivo**. Utilice siempre texto en HTML para ello. Mantenga su contenido fresco, con frecuentes actualizaciones o sindíquelo a través de un canal RSS. No solo los motores de búsqueda se lo valorarán de forma positiva, sino que los propios usuarios se lo agradecerán enormemente, siendo uno de los métodos más útiles de fidelización de usuarios.

6) **Consiga enlaces relevantes y de calidad**. Un alta y registro en buscadores y directorios secundarios puede valer en un primer momento. Planee estrategias más avanzadas o innovadoras de creación y captación de enlaces mediante intercambios, patrocinios, link baiting, SMO, etc. Piense que los enlaces mejor valorados por los buscadores son aquellos que se consiguen de una forma natural a través de contenidos relevantes y provienen de sitios web afines temáticamente o de reconocido prestigio online (como por ejemplo, la Wikipedia).

7) **Compruebe si la construcción de contenidos se hace de forma dinámica**. Antes de invertir en un gestor de

contenidos asegúrese que las URLs son amigables y que acepta etiquetas META únicas, entre otras comprobaciones. Esto le podrá ahorrar muchísimo dinero. Valore el posible retorno de cualquier inversión en desarrollo web, teniendo en cuenta que optimizar la visibilidad en buscadores le ayudará a conseguir sus objetivos de rentabilidad web.

**8) Defina apropiadamente el enlazado de su sitio web**. Use enlaces internos descriptivos, textuales, estándares y sin JavaScript (por ejemplo, habrá que tener mucho cuidado con los menús desplegables e intentar evitar los enlaces del tipo "pinche aquí"). Redistribuya de forma inteligente el peso de sus enlaces internos. Respecto al enlazado externo, **enlace siempre a fuentes de terceros**, si es que lo considera necesario y útil para el usuario. Enlazar a fuentes prestigiosas da mayor empaque a lo que se esté relatando y siempre será aplaudido por los buscadores.

**9) Apóyese en el uso frecuente de *SEO tools***. Estas herramientas le facilitarán mucho su trabajo, tanto para la planificación de la campaña como para su ejecución o seguimiento. Utilice las herramientas para webmasters y sitemaps de los diferentes buscadores. Si no se ve capacitado para ello o desconoce por completo estas herramientas, confíe en un profesional o en una agencia SEO.

**10) Instale un software fiable de analítica web**. Compruebe sus estadísticas web a menudo. Configúrelas para que le puedan aportar información relevante en la toma de decisiones, tanto para SEO como para su negocio, así como para mejorar la medición y la evaluación del rendimiento de su web. Estos sistemas le pueden suministrar datos relevantes y de interés que le ayudarán a conseguir la optimización global de su web.

# 6. VALORACIONES FINALES Y FASES DE UN PROYECTO SEO

A lo largo de este capítulo se han descrito los factores SEO más importantes desde una perspectiva de "metodología ligera", pudiendo servir los contenidos del mismo como *checklist* SEO, lista de comprobación o de "intervención" SEO para un sitio web.

También se han tratado temas sobre SEO avanzado, destinados a un público no profano en la materia. Se ha planteado un decálogo de consejos y recomendaciones fundamentales sobre posicionamiento orgánico en buscadores, que resume brevemente diez hechos relevantes de cara al SEO.

Desde una perspectiva más profunda o "metodología más densa", una campaña de posicionamiento web SEO se puede asemejar más a un proyecto más complejo, valorando y dividiendo las fases del mismo en:

### 1) Análisis

Estudios previos e investigaciones, que valdrán para conocer la situación de partida del proyecto y prever hasta donde se puede llegar. Por ejemplo, el estudio de palabras clave se tendrá que realizar durante esta fase.

### 2) Diseño

Planteamiento y planificación de las estrategias SEO. Esto ocurre en la fase de consultoría del proyecto, en donde se recogerán todas las líneas de actuación, consejos y recomendaciones necesarios para conseguir los objetivos del mismo.

### 3) Implementación

Acciones de ejecución de cambios propuestos en la fase anterior, así como otro tipo de acciones a realizar, como por ejemplo ejecutar las estrategias de link building.

### 4) Medición

Pasado un tiempo razonable desde el comienzo de la campaña habrá llegado el momento de hacer las valoraciones necesarias y evaluaciones pertinentes, que deberán de realizarse de forma periódica. En esta fase también se incluye el seguimiento constante de la campaña.

### 5) Retroalimentación

En todo proyecto SEO resultará importante monitorizar todos los procesos puestos en marcha, así como las mediciones llevadas a cabo, obteniendo un feedback valiosísimo para así poder en todo momento retroalimentar la campaña con nuevas actuaciones.

Aún teniendo claro lo que se debe de hacer en un proyecto SEO, en ocasiones las particularidades propias del cliente o de su sitio web harán único su proyecto, aplicando las estrategias de distinta forma. Todo dependerá de la envergadura y del empaque del proyecto, así como de su dificultad intrínseca.

Al final, el SEO se resume en una ecuación que combine conocimientos y experiencia en la materia, tiempo y unas gotas de suerte.

Capítulo 4

# Técnicas consideradas ilícitas (Black Hat SEO). Las posibles penalizaciones y las directrices de los buscadores

MIGUEL ORENSE

## 1. LA ÉTICA EN SEO

Anteriormente se ha descrito y explicado pormenorizadamente las técnicas de optimización y metodologías más usadas dentro de una campaña SEO. Todas estas acciones se basan en actuaciones éticas y lícitas frente a los buscadores, no incumpliendo ningún comportamiento que pueda ser considerado no ético o ilícito.

Una correcta estrategia SEO se planteará con la intención de obtener los primeros resultados a medio plazo, entendiendo éste como un periodo de entre 4 y 6 meses. Hacer que los resultados sean estables en el tiempo, de manera que perduren a largo plazo, es otro de los pilares de una estrategia SEO.

El SEO es por tanto un servicio lento y no instantáneo. Una "hucha" en la que durante los primeros meses se va invirtiendo dinero hasta que pasado un tiempo esté llena y haya que romperla.

*Imagen 4.1.* El SEO es una estrategia lenta, cuyos resultados se materializan pasado un tiempo razonable.

Los buscadores se guían por unas normas éticas y de conducta que tratan de evitar el spam en los resultados de búsqueda, provocados casi siempre por comportamientos sospechosos de webmasters que se valen de técnicas oscuras para lograr sus objetivos de marketing en buscadores.

Hay que tener en cuenta que los buscadores luchan a diario por mejorar la calidad de sus resultados. La relevancia de estos resultados son su valor diferencial respecto a la competencia, y hacen de escaparate para los usuarios. La fidelización en el mercado de las búsquedas reside en que el internauta vuelva al buscador dado que suele encontrar lo que busca, es decir, resultados de calidad y relevantes.

Para aportar resultados relevantes al usuario será de vital importancia eliminar de los primeros puestos toda aquella entrada irrelevante, no relacionada con la búsqueda o aquellos resultados que se han apoyado en técnicas ilícitas para posicionarse, ya que no acataron las normas del juego.

Pero, ¿cómo definen los buscadores la "legalidad" de estas técnicas y como delimitan lo que es spam y lo que no lo es?

Las técnicas más utilizadas por los spammers y webmasters maliciosos son de sobra conocidas por los buscadores. Muchas de ellas se basan en conocimientos técnicos avanzados para tratar de engañar a los motores de búsqueda. Los buscadores se apoyan fundamentalmente en cuestiones éticas o conductas maliciosas para definir si una técnica se puede considerar spam.

*Imagen 4.2.* Un famoso sketch del grupo cómico británico Monty Python sobre la carne enlatada de marca Spam dio lugar al significado actual del término. Foto: http://www.simbiontes.com.

## 2. LAS MALAS ARTES O TÉCNICAS OSCURAS. EL BLACK HAT SEO

Dado que el potencial de los buscadores como *brokers* de tráfico web cualificado y de visitas de interés es enorme, siempre salen a relucir conductas disidentes o *free raiders* que intentan hacer la guerra por su lado, saliéndose del sistema establecido y de sus normas éticas o de conducta. Comportamientos que lo que buscan es la rapidez en la consecución de los objetivos y el "atajo" a la hora de conseguir posicionamientos dentro de una campaña o estrategia SEO.

A las técnicas que apoyan y cobijan este tipo de acciones se les conocen como Black Hat SEO, en contraposición al White Hat SEO o técnicas lícitas.

El SEO de sombrero negro, por tanto, es el que abraza técnicas consideradas ilícitas por los buscadores, aplicándolas en sus campañas y acciones de posicionamiento orgánico.

Los defensores de este tipo de comportamientos argumentan que el fin (el posicionarse) justifica los medios. Caiga quien caiga por el camino, olvidándose muchas veces que el verdadero fin de una estrategia SEO es conseguir tráfico estable en el tiempo y muy cualificado en cuanto al interés de la visita.

Y muchos son los que se han quedado por el camino. Beber de estas malas fuentes e influencias puede resultar muy caro. Los buscadores toman sus propias medidas de represión ante estas conductas, pudiendo aplicar penalizaciones (caídas importantes de rankings) o incluso, banear (expulsión total del índice, no apareciendo en los resultados de búsqueda), con la consiguiente pérdida de todo el tráfico web procedente de los buscadores.

## 2.1. Orígen del término Black Hat SEO

Consultando en diferentes fuentes como Wikipedia, se asocian los términos Black Hat SEO[1] y spamdexing. Bajo un

---

1 Definición de Black Hat SEO, que conduce a spamdexing: http://en.wikipedia.org/wiki/Black_hat_SEO.

estricto punto de vista no son sinónimos: Black Hat SEO engloba todas las técnicas ilícitas y las consideradas spam (o spamdexing) por los buscadores.

Por lo tanto, el spamdexing es una técnica de Black Hat SEO que logra "colocar" resultados mediante spam en el buscador, coexistiendo con las demás técnicas ilícitas.

Black Hat es un término inicialmente usado en entornos de hacking. La adaptación del vocablo al SEO vendría posteriormente. En *"The Jargon File"*[2], (literalmente "El archivo jerga"), una recopilación de términos informáticos relacionados con el hacking y el *tech speak*, plantea una muy buena definición de Black Hat, término muy utilizado dentro de la rama de especialistas en seguridad informática. Un resumen de esta definición podría ser:

El Black Hat es un cracker[3] decidido a romper la seguridad y entrar en un sistema informático protegido, en contraposición al White Hat, otra clase de "intruso" con altos conocimientos sobre seguridad informática, pero que no los utiliza maliciosamente. Ambos derivan de la vestimenta utilizada en el cine de temática Western, en donde los malos llevaban sombrero negro y los buenos sombrero blanco.

---

2 El archivo Jargon es un documento de libre distribución escrito por Eric Raymond, que derivó en un libro editado bajo el título "The New Hacker´s Dictionary". Se puede descargar su última versión desde http://www.catb.org/~esr/jargon.

3 Hacker maligno que intenta romper y/o reventar las protecciones de un cierto sistema informático, normalmente con fines maliciosos. Fuente: The Jargon File.

*Imagen 4.3.* White Hat y Black Hat provienen de la vestimenta utilizada por los buenos y los malos en las películas del Oeste. Foto: www.dppstore.com.

En uno de los hilos del foro de Webmaster World[4] se resumen las técnicas de Black Hat SEO:

***Black Hat es...***

*Enlaces ocultos, texto oculto, texto minúsculo, color blanco en enlaces blancos, repetición de palabras clave, cloaking, redireccionamientos engañosos, arbitraje, scraping, sinonimización, páginas puerta, granjas de enlaces, hijacks de navegador, hot-linking, recopilación de e-mails y especialmente, spam en todas sus formas:*

*Spam en correos, spam en buscadores, spam en "Del.icio.us" y similares, spam en comentarios, spam en foros, spam de dominios, spam en blogs, etc.*

Ahora se pasará a explicar algunas de estas técnicas.

4 http://www.webmasterworld.com/webmaster/3375463.htm.

## 2.2. Explicación de las técnicas Black Hat SEO más comunes

Una opinión bastante extendida entre muchos SEO es la creencia de que el límite entre el Black Hat SEO y el White Hat SEO está muy cerca, siendo los propios buscadores los que alimentan está disputa gracias a la imprecisión en la definición de alguna de sus normas de conducta, guidelines y términos o condiciones de servicio.

Existen técnicas Black Hat SEO muy extendidas, utilizadas constante y recurrentemente por *spammers* y *Black Hat Webmasters*. Siempre es positivo conocerlas, ya que la inmensa mayoría son castigadas por los diferentes buscadores. Estas son:

**Inserción de texto y enlaces ocultos:** se trata de una de las técnicas más antiguas y obsoletas. Consiste en mostrar texto o enlaces con el mismo color de fondo que la página. También se oculta información mostrándola fuera del alcance visual del usuario (a muchos pixeles de distancia) o en un tamaño de fuente minúsculo, buscando que sea ilegible. En la actualidad se utilizan complejas técnicas con hojas de estilo y ocultación en etiquetas mediante capas para conseguir estos efectos. En este artículo de Seologic[5] se explican pormenorizadamente las técnicas de ocultación de texto.

Una derivación posterior de esta técnica consistió en camuflar enlaces ocultos dentro del código fuente de la página. Un uso abusivo de esta técnica se produce cuando en vez de utilizar las etiquetas <noscript>, <noframes> o <noembed> para proporcionarle una alternativa válida al buscador se utilizan para inflar artificialmente la página con infinidad de texto y enlaces ocultos.

---

5 SEOLOGIC. http://www.seologic.com/faq/hidden-text.php.

**Keyword spamming o keyword stuffing:** el spam o el relleno abusivo de palabras clave fueron técnicas bastante utilizadas antaño, pero cayeron en desuso en cuanto los buscadores las detectaron, obteniendo penalizaciones como resultado. El *keyword stuffing* trataba de inyectar infinidad de palabras clave en la página a posicionar, normalmente en el texto de la misma o en algunas etiquetas de su código fuente.

Cuando se aplicaba la misma técnica en la META etiqueta keywords, intentando incrementar su relevancia, se trataba de técnicas de *keyword spamming*. Esta fue la razón fundamental por la que los buscadores dejaron de darle relevancia a esta etiqueta.

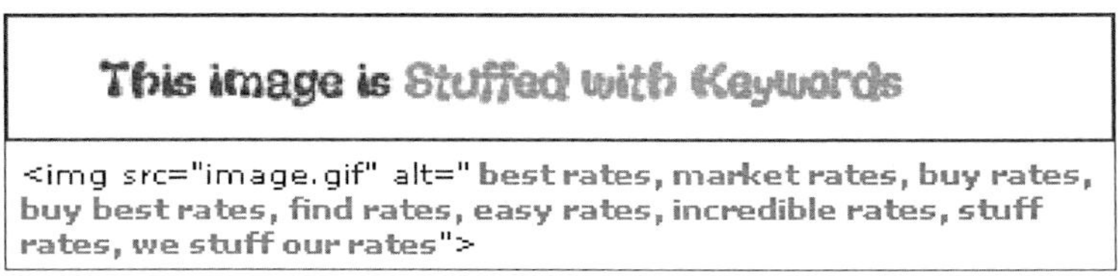


*Imagen 4.4.* Ejemplo de keyword stuffing en donde se ve la inserción de palabras en el código fuente a través de la etiqueta ALT de la imagen. *Fuente:* Hitguru[6].

**Doorway pages:** las páginas puerta fueron otro clásico utilizado durante los orígenes del SEO. También llamadas *doorway*, *hallway* o *bridgeway pages*, eran páginas preparadas para posicionarse bien en los buscadores, normalmente a través de técnicas de *keyword stuffing*, que luego redirigían al dominio comercial real. Se creaban infinidad de páginas, focalizadas en diferentes palabras clave y para diferentes buscadores, con el único fin de posicionarse bien en estos. Esta técnica se fue haciendo más complicada con el paso del tiempo, con la creación de subdominios o dominios puerta

6 http://www.hitguru.net/keyword-stuffing.php

irrelevantes, que empezaron a ser considerados spam por los buscadores.

*Imagen 4.5.* Ejemplo de una página doorway, año 2000.
*Fuente:* Wallpaper-4u[7].

**Cloaking:** el encubrimiento o técnicas *cloaking* se pueden considerar como versiones modernas y avanzadas de las páginas *doorway*. La esencia de estas técnicas es la de mostrar contenidos diferentes en función de la "identidad" de quien visite.

Si la visita proviene de un buscador, se mostrarán contenidos optimizados para búsquedas concretas, mientras que si se trata de un usuario se mostrarán otros totalmente diferentes.

El *cloaking* se basa en el correcto funcionamiento de estrategias de detección de direcciones IP, cabeceras HTTP User-Agent (ciertas respuestas que el servidor web envía al cliente) y referidos. A través de estos métodos se define el origen de la visita, mostrando uno u otro contenido en función del visitante.

7 http://www.wallpaper-4u.com/DP/free-holiday-wallpaper-ly.html

Existe cierta controversia cuando se trata de considerar a las técnicas de *IP Delivery* (servir unos contenidos u otros en función de la IP del visitante) como *cloaking*. Esta técnica, que hasta el propio Google utiliza, está relacionada con sitios multipaís y multiidioma, y con grandes servidores. El uso de varias máquinas resulta fundamental en estos casos, ya que se necesitarán para repartir la actividad de los servidores (lo que se conoce como balanceo de cargas) para así obtener respuestas rápidas de los mismos.

**Redireccionamientos engañosos:** utilizar redirecciones no se puede considerar una técnica Black Hat SEO. Muy a menudo son utilizadas correctamente y sin infringir los términos de servicio de los buscadores. Es el caso de las redirecciones permanentes de servidor que devuelven un *HTTP Status Code 301*[8].

| Name | Value | Delim |
|---|---|---|
| **HTTP Status Code: HTTP/1.1 301 Moved Permanently** | | |
| **Date:** | Mon, 04 Feb 2008 23:06:07 GMT | CRLF |
| **Server:** | Apache/2.0.61 (Unix) PHP/4.4.7 mod_ssl/2.0.61 OpenSSL/0.9.7e mod_fastcgi/2.4.2 DAV/2 SVN/1.4.2 | CRLF |
| **Location:** | http://www.3wmk.com/blog | CRLF |
| **Vary:** | Accept-Encoding | CRLF |
| **Content-Encoding:** | gzip | CRLF |
| **Content-Length:** | 192 | CRLF |
| **Connection:** | close | CRLF |
| **Content-Type:** | text/html; charset=iso-8859-1 | CRLF |

*Imagen 4.6.* Mediante un visor de cabeceras HTTP se puede comprobar el tipo de redirecciones de servidor. *Fuente:* Web Sniffer[9].

Pero en ocasiones, cuando se trata de redireccionamientos ocultos en los que el usuario no interviene, los buscadores pueden interpretar que se trata de un engaño. Es el caso de las redirecciones META refresh y JavaScript[10].

---

[8] Un listado completo y explicado de todas las respuestas de servidor o HTTP status codes está disponible en la siguiente dirección web: http://www.google.com/support/webmasters/bin/answer.py?hl=en&answer=40132.

[9] www.web-sniffer.net

[10] Este tipo de redirecciones se basan en código HTML o JavaScript que se interpreta en el lado del cliente, por lo que en muchas ocasiones pueden distorsionar las peticiones efectuadas y ser consideradas como redirecciones sospechosas por los buscadores.

Además, este tipo de redirecciones, así como las de servidor temporales (*HTTP Status Code 302* ó *307*) no traspasan link popularity ni Page Rank, por lo que son poco aconsejables a la hora de plantear un cambio de URLs o de dominio.

**Clonación de contenidos:** clonar contenidos en internet es una acción muy perseguida y puede considerarse ilegal. Las técnicas de *web scraping*, como se le suele conocer a este plagio, consisten en extraer, habitualmente de una forma automatizada, los contenidos de sitios web para ser mostrados en una tercera parte, infringiendo normalmente las licencias y los derechos de autor. Un *scraper site* copia contenidos con un propósito de aumentar el tráfico web y sus ganancias publicitarias asociadas.

Es habitual ver *scraper sites* que se cuelan en posiciones relevantes dentro de los resultados de búsqueda. A veces, incluso por encima del propio sitio web plagiado. Estas alteraciones del ranking, en las que el buscador confunde al sitio plagiador por el plagiado, son consideradas un flagrante spam en buscadores.

*Imagen 4.7.* Servicios como Copyscape sirven para saber si se está plagiando contenido. *Fuente:* Copyscape.com[11].

11 http://www.copyscape.com

Otra técnica utilizada por los scrapers es el *synonymizing*. Se trata de reemplazar por sinónimos parte del contenido de un *scraper site*, intentando así engañar a los buscadores.

***Page hijacking* o secuestro de página**: se trata de otro tipo de fraude, no solo a los buscadores, sino al usuario. Se trata de crear una copia ilegítima de un sitio web popular, mostrando esa información al buscador, pero que en realidad redirecciona a otro sitio web. El *page hijacking* puede considerarse una forma de cloaking.

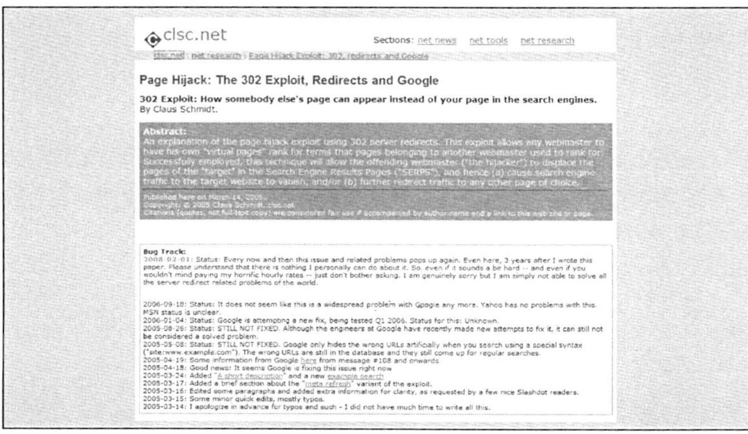


*Imagen 4.8.* El 302 Page Hijack fue en su día la técnica de secuestro de páginas más utilizada, aprovechándose de una vulnerabilidad de Google. *Fuente:* Clsc.net[12].

***Link farms* o granjas artificiales de enlaces**: se trata enormes redes de sitios web que intercambian enlaces de forma masiva, con la intención de que todos los que intercambian salgan beneficiados, logrando una cantidad ingente de enlaces, siendo estos totalmente artificiales. Este intercambio se produce entre sitios web de temáticas poco afines,

[12] Información detallada sobre el 302 Page Hijack en http://clsc.net/research/google-302-page-hijack.htm.

portales no relacionados, o "vecindarios" sospechosos que ya han sido penalizados por los buscadores, lo que complica más aún las cosas.

La única misión de colocar enlaces en una granja es incrementar la popularidad web y ganar Page Rank de una forma rápida y artificial. Las granjas de enlaces son una de las formas de *link spam* más habituales, en donde el enlace entre sitios web es conseguido por razones diferentes al mérito.

**Blog spam:** los blogs, gracias a su simplicidad en la edición de contenidos y a la aceptación de comentarios y trackbacks, han sido utilizados por los spammers como plataformas de creación y envío de spam.

Los *splogs* (contracción de spam y blogs) son blogs generados artificialmente utilizando técnicas de *keyword stuffing* y *link spam*. Normalmente se crean en plataformas de blogging gratuitas.

Su principal misión es la repetición constante de keywords, aparte de enlazar masivamente a otros sitios web para así intentar dotarles de una popularidad web adicional que difícilmente logran.

Los blogs también han sido utilizados para enviar todo tipo de spam a través de sus comentarios o trackbacks. Felizmente, existen filtros y plug ins que minimizan la recepción y la acción de los spammers en blogs.

En la imagen 4.9. se puede observar un claro ejemplo de splog, en donde se marcan con números sus principales características: alojado en Blogger (1), con contenido proveniente de otras fuentes (2), numerosos enlaces a otros sitios web a través de keyword stuffing y link spam (3) y presencia de anuncios de publicidad contextual (4).

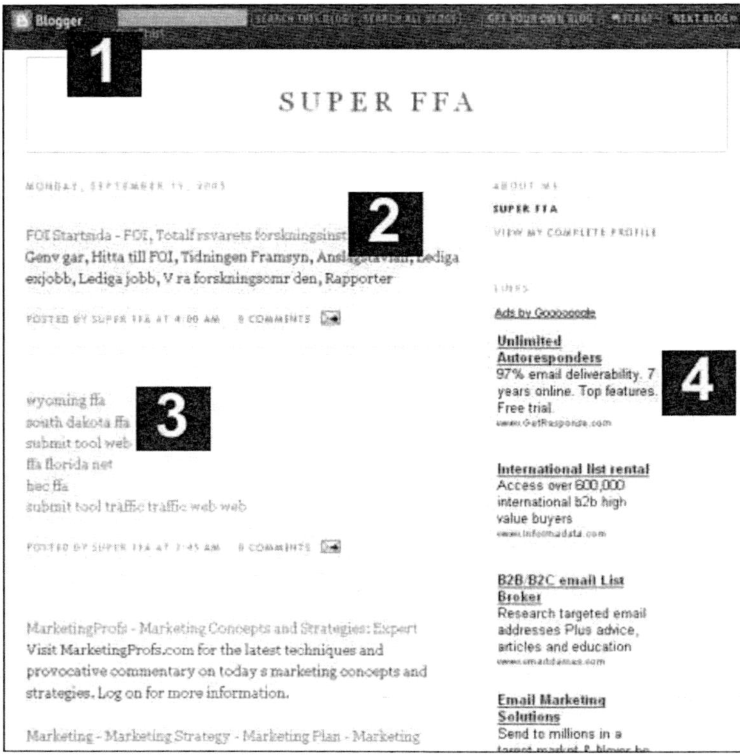


*Imagen 4.9.* Ejemplo de splog.
*Fuente:* Google Blogscoped Blog[13].

## 3. LAS PENALIZACIONES

Existen una serie de técnicas y comportamientos que no son consideradas Black Hat SEO o spam por los buscadores, pero que si que suelen provocar penalizaciones, cuya consecuencia se ve reflejada en bajadas de ranking y posiciones en éstos.

13 http://blogoscoped.com/archive/2005-09-28-n50.html

A continuación se comentan algunas de las posibles penalizaciones con que se pueden encontrar los webmasters. Las penalizaciones no son algo matemático ni estricto "causa efecto", y dependerá mucho del buscador y del caso concreto.

## 3.1. Compra de enlaces, penalizable ¿si o no?

Es uno de los eternos debates entre expertos SEO: ¿es la compra o la venta de enlaces una técnica valida o puede ser sancionable?

La compra de enlaces se efectúa a cambio de poner un link, normalmente con el anchor text (texto del enlace) optimizado, en un sitio web de Page Rank alto y de afinidad temática. El objetivo es mejorar el posicionamiento en buscadores, dada la importancia de los enlaces entrantes en los algoritmos de estos, a través de 2 vías:

- Conseguir popularidad web vía enlaces optimizados.
- Si es posible, traspasar Page Rank al sitio web enlazado.

Las posturas de buscadores como Yahoo! o Windows Live no están muy claras al respecto. Google parece taxativo en este aspecto:

> *"La compra o venta de enlaces se considera una violación de las guidelines de Google*[14]*, siempre que traspasen Page Rank o que se hagan con el objetivo de manipular los resultados de búsqueda."*

14 Más información sobre la postura de Google y su ingeniero Matt Cutts sobre la compra venta de enlaces: http://www.google.com/support/webmasters/bin/answer.py?answer=66356, http://googlewebmastercentral.blogspot.com/2007/12/information-about-buying-and-selling.html y http://www.mattcutts.com/blog/text-links-and-page-rank.

Según esta política, Google puede penalizar entonces a sitios web que compren o que vendan enlaces, aconsejando aplicar la etiqueta rel=”nofollow” u otras técnicas similares a aquellos enlaces vendidos:

> *“No todos los enlaces de pago vulneran nuestras directrices. La compra y venta de enlaces es una actividad económica normal en la Web cuando se realiza para fines publicitarios y no para la manipulación de los resultados de búsqueda. Los enlaces que se adquieren para publicidad se deben identificar como tales. Esto puede realizarse de diversas maneras:*
>
> *Añadir el atributo rel=”nofollow” a la etiqueta <a>*
>
> *Redirigiendo los enlaces a una página intermedia que se encuentra bloqueada para los motores de búsqueda con un archivo robots.txt.”*

En la práctica a Google le resulta demasiado difícil realizar una detección 100% fiable de que enlaces son de pago y cuales son publicitarios, aunque haga creer que sus técnicas de detección son maravillosas. Existen casos de sitios web muy reconocidos en internet que aplican la etiqueta nofollow a todos sus enlaces salientes, y aún así, el efecto de ponderación positivo sigue ahí, dado que estos sitios son reconocidos por los buscadores como *authority sites*, aunque no traspasen *link juice*[15]. Adicionalmente, existen bastantes sitios web posicionados en este buscador mediante la técnica de compra a granel de enlaces.

La penalización que Google aplica a los compradores de enlaces suele consistir en impedir que los sitios vendedores

---

15 Medidor del traspaso de calidad de un enlace, El link juice es el peso que un sitio web puede transmitir a otros sitios a través de sus enlaces.

traspasen su Page Rank hacia las páginas enlazadas. También se han producido descensos de Page Rank y posiciones en sitios que venden enlaces indiscriminadamente.

La compra o venta de enlaces puede ser denunciada a través de un formulario, accesible a través de la extranet para webmasters de Google. Por esta metodología sería sencillo perjudicar a algún sitio web comprándole enlaces masivamente y denunciándolo, por lo que Google persigue más a los vendedores de enlaces que a los compradores.

Ultimamente están proliferando muchos sitios en internet que se dedican al *text link brokerage,* gestionando la compra venta de enlaces y poniendo en contacto a compradores y vendedores. Su modelo de negocio es netamente publicitario, aunque aprovechan el enorme peso específico que los enlaces entrantes o *link popularity* tienen en los algoritmos de los buscadores (especialmente el de Google), para así también vender sus inventarios publicitarios a agencias de Search Marketing. Su labor es totalmente lícita y transparente. Algunos ejemplos son:

Text Links Ads, http://www.text-link-ads.com

Linkadage, http://www.linkadage.com

Link Exchange Experts, http://www.linkexchangeexperts.com

Text Link Brokers, http://www.textlinkbrokers.com

Link Market, http://www.linkmarket.net

Link Lift, http://www.linklift.com

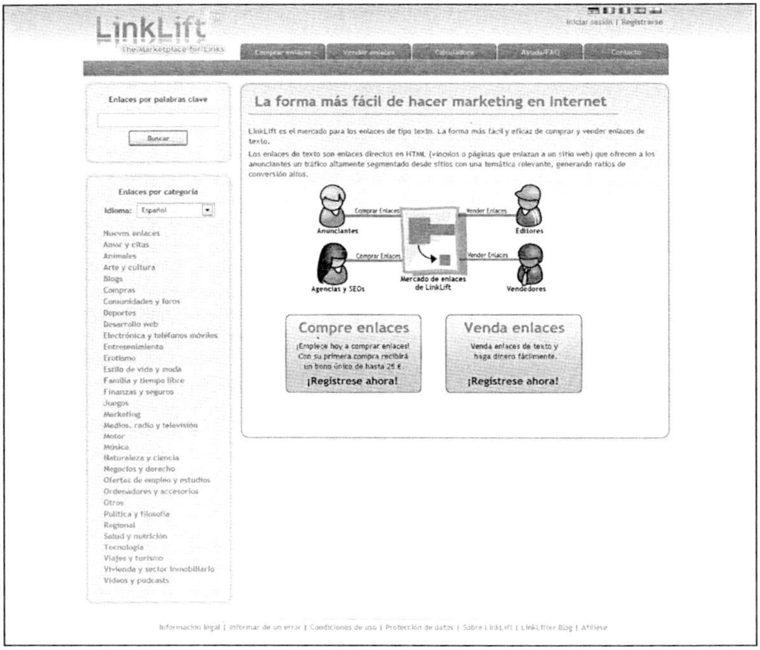


*Imagen 4.10.* El marketplace de enlaces Linklift se ha introducido en el mercado español. *Fuente:* Linklift.es.

También existen servicios similares para blogs. Se trata de los sitios web de compra y venta de posts o artículos patrocinados. En estos marketplaces se reúnen interesados en promocionar sus productos o servicios online junto a bloggers, que analizan un determinado producto o servicio en sus blogs, incluyendo sus opiniones personales y enlaces hacia los patrocinadores a cambio de una contraprestación económica. ReviewMe[16] o el sitio web español Zync[17] se dedican a ofrecer este tipo de servicios. Es la traslación del link brokerage a la blogosfera.

---

16 www.reviewme.com, "Advertiser: Get Traffic & Buzz!, Bloggers: Earn cash blogging!" (anunciante, consigue tráfico y buzz, bloggers, ganar dinero blogueando), es el slogan de ReviewMe.

17 www.zync.es

*Imagen 4.11.* ReviewMe se dedica a la compra venta de *sponsored blog posts* o artículos patrocinados en el mercado blog. *Fuente:* Reviewme.com.

## 3.2. Duplicidad de contenidos dentro de un mismo sitio web

Aunque no es muy usual, los buscadores pueden llegar a penalizar a sitios web con contenido duplicado, sobre todo si este se encuentra en diferentes dominios o subdominios. Muchas veces, esta duplicidad viene provocada por el propio gestor de contenidos del sitio. Este problema no es grave y como se ha comentado rara vez es penalizado.

Si lo que se desea es eliminar el contenido duplicado y optimizar la indexabilidad del sitio se puede realizar a través de la inclusión de directivas dentro del archivo robots.txt, como se explicó en el capítulo anterior o mediante las herramientas para webmasters que proporcionan los buscadores.

### 3.3. Penalizaciones relacionadas con la edad del dominio

Google suele aplicar a nuevos dominios recién registrados lo que se denomina "efecto Sandbox". Sin llegar a ser una penalización, este efecto, cuya aplicación o no depende del dominio y su sector, es normalmente realizada por Google para evitar el spam de dominios (*domain spam*), evitando así que dominios nuevos se cuelen en las primeras posiciones de los resultados de búsqueda.

Se trata de un periodo de tiempo aproximado de unos 6 meses en los que el dominio no va a "rankear" bien. Como si de un purgatorio virtual se tratase, el dominio permanecerá en una "caja de arena" hasta que, transcurrido ese periodo, pueda alcanzar el "cielo" del buscador, encarnado en rankings altos.

Este efecto puede desaparecer antes de tiempo si se consiguen *trusted links* (links reconocidos) de sitios relevantes. Se cree que Yahoo! aplica algún mecanismo similar.

Para evitar este efecto, se solían utilizar dominios expirados. Google aplica ahora una penalización temporal a estos dominios, con lo que es complicado salirse del sandbox por esta vía.

## 4. LAS DIRECTRICES DE LOS BUSCADORES

Pero, ¿qué dicen los buscadores sobre toda esta marabunta de técnicas Black Hat, de spam de diversa índole y de posibles penalizaciones?

Aparte de la ética, los buscadores también proponen unas directrices técnicas y de calidad, que les ayudan a la hora de encontrar, rastrear, indexar y "rankear" sitios web, así como a la hora de definir aquellas técnicas ilícitas. Todas estas normas están definidas en las *guidelines* para webmasters o en la ayuda de los diferentes buscadores, que se resume a continuación.

## 4.1. Google[18]

Como consejos previos, Google aconseja seguir una serie de pasos una vez que el sitio web está listo:

- Enviar el sitio web a través del formulario "Agregar/ actualizar URL"[19]. Esta acción no es obligatoria para lograr la indexación de un sitio por parte del buscador.
- Realizar un archivo sitemap y enviarlo a través de las herramientas de webmasters. Textualmente Google explica que "*...lo utilizará para conocer la estructura de su sitio web e incrementar la cobertura que concedemos a sus páginas web*".
- Por último, Google cita textualmente: "*asegúrese de que todos los sitios que deben estar al corriente de sus páginas sepan que su sitio se encuentra activo*".

Tras estos consejos previos, Google divide en tres secciones sus recomendaciones:

- **Directrices de diseño y contenido**.

Básicamente, estas directrices se refieren a cuestiones relativas al enlazado interno del sitio web y a la importancia de los contenidos:

---

[18] Directrices para webmasters de Google: http://www.google.com/support/webmasters/bin/answer.py?hl=es&answer=35769.
[19] http://www.google.com/addurl

- Uso de vínculos de texto estáticos, sobre todo para el contenido importante del sitio.
- Incluir un mapa web que contenga todos los enlaces del sitio web.
- No exceder los 100 vínculos por página.
- Evitar la existencia de vínculos rotos o código HTML incorrecto.
- Existencia de riesgos de no rastreo del sitio web al utilizar páginas dinámicas que contengan parámetros en las URLs.
- Crear un sitio web con contenidos útiles, claros e información exacta, asegurándose de que contiene palabras que los usuarios utilizarían para encontrar el sitio.
- Incluir etiquetas TITLE y atributos ALT en las imágenes muy descriptivos.

- **Directrices técnicas**.

- Comprobar la capacidad de la araña del buscador para rastrear un sitio, para lo cual se aconseja comprobar si el sitio web es accesible para buscadores (por ejemplo, con un navegador de texto tipo Lynx[20]) o permitir un rastreo del sitio sin IDs o argumentos. Si se realiza una inversión en un gestor de contenidos habrá que asegurarse de que las arañas rastrean correctamente el sitio.
- Incluir la cabecera HTTP "If-Modified-Since" si su servidor web la admite. Mediante esta función Google sabrá si el contenido de su sitio ha cambiado.

---

[20] www.lynx.com

- Usar el archivo robots.txt, tanto para delimitar que zonas del sitio web han de ser rastreadas como para evitar el rastreo de páginas que carecen de valor para los usuarios. Comprobar siempre que este archivo está generado correctamente a través de las herramientas para webmasters.
- Asegurarse de que el sitio web se muestra correctamente en varios navegadores.

- **Directrices de calidad**.

Son consideradas las más importantes, pues aquí es donde Google define algunos (no todos) de los comportamientos que considera engañosos.

En estas directrices se hace una referencia clara a los ya famosos spam reports, formularios para denunciar a aquellos sitios web que vulneren las directrices de calidad.

Google define unos principios básicos de calidad, bajo los cuales incluye:

- Crear páginas para usuarios, no para motores de búsqueda.
- No utilizar técnicas de encubrimiento, mostrando un contenido al usuario y otro distinto a las arañas.
- Evitar los trucos cuyo objetivo es mejorar en los rankings.
- -No participar en intercambios de enlaces con sitios web poco fiables.
- No utilizar software no autorizado de envío de páginas o comprobación de rankings. En este sentido, Google no recomienda el uso de programas de envío de consultas automáticas, ya que violan sus condiciones de

servicio. También cabe reseñar que Google pone a disposición de los programadores y desarrolladores de software diferentes APIs para interactuar directamente con su base de datos.

En cuanto a directrices más específicas, Google define algunas de las técnicas que considera ilícitas, las cuales ya se han explicado anteriormente:

- Incluir texto o vínculos ocultos.
- Técnicas de encubrimiento (cloaking).
- Redireccionamientos sospechosos.
- Consultas automatizadas.
- Páginas con palabras irrelevantes.
- Páginas de comportamiento malicioso (phishing, software malicioso).
- Contenido duplicado.
- Páginas puerta.

Por último, Google aconseja proporcionar un contenido único y relevante como razón fundamental para visitar un sitio web e indica como solicitar una revisión de reinclusión de un sitio web.

En definitiva, mediante todos estos consejos, Google pretende minimizar comportamientos aprovechados, citando aquellas técnicas que considera ilícitas y proponiendo indicaciones sobre normas básicas de diseño, de contenido, de carácter técnico y de calidad que huyan de la mala praxis, sugiriendo la utilización de sus herramientas especializadas para webmasters.

## 4.2. Yahoo![21]

Yahoo! Search dispone una amplia ayuda, sobre todo dirigida a los usuarios de su buscador. Bajo el epígrafe "Ranking de búsquedas" se encuentra la información específica para webmasters y propietarios de sitios web, indicando una serie de directrices.

### *Directrices de diseño y contenido*

Yahoo! aconseja construir un sitio web pensando en los términos que los usuarios utilizarán para encontrarlo. Es más probable que se haga click en el enlace cuando el título coincide con la búsqueda. Elegir para el título los términos que definen al documento será fundamental.

Incluir una etiqueta META "description", redactándola de manera precisa. Yahoo! considera a esta etiqueta como la más importante tras el título y será imprescindible que ambas concuerden con el contenido del sitio.

Definir etiquetas META "keywords" originales y específicas usando un listado de términos que se ajusten al contenido de cada página. Aunque Yahoo! haga hincapié en las keywords, se duda que las tenga muy en cuenta a la hora de ordenar sus resultados, ya que perdieron importancia hace tiempo al ser un continuo foco de spam para los buscadores.

Yahoo! explica la importancia de la presentación de texto y sobre todo enlaces en formato HTML. En este sentido, aconseja la creación de un mapa web en HTML, enlazable desde la página principal, para así asegurarse el rastreo del sitio. Se recomienda el uso de etiquetas ALT en las imágenes,

---

[21] Ayuda general de Yahoo! Search: http://help.yahoo.com/l/es/yahoo/search/index.html.

no solo para mejorar la accesibilidad web del sitio, sino para también incrementar el contenido textual de la página mejorando en lo que a búsquedas se refiere.

Por último, Yahoo! hace referencia a la importancia de la popularidad web ganada a través de enlaces afines y avisa del peligro de caer en granjas de enlaces "entre páginas no relacionadas entre sí, sin otro criterio que el de incrementar el tráfico en ellas", remarcando que esto no mejorará el ranking de una web."

Yahoo!, a diferencia de Google, remarca y comenta lo que hay que hacer (consejos SEO White Hat), mientras que casi no hace mención al Black Hat o técnicas de mala praxis.

Yahoo! da relevancia a factores SEO internos como el Title, las etiquetas META keywords y description, el enlazado interno en HTML o las etiquetas ALT en las imágenes, mencionando la importancia de la popularidad web como principal factor SEO externo.

## 4.3. Bing[22]

El buscador de Microsoft incluye una serie de recomendaciones básicas bajo el epígrafe "Instrucciones para una correcta indización". En resumen, dentro de su ayuda Bing destaca:

### *Instrucciones sobre el contenido*

– Incluir palabras visibles y que sean relevantes como términos de búsqueda dentro de la página.

[22] Ayuda de Bing para propietarios de sitios: http://help.live.com/help.aspx?project=wl_webmasters&mkt=es-xl.

- Bing recomienda no sobrepasar los 150 KB por página, excluyendo imágenes.
- Los vínculos de texto estáticos son imprescindibles para Bing, en contraposición a la inserción de texto en imágenes.
- Agregar un mapa web es importante para que MSN-Bot logre llegar a todas las páginas de un sitio. Adicionalmente, el mantener una jerarquía casi plana en el sitio web (es decir, que todos los contenidos no estén a más de 3 clics de distancia de la página principal) resultará positivo para la correcta indexación del sitio.

### *Recomendaciones técnicas*

- Utilizar código HTML correcto, sin etiquetas abiertas ni vínculos rotos.
- Al mover una página o cambiar su URL habrá que definir las redirecciones correctamente, ya sean temporales o permanentes.
- Cerciorarse de que MSNBot puede y está habilitado para rastrear nuestro sitio web.
- Bing aconseja el uso del archivo robots.txt o de las etiquetas META para controlar la labor de MSNBot u otros crawlers. También resultará más fácil de rastrear URLs sencillas y estáticas que direcciones largas, complejas y dinámicas.

En resumen, Bing basa sus recomendaciones en consejos técnicos y buenas prácticas en cuanto al contenido para lograr una correcta indexación de un sitio web por parte de su robot MSNbot.

### 4.4. Ask[23]

Ask España incluye información relevante para webmasters en su página de ayuda, aunque no define recomendaciones básicas técnicas, sobre diseño o contenido.

Ask recomienda el uso del archivo robots.txt o de las etiquetas META robots para impedir que un sitio o una página web sea indexada o cacheada. También advierte de que su índice incluye un número limitado de URLs dinámicas, debido a la posible duplicidad de contenidos al indexar este tipo de URLs.

Para conseguir una correcta indexación de un sitio web, Ask propone la utilización del protocolo Sitemaps, admitido por el buscador.

Señalar que el buscador incluye las recomendaciones más escuetas de todos los analizados, explicando una serie de consejos sueltos sobre indexación.

## 5. CASOS PRÁCTICOS DE TÉCNICAS ILÍCITAS

Diferentes empresas han sufrido penalizaciones y baneos por parte de los grandes buscadores. Casos sonados fueron los de grandes empresas que, por practicar el Black Hat SEO o por confiar sus estrategias de posicionamiento a empresas que utilizan malas artes, acabaron expulsadas temporalmente del índice de Google, el buscador que más empeño pone en perseguir las técnicas ilícitas.

---

[23] Ask España, información para webmasters: http://about.es.ask.com/es/docs/about/asksearch.shtml.

## 5.1. El caso BMW en Alemania

La marca alemana de coches BMW fue baneada por Google en febrero de 2006. Su sitio web alemán (www.bmw.de) usaba técnicas ilícitas, tales como cloaking o doorways que escondían código oculto y keyword stuffing en su interior.

Una redirección en JavaScript conducía a los usuarios a páginas diferentes de las que la araña del buscador visualizaba (cloaking). Las páginas "preparadas" para las arañas pretendían ser paginas puerta optimizadas artificialmente para términos de búsqueda (doorways y keyword stuffing). Más de 4.000 páginas fueron eliminadas del índice de Google por estos motivos.

Un ejemplo del Black Hat SEO utilizado por BMW se puede ver en las siguientes capturas de pantalla:

*Imagen 4.12.* Forma en la que los usuarios visualizaban las páginas.
*Fuente:* Google Blogscoped Blog.

*Imagen 4.13.* Diferente forma de mostrar contenidos a los buscadores mediante técnicas ilícitas. *Fuente:* Google Blogscoped Blog.

Mediante estas técnicas, y antes de ser baneada, BMW consiguió por ejemplo la primera posición para el término de búsqueda "gebrauchtwagen" (coche usado en alemán).

Tras la denuncia pública de *webspam* realizada desde el blog Google Blogscoped[24], Google tomó cartas en el asunto.

Matt Cutts también escribió sobre el tema en su bitácora personal[25], explicando los procesos y tiempos de reinclusión, que normalmente son de 30 días, dependiendo de la tardanza en suprimir el spam del sitio web baneado.

Ricoh (www.ricoh.de), otro sitio alemán de reconocido prestigio y una de las empresas líderes a nivel mundial del

24 http://blogoscoped.com/archive/2006-02-01-n31.html

25 CUTTS, Matt: Ramping up on international webspam, http://www.mattcutts.com/blog/ramping-up-on-international-webspam.

mercado de equipos digitales para oficinas también sufrió baneos y severas penalizaciones, debido a acciones spam similares a las utilizadas por BMW.

## 5.2. El caso AC Hotels en España

La cadena hotelera española sufrió un baneo por parte de Google en Marzo de 2007.

El principal inconveniente que siempre ha tenido el sitio web de AC Hotels ha sido su poca accesibilidad de su dominio principal de cara a buscadores (no es "search engine friendly"), lo que impide la completa indexación del sitio. Los problemas de trasfondo de la cadena hotelera de cara al posicionamiento en buscadores se resumen en dos graves problemas de arquitectura web:

- Uso intensivo de flash en el diseño, incluyendo los puntos de menú, enlaces internos y estructuras de navegación.
- En el momento de escribir este libro, se utilizaban estructuras de marcos (frames) para el diseño. También hay que señalar que AC Hotels posee un directorio de hoteles accesible para buscadores en su subdominio directorio.ac-hotels.com.

Todas estas estructuras de diseño desencadenaron una estrategia SEO que por un lado no las cambiase y que por otro generase estructuras alternativas posicionables. Pero se confundieron.

Las técnicas empleadas fueron muy similares a las utilizadas por BMW. Se trataba de páginas doorway que trataban de mostrar contenidos diferentes a usuarios humanos (nave-

*Imagen 4.14.* Versión para navegadores web de una página de AC Hotels. *Fuente:* Blog on travel[26].

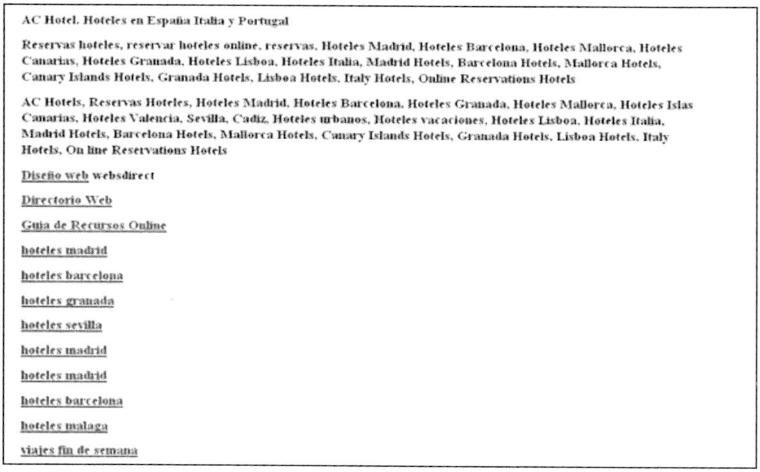

AC Hotel. Hoteles en España Italia y Portugal

Reservas hoteles, reservar hoteles online, reservas, Hoteles Madrid, Hoteles Barcelona, Hoteles Mallorca, Hoteles Canarias, Hoteles Granada, Hoteles Lisboa, Hoteles Italia, Madrid Hotels, Barcelona Hotels, Mallorca Hotels, Canary Islands Hotels, Granada Hotels, Lisboa Hotels, Italy Hotels, Online Reservations Hotels

AC Hotels, Reservas Hoteles, Hoteles Madrid, Hoteles Barcelona, Hoteles Granada, Hoteles Mallorca, Hoteles Islas Canarias, Hoteles Valencia, Sevilla, Cadiz, Hoteles urbanos, Hoteles vacaciones, Hoteles Lisboa, Hoteles Italia, Madrid Hotels, Barcelona Hotels, Mallorca Hotels, Canary Islands Hotels, Granada Hotels, Lisboa Hotels, Italy Hotels, On line Reservations Hotels

Diseño web websdirect

Directorio Web

Guia de Recursos Online

hoteles madrid

hoteles barcelona

hoteles granada

hoteles sevilla

hoteles madrid

hoteles madrid

hoteles barcelona

hoteles malaga

viajes fin de semana

*Imagen 4.15.* Versión para bots de una página de AC Hotels. *Fuente:* Blog on travel.

[26] Se puede consultar una completa explicación de las técnicas utilizadas por Ac Hotels en el blog: http://www.blogontravel.com/ac-hotels-has-been-banned-from-google.

gadores web, imagen 4.14) y máquinas (bots, imagen 4.15). En este caso, no se empleaba una redirección para distinguir entre los dos tipos de usuario, sino que se planteaba una etiqueta noscript en donde se insertaba keyword stuffing y link spam.

## 6. VALORACIONES FINALES

Aunque en Estados Unidos ya ha habido casos de sentencias judiciales que condenaban a prisión a *e-mail spammer*[27], no es la tónica habitual. Intentar engañar a los buscadores no es algo ilegal, ni mucho menos penado con cárcel. Los Black Hat SEO pueden estar tranquilos, y sus corrientes ideológicas y de actuación seguirán vivas mientras existan los buscadores.

La controversia entre los seguidores de ambos tipos de sombrero seguirá siendo un debate abierto. Incluso la polémica se alimentará más gracias a aquellos que piensan en el SEO como de sombrero gris (ni blanco ni negro), con ramificaciones en ambos bandos.

Esta nueva figura, el *Grey Hat SEO,* es difícil de imaginar bajo el actual escenario de penalizaciones y baneos, así como por las relaciones presentes entre los buscadores y la industria SEO. Aunque es cierto que muchas veces son las propias guidelines y recomendaciones de los diferentes buscadores las que siembran la discordia, debido en muchos casos a una posible ambigua interpretación de las mismas por parte de los SEOs.

Mientras tanto, a los buscadores no les queda más remedio que refinar sus métodos de detección de spam y de téc-

27 El primer caso de spam ilegal que llevó a su responsable a la cárcel sucedió en EEUU en 2005. Más información: http://www.msnbc.msn.com/id/7432555.

nicas Black Hat SEO fraudulentas que consiguen sus objetivos (posicionarse). Sus equipos de calidad y anti-apam tienen por delante grandes retos en este sentido.

A su vez, deberán de conseguir el objetivo de mejorar día a día la calidad en sus resultados de búsqueda, potenciando sus algoritmos de posicionamiento y relevancia, si no quieren ver como los SEO de sombrero negro les van comiendo terreno.

# Capítulo 5
# Contratación y medición de campañas de posicionamiento en buscadores

MIGUEL ORENSE

## 1. PUNTOS CLAVE A TENER EN CUENTA EN TODA CAMPAÑA SEO. TIPOS DE SERVICIOS SEO

El SEO ha conseguido ser una estrategia de marketing digital muy tenida en cuenta por las empresas. Sus ventajas y bondades, así como sus consecuencias en forma de rentabilidad y resultados hacen que el SEO o cualquier otra estrategia *search* aparezcan cada vez más como acciones dentro del plan de marketing corporativo, independientemente del tamaño de la empresa o su sector.

Ha llegado la hora de plantearse la contratación de una campaña de posicionamiento web en buscadores. Ante este hecho, las empresas tienen dos posibilidades:

- Contratar un consultor SEO interno o *in-house*.
- Contar con los servicios de una agencia SEO.

Existe una tercera posibilidad que se puede estudiar para casos muy concretos y/o sencillos. Es el "háztelo tu mismo".

Si bien las bases del SEO pueden resultar sencillas, siempre que se sale de lo genérico existen particularidades que resultarán complejas de abordar. Por eso, para la mayoría de los casos el refrán "zapatero a tus zapatos" encaja a la perfección, ya que siempre se pueden encontrar problemas en el proceso de optimización que una persona o profesional no especialista en SEO no sabría plantear y resolver correctamente, como pueden ser:

- Definición correcta y acorde de palabras clave.
- Optimización del código fuente.
- Captación de enlaces y creación de popularidad web.
- Creación y actualización de contenido relevante.
- Optimización de la arquitectura y el diseño del sitio web.

GET a FREELANCER.com

Find projects Search term

Sign Up | Log in | Top Rated Users | Browse projects | Post Project | RSS feeds | Articles

**Outsourced SEO Projects**

| Project Name | Bids | Average bid | Job Type | Started | Ends |
|---|---|---|---|---|---|
| Nonpublic project #233466 Nonpublic | N/A | N/A | N/A | Today | 04-03-2008 |
| E-commerce website | 10 | $ 930 | Joomla, PHP, SEO | Today | 03-14-2008 |
| SEO - Needed immediate | 8 | $ 206 | Copywriting, Proofreading, SEO, Web Promotion, Website Design | Today | 03-14-2008 |
| SEO Link Building to Improve Page Rank | 2 | $ 105 | Link Building, SEO, Web Promotion, Website Design | Today | 04-03-2008 |
| Traffic builder | 0 | - | Copywriting, Link Building, SEO, Web Promotion | Today | 03-24-2008 |
| flash to html website change | 3 | $ 700 | Flash, Link Building, OsCommerce, SEO, XML | Today | 03-18-2008 |
| Nonpublic project #233418 Nonpublic | N/A | N/A | N/A | Today | 03-11-2008 |
| 6 PR1+ links ongoing - oneway or reciprocal | 1 | $ 250 | Link Building, SEO | Today | 03-18-2008 |
| For GAMIT, SEO, linkbuilding | 2 | $ 100 | SEO | Today | 03-14-2008 |
| Nonpublic project #233364 Featured Nonpublic | N/A | N/A | N/A | Today | 04-03-2008 |
| Nonpublic project #233362 Nonpublic | N/A | N/A | N/A | Today | 03-14-2008 |
| Nonpublic project #233359 Nonpublic | N/A | N/A | N/A | Today | 03-14-2008 |
| Nonpublic project #233334 Nonpublic Urgent | N/A | N/A | N/A | Today | 03-05-2008 |
| Nonpublic project #233327 Nonpublic | N/A | N/A | N/A | Today | 04-03-2008 |
| Forum Poster | 8 | $ 60 | Copywriting, Data Entry, Data Processing, SEO, Web Promotion | Today | 03-14-2008 |
| Long-term link building campaign Featured | 7 | $ 127 | Link Building, SEO | Today | 03-19-2008 |
| Search Engine Optimising Featured | 14 | $ 556 | SEO, System Admin., Telemarketing, Web Promotion, Website Design | Today | 05-03-2008 |
| Nonpublic project #233293 Nonpublic | N/A | N/A | N/A | Today | 03-18-2008 |
| SEO GURU | 10 | $ 209 | Link Building, SEO | Today | 04-03-2008 |
| Five page website (for invited bidders only) Urgent | 2 | $ 187 | Copywriting, Flash, Graphic Design, SEO, Website Design | Today | 03-05-2008 |
| 10 Articles Needed | 30 | $ 68 | Copywriting, SEO, Web Promotion | Today | 03-09-2008 |
| Website trafficking | 8 | $ 163 | Market Research, SEO, Web Promotion | Today | 03-19-2008 |
| AdultCMSproject | 4 | $ 1425 | Joomla, PHP, SEO, Website Design, XML | Today | 03-18-2008 |
| Link Building ( edu and high page rank) | 7 | $ 159 | Market Research, SEO, Web Promotion, Website Design | 03-03-2008 | 04-02-2008 |

*Imagen 5.1.* En *Get a freelancer* se pueden colgar ofertas puntuales para trabajos SEO freelance. *Fuente:* Getafreelancer.com[1].

[1] http://www.getafreelancer.com

La lógica gran especialización de conocimientos que hacen faltan para convertirse en un experto SEO hace que la subcontratación de estos servicios sea la tónica habitual, ya sea a través de la contratación de un profesional, de un freelance o de una agencia especializada.

En la parte cliente, existe un potencial interesado que desconoce el mercado de los buscadores y del marketing en internet. Es la ocasión idónea para vender una campaña de posicionamiento web en buscadores.

En cuanto a los tipos de servicio SEO, una de las características del sector es la multitud de ofertas y tipologías de servicios que se pueden encontrar.

Existe un amplio abanico en la calidad y ética de las propuestas SEO. Desde servicios serios y de gran calidad hasta propuestas "dicharacheras" de nula credibilidad. Este amplio espectro de servicios es principalmente provocado por las nulas barreras de entrada para ofrecer este tipo de servicios y la falta de formación reglada especializada en marketing en buscadores.

Bajo este panorama, se puede encontrar desde empresas que ofrecen posicionamientos en primera posición por 1 hasta ofertas de servicios SEO que, aprovechándose del desconocimiento general sobre la materia, realmente están vendiendo campañas de pago por click. Estos camelos son muy fáciles de percibir si se conoce mínimamente la materia. El propio Google proporciona algunas sugerencias para distinguir y diferenciar los servicios SEO con falta de ética:

> *"Nadie puede garantizarle el primer puesto en el ranking de Google.*
>
> *Desconfíe de los SEO que dicen garantizar las clasificaciones, que afirman tener una "relación especial" con*

*Google o que dicen disponer de un "envío prioritario" a Google. Google no acepta ningún envío con prioridad. De hecho, la única forma de enviar un sitio a Google de manera directa es a través de nuestra página Añadir URL o de Herramientas para webmasters de Google, y puede hacerlo usted mismo sin pagar nada."*[2].

Por supuesto que también existen ofertas serias en el mercado. Servicios en los que la calidad del mismo es extraordinaria, así como su relación precio-calidad y el gran porcentaje de consecución de resultados o metas globales.

Como principales tipologías de servicios SEO se pueden mencionar dos servicios principales:

**Servicios de consultoría integral**: mediante recomendaciones y consejos se trata de adecuar el sitio web a los buscadores. Estos servicios se suelen cobrar por horas de trabajo de consultoría y en algunos casos también se da formación al cliente. No suelen incluir la implementación de los cambios a realizar, ni tampoco ninguna garantía de obtención de resultados.

La consultoría integral puede abarcar sólo el posicionamiento en buscadores o acompañar a la estrategia online de la empresa hacia adelante o hacia atrás, abarcando fases anteriores o posteriores del proyecto web. Diseño y desarrollo web, arquitectura de la información o usabilidad, contenidos, estadísticas web y un amplio etcétera se podrán añadir como servicios a la consultoría global o integral.

**Servicios con garantías**: se trata también de un servicio de consultoría inicial tras el cual, y pasado un tiempo razo-

[2] Google comenta esta y otras sugerencias en su ayuda del Centro de Asistencia para webmasters: http://www.google.com/support/webmasters/bin/answer.py?answer=35291.

nable, se garantizan una serie de resultados. Normalmente, los objetivos marcados se ligan al tráfico web conseguido o a las posiciones logradas en los diferentes buscadores. Si los objetivos son por posicionamientos obtenidos, se trata de servicios PPP (Pago Por Posiciones).

El presupuesto estará ligado a la consecución o logro de resultados fijados de antemano, ya sea en número de visitas o de posicionamientos, en términos de incremento relativo o absoluto.

A partir de estos 2 tipos, suelen existir muchas variaciones de servicios que añaden particularidades o detalles al servicio principal, dependiendo del proyecto a desarrollar. También existen agencias que dividen el SEO por tramos, ofreciendo soluciones intermedias para cada fase de campaña. Algunos de estos servicios pueden ser:

**Estudios de palabras clave o de situación de competidores en buscadores**. Subcontratar solo esta fase inicial de la campaña SEO no suele ser lo más habitual.

**Rediseño web optimizado**. En muchas ocasiones, los profesionales SEO se encuentran con barreras a la indexación, como suelen ser los sitios web que usan frames o flash intensivamente para su diseño. En otras ocasiones, se topan con sitios web muy obsoletos en cuanto a su diseño, cuya primera recomendación de cara al SEO es un lavado integral de cara. La mejor solución en estos casos es acometer un rediseño web.

**SEO on-page**. Realizar un proyecto SEO en el que sólo se incluyan las recomendaciones de consultoría sobre código, contenidos y estructura web suele ser bastante común.

**Link building**. Se trata de realizar campañas centradas en conseguir un incremento de la popularidad web, captando enlaces directamente o planificando estrategias para conseguirlos.

**Posicionamiento SEO específico para blogs**, teniendo en cuenta sus propias particularidades que los diferencian de un sitio web y las características de su entorno (la blogosfera).

**Notas de prensa optimizadas**. Servicios de *press release* optimizados para SEO y orientados a mejorar en los resultados orgánicos de los buscadores.

**Generación de contenidos**, ya sea técnica (nuevas páginas web) o creativa (redacción de textos optimizados).

A la hora de contratar un servicio SEO, como se ha comentado antes, hay que huir siempre de las proposiciones comerciales desmesuradas, ya que suelen ser engaños. Tratar de conseguir referencias y credenciales de la empresa a la que va a contratar el servicio, y conocer alguno de sus clientes o proyectos llevados a cabo resultará de gran importancia. También tener en cuenta la trayectoria y logros de alguno de los profesionales que le llevará su campaña: revisar su blog si es que lo tiene, comprobar si ha participado en algún congreso o jornada, etc.

Encontrar un servicio SEO serio no es complicado, siempre que se tomen en cuenta una serie de premisas básicas, entre las que se encuentran:

Negociar las palabras para las cuales se basará la campaña. Saber en todo momento para que palabras principales se harán los esfuerzos de optimización, ya que es una forma de asegurarse un buen servicio, evitando sorpresas posteriores.

Si se negocian posicionamientos para palabras clave más específicas (el long tail de búsquedas), intentar al menos tener una orientación sobre que palabras se trabajarán.

Preguntar sobre como se va a plantear la estrategia de creación de enlaces. Desconfiar de aquellas empresas que le ofrezcan altas en miles de directorios, como de aquellas que quieran jugar con sus subdominios o que le garanticen un incremento rápido de su popularidad web.

Rechazar directamente a aquellas empresas que hayan sufrido baneos o expulsiones de los resultados de los buscadores. Basarán sus estrategias en técnicas Black Hat SEO y en enlazados masivos desde granjas de enlaces, entre otras acciones poco éticas, lo que le supondrá correr un riesgo innecesario.

## 2. SEM VERSUS SEO. CARACTERÍSTICAS, VENTAJAS E INCONVENIENTES DE CADA ESTRATEGIA

¿SEM o SEO? Cuando se profundiza en el marketing en buscadores muchos son los que se formulan esta pregunta.

Son demasiados los factores que harán decantarse por una u otra estrategia. Desde variables 100% *marketinianas*, como puede ser el producto, el mercado o el público objetivo hasta elementos relacionados con el sitio web o con los objetivos y estrategias online de la empresa, aparte de aspectos técnicos o de presupuesto.

Generalmente, y para conseguir un gran número de impactos maximizando el retorno sobre la inversión, se deberá de combinar ambas estrategias, aunque cada proyecto es un mundo y tiene sus propias particularidades.

Llegado el caso de decantarse entre una u otra estrategia, se deberían de tener muy en cuenta los siguientes factores:

**Necesidad urgente de resultados y visitas**: si se necesitan resultados a corto plazo (días o horas), la opción a elegir será el SEM. Una campaña SEM está activa en cuestión de minutos, y lista para empezar a recibir visitas, mientras que el SEO es un servicio no instantáneo, que requiere de varios meses para alcanzar resultados medibles y considerables.

**Condicionantes de presupuesto**: el tráfico pagado proveniente del SEM resulta habitualmente más caro que el tráfico "gratuito" que puede aportar el SEO. Además, el tráfico SEM dura hasta que se agota el presupuesto. Si se maneja un presupuesto ajustado, lo óptimo será decantarse por acciones de SEO o campañas SEM más cortas y que consuman menos recursos económicos.

**Estacionalidad y control técnico de las campañas**: el SEM goza de una mayor agilidad a la hora de realizar cambios que el SEO. Así pues, si en la campaña es necesaria la modificación o adaptación de los anuncios, por ejemplo a la propia estacionalidad de los productos, el SEM dota de mayor flexibilidad y control a la campaña que el SEO.

**Sitios web imposibles de modificar técnicamente**: en estrategias SEO, en algunas ocasiones las modificaciones técnicas a acometer en el sitio web para acondicionarlo a los buscadores son irrealizables. En este caso, si el sitio web no puede ser modificado se tendrá que optar por el SEM irremediablemente.

**Credibilidad**: las estrategias SEO gozan de la mayor credibilidad que aportan los resultados orgánicos a los usuarios, frente a la peor "prensa" de los resultados pagados SEM.

**Conocimientos técnicos**: los diferentes sistemas y plataformas SEM de pago por click de los diferentes buscadores gozan de un amplio soporte de ayuda y facilidades para el aprendizaje. No pasa así con el SEO, que requiere de pericia y habilidades técnicas avanzadas para poder llevarse a cabo.

**Facilidad de medición**: el SEM es más fácil de medir que el SEO, ya que en esta última estrategia no se dispone de datos fiables sobre el número de apariciones en buscadores. En cambio, en el pago por click resulta menos complicada la labor de medición, pues se tienen datos referentes a apariciones de los anuncios y porcentaje de clicks que reciben, pudiendo ampliar fácilmente esas mediciones hacia patrones de comportamiento de los usuarios en el sitio web y conversiones.

| SEM | SEO |
|---|---|
| Instantáneo, a corto plazo | A medio y largo plazo |
| Tráfico pagado | Tráfico gratuito |
| Mayor agilidad | Menor agilidad |
| Todos los sitios web pueden | No todos los sitios web pueden |
| Menor credibilidad | Mayor credibilidad |
| Conocimientos técnicos medios | Conocimientos técnicos altos |
| Fácil de medir | Más difícil de medir |

*Imagen 5.2.* Cuadro resumen de las principales características de las estrategias SEM y SEO. *Fuente:* Elaboración propia.

En cuanto a posibles consejos, basados en experiencias reales, para decantarse entre opciones SEM o SEO, se podrían destacar:

**Apariciones combinadas**: para grandes empresas, y por una cuestión meramente matemática, muchas veces compensa aparecer en primera página tanto en SEM como en SEO. Copando ambos lugares habrá más posibilidades de llevarse el click, sobre todo si se trabaja con un presupuesto amplio.

**Palabras muy genéricas o muy competitivas**: en muchas ocasiones una estrategia SEO no puede atacar determinadas palabras, así que será mejor optar por SEM, aunque dependerá también del potencial de la web para hacer SEO. En sitios web relevantes, líderes en su sector offline y con buena popularidad online, se puede usar el SEO para palabras genéricas y el SEM para específicas y promociones puntuales o estacionales.

**Lanzamiento de nuevos sitios web o marcas en internet**: cuando se lanza una empresa, start-up o producto por la red, asociándolo a un nuevo dominio, la opción más efectiva es el SEM, que reportará resultados inmediatos. En este caso el SEM puede aportar una visibilidad inicial a corto plazo, mientras que el SEO aportará resultados más a largo plazo, con la dificultad añadida de posicionar un dominio de nuevo registro.

Aún así, el SEO deberá de tomarse en cuenta desde el primer momento, ya que una inversión en diseño y desarrollo web sin tener en cuenta el punto de vista SEO puede hacer que se multipliquen los costes en el futuro. El SEO, pasados los efectos y penalizaciones sobre dominios nuevos (como puede ser el efecto Sandbox), puede cubrir la visibilidad en buscadores a medio y largo plazo, eliminado muchas de las inversiones en SEM, si se opta por una estrategia de marketing en buscadores combinada.

También se podrá llegar a medir los inconvenientes de no llevar a cabo campañas SEO o SEM, valorando sus costes relativos:

**Coste de oportunidad**. Ganancia que se deja de ganar cuando al buscar una palabra relativa a un negocio aparece la competencia.

**Pérdida de reputación**. Cuando al realizar una búsqueda corporativa se llega a sitios que no son el de la empresa en cuestión pero si que hablan (y mal) sobre ella. Muchas veces, y debido a los blogs, esto resulta inevitable.

Todo esto conlleva una merma de visitantes que podrían ser clientes potenciales, así como frustración al "perder" el control sobre lo que se dice de la marca.

*Imagen 5.3.* Búsqueda "ikea" en Google.es, Abril 2008. Ejemplo de cómo un blog, en este caso Microsiervos[3], puede llegar a afectar a una búsqueda corporativa.

## 3. SEGUIMIENTO Y EVALUACIÓN DE RESULTADOS. MIDIENDO UNA CAMPAÑA SEO

En internet, todo es medible. Cualquier acción de marketing o publicidad en internet parte con ventajas añadidas sobre otros soportes o formatos:

- Posibilidad de modificar parámetros de campaña al instante.

[3] http://www.microsiervos.com

– Medición constante e inmediata que se podrá evaluar de una forma sencilla.

Siempre que se plantee llevar a cabo una campaña de posicionamiento web en buscadores se deberá tener en cuenta que, pasado un tiempo razonable desde el comienzo de la misma, se tendrán que evaluar los resultados obtenidos y logros alcanzados, a través de mediciones realizadas regularmente durante el periodo de campaña. Presentar informes hace que el *reporting* en SEO sea algo muy importante.

En SEO la medición resulta menos directa que en SEM, ya que no se dispone de datos exactos sobre el número de apariciones de los "anuncios", en forma de resultados orgánicos. Esta medida del número de impactos se denomina impresión de anuncio, y forma parte de las métricas básicas de publicidad online, junto al click, visita o éxito en el impacto y el ratio de clicks, *Click Trough Rate* o CTR, porcentaje de veces que se hace click en un anuncio, calculable a través de la siguiente fórmula:

CTR = [(Clics / Impresiones) x 100] %

Al no existir datos de impresiones en SEO tampoco se podrá calcular el CTR asociado, dato que los buscadores si que poseen y se supone que utilizan para sus propios cálculos y ordenaciones de resultados de búsqueda.

El CTR es una medida de efectividad publicitaria en internet. Se supone que un CTR es adecuado cuando sobrepasa el 2%, siempre dependiendo del tipo de campaña o acción llevada a cabo. Por ejemplo, un CTR=2% puede ser considerado muy positivo para una campaña de banners o acción de display, mientras que será simplemente aceptable si se trata de una campaña de enlaces patrocinados orientada a un buscador.

Diferentes son los parámetros a medir dentro de una campaña SEO. Estos atributos se pueden evaluar y presentar de diferentes maneras: individualmente o en informes. Los parámetros más importantes son los siguientes:

## Saturación

Dato correspondiente con el número de páginas indexadas en un buscador de un sitio web, es decir, el número de URLs que el buscador tiene en su índice sobre un sitio web en concreto.

Este dato se obtiene comprobando el número de resultados que se obtienen al aplicar el factor "site:" antes del nombre de dominio al realizar una búsqueda. Se corresponde con datos absolutos de saturación en los diferentes buscadores.

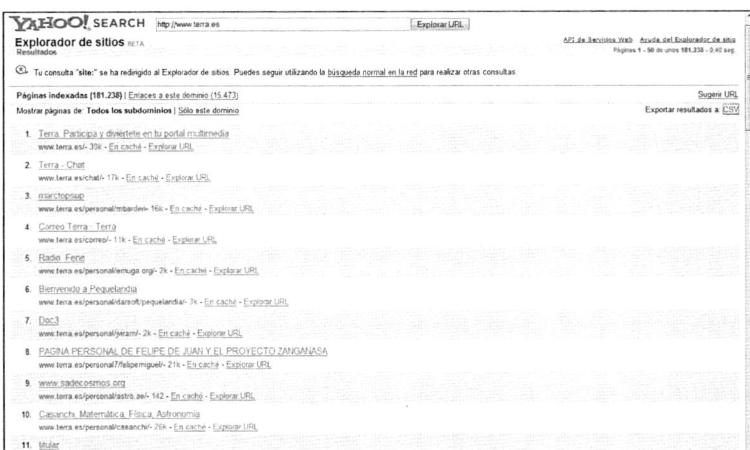


*Imagen 5.4.* El explorador de sitios de Yahoo Search, proporciona datos bastante aproximados sobre la saturación de un sitio web (páginas indexadas) y número de enlaces entrantes. *Fuente:* Yahoo! Site Explorer[4].

[4] http://es.siteexplorer.search.yahoo.com/siteexplorer

Para comprobar la saturación en términos relativos habrá que dividir el dato entre el número de páginas totales del sitio web en cuestión, dato muy difícil de calcular en entornos de gestores de contenidos avanzados y páginas dinámicas.

En muchas ocasiones, resulta muy positivo incrementar los niveles de saturación de un sitio web, de cara a cumplir objetivos dentro de una estrategia SEO. Esto ocurre normalmente en sitios web con barreras de indexación o sin una estrategia SEO determinada, que hace, por ejemplo, que no tenga títulos únicos para cada página.

La saturación, por tanto, se puede incluir como uno de los parámetros críticos a medir y susceptibles de realizar un seguimiento dentro de una estrategia SEO.

## Popularidad

Esta cifra mide el número de enlaces entrantes hacia un sitio web reconocidos por los buscadores. De ahí que también se denomine *link popularity* o popularidad web vía enlaces.

Se calcula anteponiendo el comando "link:" antes del nombre de dominio en el cajetín de búsqueda de los buscadores y comprobando el número de resultados, que se refiere a datos absolutos. Al igual que pasa con la saturación, los diferentes buscadores no dan toda la información que poseen sobre este dato, reduciéndolo artificialmente.

Por ejemplo, el buscador Windows Live no aporta datos en abierto sobre link popularity, y la tendencia es hacia mostrar este tipo de datos a través de las herramientas para webmasters de los buscadores.

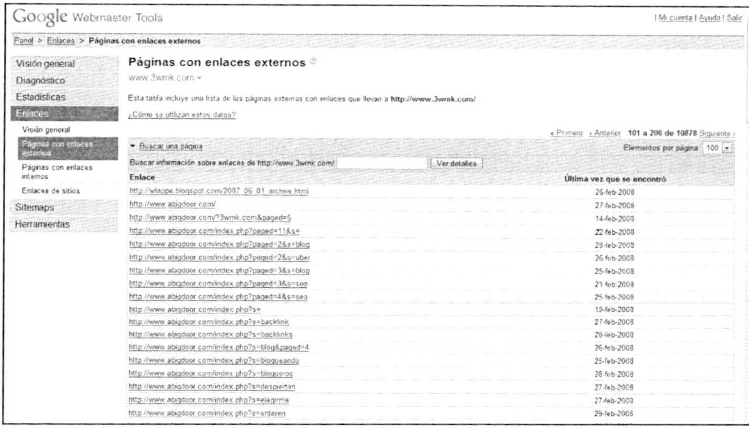


*Imagen 5.5.* Google ofrece estimaciones muy exactas sobre link popularity y origen de enlaces entrantes. *Fuente:* Google Webmaster Tools.

Otra medida de popularidad e incluso de relevancia web es el Page Rank (PR). Aunque ya se ha hablado del PR, Google clasifica a cada página web con un guarismo de 0 a 10, casi íntegramente basándose en la cantidad de enlaces entrantes de la página en cuestión, así como en la calidad y en la afinidad temática de los mismos. Los enlaces, tanto internos como externos, traspasan Page Rank a la página que los recibe. El esquema de traspaso de popularidad web y Page Rank entre links se basa en modelos de matemáticos, concretamente en las redes de Petri[5].

Aunque tener un PR alto no asegura el posicionamiento, ni existe una correlación lineal[6] entre PR alto y buenas posiciones, niveles superiores a 4 facilitan mucho la labor de un consultor SEO, sobre todo por el número de enlaces entrantes que ello conlleva.

---

5 PETRI, Red de: http://es.wikipedia.org/wiki/Red_de_Petri.

6 ROTTESTEIN, Victor E.: "Análisis de los principales factores para el posicionamiento orgánico en Google", http://www.abigdoor.com/Rottensteino7final.pdf.

Incrementar la popularidad de un sitio web es de las labores más importantes dentro de una campaña SEO, y las estrategias de captación de enlaces ya comentadas, sean a través de link building, link baiting, social media optimization u otras acciones resultan importantísimas para conseguir el éxito en SEO.

La popularidad es uno de los pilares del SEO y se considera un parámetro crítico a mejorar, así como el principal representante de las acciones "off-page" o externas dentro de una campaña SEO.

## Ranking Alexa

En el terreno de los rankings, Alexa[7] es el más popular de todos los existentes en internet. Aunque existen otros muchos rankings y clasificaciones de sitios web[8] o blogs, Alexa atesora una contrastada reputación entre la audiencia online. Sus años de actividad online y su pertenencia a una de las cabeceras web más prestigiosas de la red (Amazon) le avalan positivamente.

Aún así, los datos de tráfico que proporciona Alexa no son del todo fiables, y tampoco se deberían de tener en cuenta en demasía. Más bien se deberían de tomar como datos de referencia. La forma en que se recogen los datos, a través de las *toolbars* instaladas en navegadores de usuarios, pueden proporcionar registros incoherentes o sesgados. Incluso se podrían ver afectados por algún tipo de fraude de click y contabilización relacionado con las instalaciones de la famosa barrita de navegador. Recientemente, Alexa ha anun-

---

[7] www.alexa.com

[8] Otros rankings, como Compete, han ganado mucha repercusión en internet durante los últimos años. www.compete.com.

ciado cambios en la manera de recopilar datos para su ranking, teniendo en cuenta fuentes adicionales de cálculo, diferentes a su toolbar.

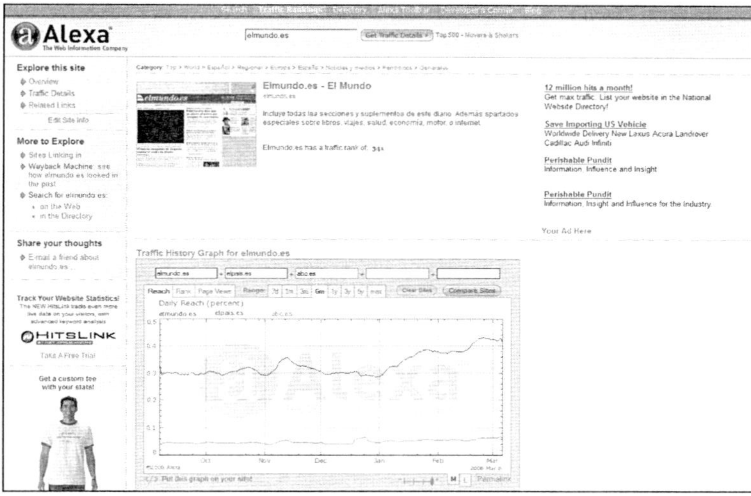


*Imagen 5.6.* El ranking Alexa clasifica los sitios web según datos de tráfico, pudiendo comparar sitios, en este caso El Mundo, El País y ABC. *Fuente:* Alexa Traffic Rankings.

Si se desean saber datos oficiales de audiencias en internet, se tendrá que comprobar datos de entidades como OJD/Nielsen Netratings[9]. Estas entidades se dedican a auditar las audiencias de grandes portales o grupos de internet.

## Implicación y presencia en medios sociales

Por último, ante el auge de los blogs y las redes sociales de internet en los últimos tiempos, se incluyen dos concep-

9 En 2007, OJD (Oficina de la Justificación de la Difusión) y Nielsen Netratings fusionaron sus sistemas de medición de audiencias en internet.

tos de Social Media Marketing de reciente planteamiento conceptual. Relacionados ambos con la participación y la aparición en medios sociales, se trata de las medidas de implicación y de presencia en los mismos.

Al nivel de compromiso y participación dentro de la blogosfera o de las redes sociales se la denomina **implicación**. Se trata de una medida subjetiva y que comprende:

- La gestión de blogs propios o la sindicación de contenidos RSS como estrategias.
- La utilización o la integración en web de herramientas sociales para compartir enlaces, imágenes, videos u otro material multimedia.
- La participación en distintas redes sociales.

Crear un blog propio o un canal corporativo de sindicación de contenidos; integrar fotos de Flickr o videos provenientes de YouTube en un sitio web o blog y subir perfiles corporativos a redes sociales como LinkedIn pueden ser algunos ejemplos.

En cuanto a la **presencia**, se trata de un medidor que comprende el grado de aparición de un web o blog en las más características y principales herramientas de medición e indicadores de la blogosfera y las redes sociales.

Algunos medidores de presencia en medios sociales pueden ser:

- La indexación de un blog por parte del buscador blog Technorati, así como el número de menciones corporativas en este buscador.
- Tener enlaces desde herramientas de social bookmarking tipo Del.icio.us o de sistemas de filtrado social tipo Digg.

– Disponer de una reseña o definición en la Wikipedia.

La presencia en medios sociales se puede definir como una medida básica de saturación y de popularidad en plataformas sociales.

## 3.1. El reporting en SEO. Informes específicos

Todos los parámetros antes comentados (saturación, popularidad, Alexa, implicación y presencia) se podrían medir y valorar de forma individual. También resulta bastante común presentarlos todos de forma conjunta en informes, evaluando así la situación actual y el potencial de un sitio web de cara al posicionamiento en buscadores.

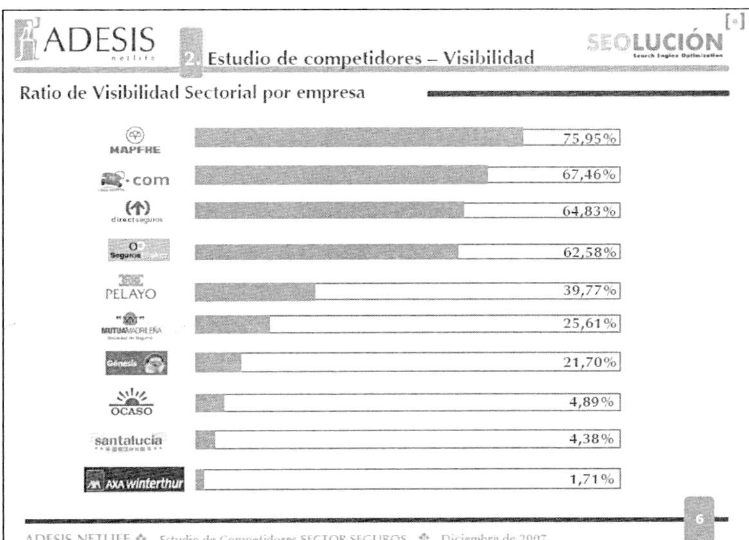


*Imagen 5.7.* Visibilidad en buscadores, Estudio Sectorial de Competidores Sector Seguros, diciembre 2007. *Fuente:* Seolucion[10] (Grupo Adesis Netlife).

10 http://www.seolucion.com/estudios-informes.aspx

Cuando se dispone de varios informes comparativos de diferentes sitios web, se puede presentar un informe de competidores en internet.

Si dichos competidores pertenecen a un mismo sector, se hablará de informes sectoriales en la red.

Respecto a otros tipos de informes que se podrían plantear, se pueden mencionar los informes de visibilidad en buscadores, que miden posiciones o rankings conseguidos y los informes de tráfico web, que se basan en *web analytics*, es decir, en las estadísticas de un sitio web.

## *Informes de visibilidad en buscadores*

En un sistema SEO planteado bajo PPP (Pago Por Posiciones), obtener la mayor visibilidad en buscadores es el objetivo prioritario. Esta medida de visibilidad se podrá valorar en función de los rankings o posiciones obtenidas para palabras relevantes del negocio del cliente, y que hayan sido previamente fijadas como palabras clave objetivo de la campaña SEO.

Los informes de visibilidad presentan las posiciones obtenidas en diferentes buscadores, para unas determinadas palabras clave y en un momento preciso de tiempo. La periodicidad con que se suelen ejecutar estos informes es mensual. En el mercado existen diferentes aplicaciones software, especializadas en realizar este tipo de informes, aunque la comprobación manual es una alternativa viable cuando se manejan un número no elevado de palabras clave.

---

[11] http://www.link-assistant.com

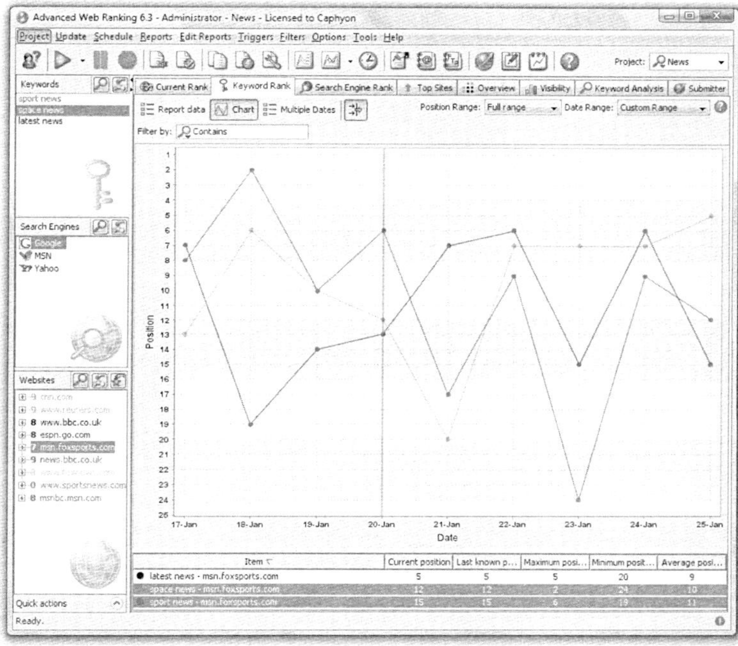


*Imagen 5.8.* Advanced Web Ranking[11] de Caphyon es un ejemplo de software para automatizar la comprobación de posiciones y rankings alcanzados en buscadores. *Fuente:* Caphyon.

## *Informes de tráfico web*

La analítica web es una disciplina muy ligada al SEO y a cualquier otra acción de marketing online. Se trata de contabilizar, analizar y evaluar las estadísticas recogidas en un sitio web, siempre a través de software estadístico avanzado, que permitirá conocer el comportamiento del usuario en un sitio web.

Aunque se podría escribir (y de hecho, existen) libros enteros sobre estadística y analítica web, se trata de hacer

---

11 http://www.advancedwebranking http://www.omniture.com

una somera aproximación al tema, relacionándolo con los tipos de informes SEO que se pueden obtener a través de herramientas de este tipo.

Las principales medidas de tráfico web válidas de cara a la evaluación de una campaña SEO son:

**Visitas**: mide, en número absoluto, la cantidad de visitantes que recibe un sitio web en un periodo acotado determinado. No confundir con el número de visitantes únicos, que limita las visitas a las no recurrentes. El periodo habitual para medir el número de visitas de un sitio es de un mes, y se suele también comprobar la variación porcentual mes a mes.

Bajo una buena estrategia SEO se podrá incrementar el número de visitas y visitantes únicos, manteniendo el incremento a lo largo del tiempo, así como mejorar la calidad de las visitas y la eficacia con la que se consigue promocionar el sitio. Otros factores o campañas de e-marketing pueden influir en el volumen de visitas, como pueden ser el SEM, el marketing viral, los programas de afiliados, el e-mail marketing o las fuentes RSS.

**Páginas Vistas**: cantidad total de páginas de un sitio web que se han visitado en un periodo determinado. Ahora la medida son páginas, no visitas. Permite evaluar el uso del sitio y el volumen de tráfico del mismo, así como la transferencia de datos del servidor. Como índice de marketing aporta datos subjetivos sobre el interés que suscita la web o la calidad de la visita, medidos en páginas vistas de media por usuario.

**Porcentaje de abandono o *bounce rate***: mide el porcentaje de salidas tras aterrizar en el sitio web, o lo que es lo mismo, el número de visitas que abandona el sitio tras visualizar una única página, que coincide con la de aterrizaje o de destino inicial. También se le conoce como tasa de rebote.

Medir aquellas visitas en las que el usuario ha abandonado el sitio web en la página de acceso ayuda a evaluar la calidad de las mismas, así como la efectividad en la optimización de páginas en SEO y en el planteamiento de las páginas de destino en estrategias SEM.

En el caso de presentar un valor de abandono elevado, esto puede significar que las páginas optimizadas para SEO no son representativas de las palabras clave con las que se ha trabajado, y las páginas de destino o *landing pages* no son relevantes para los usuarios que visitan el sitio a través de anuncios SEM.

**Tiempo de permanencia en el sitio web**: indica el interés de la visita, medido en tiempo transcurrido o duración de su visita a un sitio web.

Este indicador, junto con el *bounce rate*, ha ganado importancia en los últimos tiempos, ya que son medidas muy representativas de la calidad de la visita, sobre todo al evaluar volúmenes importantes de tráfico web.

**Referidos o *referers***: se refiere al origen de procedencia de una visita.

Existen tres tipos de referers:

- *Direct traffic* o referido directo, aquel que proviene de un marcador de favoritos o un tecleo del nombre de dominio a través del navegador web.
- *Referring sites* o sitios de referencia, otros sitios web en los que se dispone de un enlace entrante.
- *Search Engine traffic* o tráfico desde buscadores en los que aparecen listadas las páginas, ya sea a través de los

resultados orgánicos o de los *sponsored listings* (enlaces patrocinados). De cara al SEO habrá que centrarse más en este último tipo de referers.

Todos estos indicadores, datos y parámetros serían imposibles de medir o valorar sin su correspondiente *suite* de estadísticas web asociada. Existen infinidad de soluciones de este tipo en el mercado, siendo las más representativas y conocidas:

- Google Analytics[12]/Urchin.
- Omniture[13].
- Xiti[14].
- Web Trends[15].

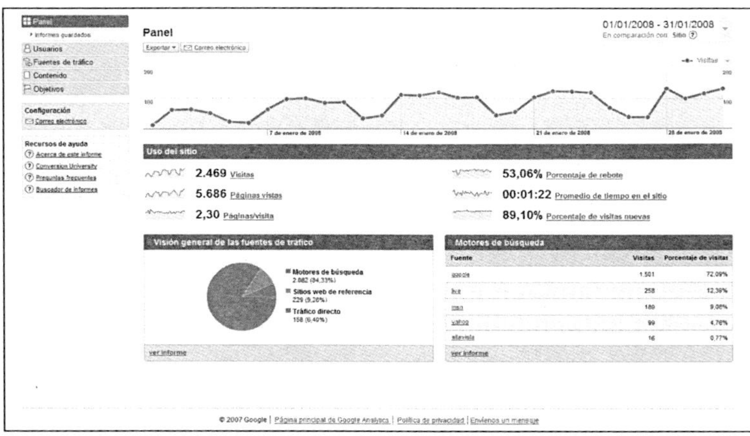


*Imagen 5.9.* En este panel de Google Analytics se ven reflejados muchos de los datos antes comentados: visitas, páginas vistas, tasa de rebote, etc. *Fuente:* Google Analytics.

[12] http://www.google.com/analytics/
[13] http://www.omniture.com
[14] http://www.xiti.com
[15] http://www.webtrends.com

Adentrándose más en estas herramientas de analítica web, existen otro tipo de medidas fuertemente relacionadas con una campaña SEO, como pueden ser:

**Las fuentes de tráfico**: bajo este análisis, se puede comprobar la cantidad de visitantes (en medidas absolutas o en tanto por ciento) que llegan a un sitio web a través de los diferentes buscadores.

Se trata una medida fundamental para comprobar la marcha y la "buena salud" de una campaña SEO.

**Palabras clave de origen**: una vez detectados los referers de buscadores, es hora de delimitar por qué palabras clave han llegado a nuestro sitio web y cuales de ellas están reportando mejor tráfico, tanto en cantidad como en calidad. Esto se consigue comparando datos relativos a esas búsquedas, como pueden ser:

- Número absoluto de visitas por palabra clave.
- Promedio de páginas vistas por visita.
- Tiempo de permanencia medio en el sitio web.
- Porcentaje de nuevos visitantes.
- Bounce rate o tasa de abandonos.

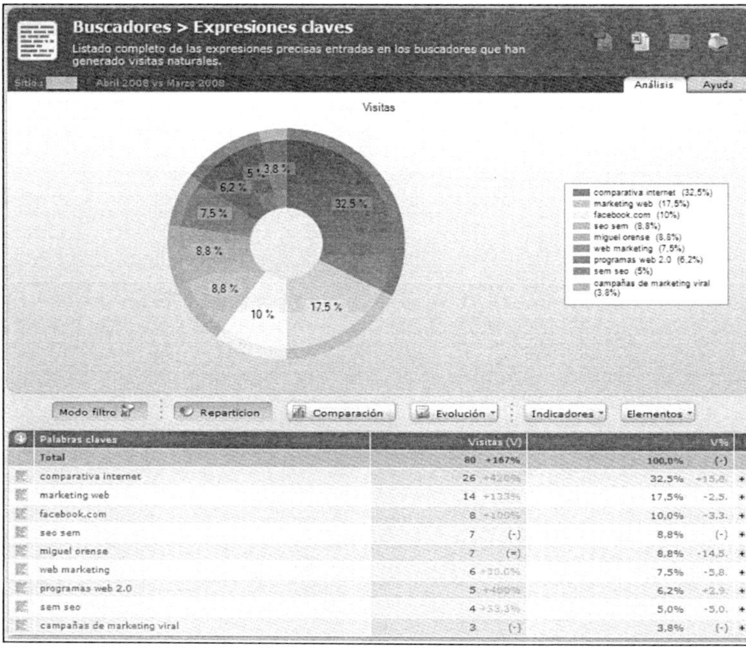


*Imagen 5.10.* Panel de Xiti en donde se muestran las principales expresiones de entrada a un sitio web provenientes de buscadores. *Fuente:* Xiti.

**Medición de conversiones**: a través de sistemas estadísticos de analítica web resultará más fácil marcar y medir las conversiones referentes a cualquier campaña de e-marketing. Solo hace falta configurar el sistema para que registre los objetivos de conversión marcados de antemano.

A partir del número total de conversiones se podrá calcular la tasa de conversión, es decir, el porcentaje de éxitos de conversión sobre un global de visitas de origen concreto.

Por ejemplo, la palabra clave "comprar móvil barato" con origen en el buscador Yahoo me proporcionó 400 visitas, de las cuales 35 acabaron comprando algún producto. En este caso, la tasa de conversión sería de 8,75%. Asociando el montante económico de cada conversión se logrará delimitar aquellas palabras de negocio más rentables.

*Imagen 5.11.* Página principal del Portal de servicios de Omniture, una de las empresas de analítica web más reconocidas a nivel mundial. *Fuente:* Omniture.

## 3.2. Evaluación del ROI en una campaña SEO

El ROI (*Return On Investment*) es el retorno sobre la inversión. El término proviene del terreno económico-financiero y mide rentabilidad de la inversión efectuada, pudiéndose también adaptar a las cifras representativas de una campaña de marketing en buscadores.

El cálculo del ROI se puede realizar de diversas formas, aunque el método general más empleado se basa en la formula básica del ROI:

$$ROI = [(Beneficios - Costes / Costes) \times 100] \%$$

Adentrándose en temáticas de marketing y publicidad online, el ROI mide el beneficio o pérdida porcentual de la relación entre el margen neto (*net income*) proveniente de campañas online y sus costes o inversión asociados.

El *net income* se calcula restando a los beneficios provenientes de las campañas (*ad profit*) el *ad cost, o* inversión realizada en las mismas. La fórmula del ROI adaptada al terreno online quedaría como sigue:

ROI = [(Ad profit – Ad cost / Ad Cost) x 100] %

Es una medida fundamental para evaluar el rendimiento global de un sitio web y comprobar el éxito de las campañas de marketing contratadas, así como estudiar la rentabilidad de las mismas.

Señalar que el ROI dentro de una campaña SEO o SEM no solo depende de las posiciones alcanzadas o del tráfico proveniente de buscadores generado por las mismas, sino que entra en juego la conversión, que depende de otros muchos aspectos relativos al sitio web a posicionar o promocionar.

Hay que tener en cuenta que se avanza un paso más dentro de la estrategia de marketing online, aterrizando en el sitio web objetivo. Ya no sólo nuestros anuncios o copys creativos tendrán que convencer al usuario, sino que será el propio sitio web el que tendrá que seducirlo.

Por tanto, el ROI se verá afectado por innumerables variables on-site que habrá que analizar como cuestiones intrínsecas al mismo, entre las cuales se encuentran:

– **Diseño, usabilidad y accesibilidad web**. Un diseño web apetecible junto a un código fuente alegre y ligero, que facilite al usuario la navegación y el uso del sitio, y con ciertas dosis de accesibilidad web facilitará la consecución de los objetivos de marketing online y ROI.

– **Marketing y e-commerce**. Planteamientos de marketing tradicional, interactivo y digital, así como de e-commerce presentes dentro del sitio. Proposiciones únicas y atractivas de venta, acceso intuitivo a la información comercial, cuidada atención y soporte al cliente, promociones vía web, son algunos ejemplos. Incluso la propia política de precios afectará en las conversiones y el ROI.

Volviendo a los métodos de cálculo del ROI, en el caso de una campaña SEM, el ad cost estará claro: será la inversión realizada en compra de clicks. El ad profit se puede estimar en función del porcentaje de conversiones (*conversion rate*) y de la rentabilidad media de esos éxitos de conversión (*average profit per conversion*).

Como ejemplo práctico, si se gastan 1.500 € en compra de clicks, a un promedio de CPC de 0,75 € se conseguirán 2.000 clicks a través de una campaña SEM. Si el ratio de conversión se estima en un 3,5% y cada éxito de conversión reporta 25 €, los 70 éxitos reportarán un ad profit de 1.750 €, obteniéndose un ROI asociado de [(1.750 – 1.500)/1.500)] x 100% = 16,67%.

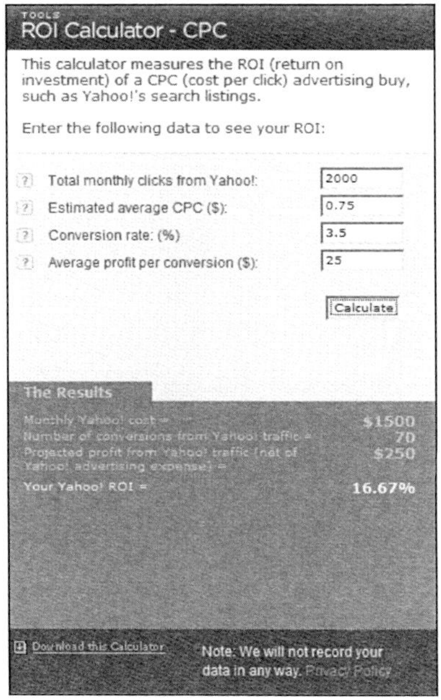


*Imagen 5.12.* Calculadora de ROI[16] de Yahoo! para campañas de pago por click.

En el caso específico de una campaña SEO, el ad cost será el montante total pagado por la campaña. En cambio, calcular el ad profit puede resultar más complicado, sobre todo si no se dispone de estimaciones que resultan realmente importantes, como puede ser:

- Un método de asignación de los ingresos generados en el sitio web a través de la campaña. En muchas ocasiones, resulta imposible asignar este beneficio asociado a la campaña, ya que no se poseen las herramientas de medición necesarias, que impiden valorar ciertos indicadores, como por ejemplo:

---

16 http://searchmarketing.yahoo.com/calculator/roi.php

- El número total de visitas provenientes de los buscadores.
- Dentro de este tipo de visitas, saber el número de éxitos o conversiones, ya sea en valor relativo o absoluto.
- Ingreso medio que genera cada conversión, o por lo menos, una estimación aproximada.

Bajo esta perspectiva, existen varios métodos de estimación del ROI para SEO:

### *ROI directo*

Se trata del escenario ideal. Se dispone de un sistema de estadísticas web a través del cual se ha definido unos objetivos de conversión y rentabilidad (en inglés, *profitability*). Esto facilita saber en todo momento el ROI para cada palabra clave objetivo de la campaña.

Se conoce en todo momento el buscador origen de los visitantes, la palabra clave que activó ese origen y el *performance* o comportamiento de visitas concretas en el sitio web, definido a través de objetivos de conversión.

Básicamente, se sabrá cuantas visitas de las que llegaron a través de un buscador en concreto y por la palabra clave X "compraron o no compraron", y el montante asociado a dicha compra, por lo que el ad profit será muy fácil de calcular, y asimismo el ROI de la campaña.

En este caso, las cifras pueden ser muy detalladas, llegando a poder calcular la tasa de conversión y el ROI por buscador o por palabra clave.

*Ejemplo práctico*

*De forma práctica, se plantea una campaña de posicionamiento SEO contratada mensualmente por un importe de 1.000 €. Durante el último mes, la campaña ha reportado un total de 5.000 visitas provenientes de buscadores, a un coste de 0,2 € por visita (1.000 €/5.000 visitas = 0,2 €/visita).*

*El buscador Yahoo ha generado 700 visitas durante el último mes, con un total de 15 pedidos o éxitos de conversión que suman un montante de ventas asociadas de 375 €. Se puede, por tanto, asignar a Yahoo un coste total SEO para este mes de 140 € (700 visitas x 0,2 €/visita). En resumen,*

*Importe campaña SEO: 1.000 €*

*Total visitas desde Yahoo: 700*

*Coste SEO por visita: 0,2 €*

*Importe total buscador Yahoo: 700 visitas x 0,2 €/visita = 140 € (ad cost)*

*Ventas asociadas: 375 € (ad profit)*

*Para hallar el ROI asociado al buscador Yahoo, bastará con calcular:*

**ROI Live.com = *[(375-140)/140] x 100% = 167,85%***

Este dato indica que por cada euro invertido en posicionamiento en el buscador Yahoo se ha generado 1,67 € de ganancia.

## *ROI incremento de tráfico*

Cuando el ad profit no es directamente medible, ya sea porque no se disponen de herramientas para hacerlo posible o simplemente no se vende nada en el sitio web, la opción más adecuada es asignar un montante económico al objetivo de conversión marcado. Si a los nuevos visitantes se les asigna una valoración económica aproximada, se podrá calcular el ROI del incremento de tráfico proveniente de buscadores.

Ejemplo práctico

*El coste de una campaña SEO ha sido 8.000 €. Con cada nuevo visitante se genera 5 € en ventas y la campaña ha generado 2.000 visitantes únicos.*

*Importe campaña SEO: 8.000 € (ad cost)*

*Importe total generado por nuevos visitantes únicos: 2.000 visitas x 5 €/visita = 10.000 € (ad profit)*

*El ROI asociado se calculará de la siguiente manera:*

**ROI incremento de tráfico = *[(10.000-8.000)/8.000] x 100% = 25%***

### *ROI comparativo SEO/SEM*

Este método de estimación del ROI para SEO relaciona y compara montantes totales de campañas SEO y SEM.

Ejemplo práctico

*Se plantea un escenario en donde se trabaja con 20 palabras clave para una campaña SEO, y la estimación que proporciona Google AdWords de CPC medio para esas 20 palabras es de 0,95 €.*

*Multiplicando todas las visitas provenientes de buscadores (resultados orgánicos) por 0,95 € se obtendrá el importe total que se habría gastado para conseguir ese volumen de tráfico en SEM. Descontando de este importe el precio de la campaña SEO contratada, se conseguirá calcular el ROI SEO, en comparación con SEM. Con datos reales:*

*Importe campaña SEO: 10.000 €*

*Total visitas SEO: 25.000*

*CPC medio SEM: 0,95 €*

*Importe comparativo SEM: 25.000 visitas x 0,95 €/visita = 23.750 €*

**ROI SEO (comparativo SEO/SEM) = *[(23.750 € – 10.000 €) / 10.000 €] x 100% = 137,5%***

***ROI inducido hacia otros canales y remanente no medible***

Existen casos en los que el ROI se deberá de medir vía conversiones a través de otros canales. Este tipo de ROI será difícil de valorar, ya que resultará complicado delimitar el número exacto de conversiones que han llegado por medios distintos al online, pero que hayan utilizado el medio online para encontrar los datos de contacto. Por lo tanto, siempre se puede encontrar con remanentes de conversiones a los que se va a poder asignar un ROI coherentemente.

Por ejemplo, para paliar este efecto es habitual encontrarse en campañas de marketing del sector Banca diferentes números de teléfono, que se asignan a las diferentes campañas activas. Así se conocerá en todo momento las llamadas que ha recibido cada número, y por tanto el número exacto de conversiones de cada campaña.

## 4. VALORACIONES FINALES

Siempre es conveniente informarse debidamente antes de adentrarse en cualquier estrategia de marketing en buscadores, entendiendo en todo momento los servicios o campañas que se ofrecen.

Teniendo en cuenta las particularidades del proyecto en sí, además de las propias de la empresa o de su sector de actividad y de su sitio web, las campañas SEO y/o SEM se deberán de ofrecer como opción (o no), pudiendo enfocarlas de una u otra manera. Es por ello que, como se ha comentado a lo largo del capítulo, no existe una recomendación estándar o universal que sirva para todos los clientes o proyectos. Cada estrategia posee sus ventajas e inconvenientes, y se amolda más a un caso concreto u otro dependiendo de sus particularidades.

La medición de campañas SEO, transcurrido un tiempo razonable desde el comienzo de la aplicación de la estrategia, resultará muy importante. Se podrán así evaluar los resultados y logros conseguidos, así como proponer posibles cambios en la estrategia. Informes específicos o herramientas de analítica web ayudarán en este proceso de valoración de metas alcanzadas, que podrá desembocar en un cálculo del retorno sobre la inversión efectuada o ROI, teniendo así un análisis más completo sobre la estrategia SEO desarrollada, tanto en términos económicos como de rentabilidad.

Una correcta y completa medición SEO no solo puede ayudar a evaluar los resultados obtenidos, sino que apoyará la toma de decisiones para mejorarlos y poder así maximizar el ROI de la inversión realizada.

# Capítulo 6
# Buscadores especializados de blogs. Los nuevos actores en el posicionamiento en buscadores

Octavio Isaac Rojas Orduña

## 1. INTRODUCCIÓN: ¿CÓMO FUNCIONAN LOS NUEVOS BUSCADORES?

La crítica más importante que se le hace a los buscadores "tradicionales" es la irrelevancia y la antigüedad de muchos de los resultados que ofrecen a los usuarios, lo que les obliga a realizar una labor prácticamente manual para separar el "trigo de la paja", lo reciente de lo pasado de moda.

La llegada de los blogs y otras aplicaciones de la web 2.0 llegaron a complicar aún más la situación para los buscadores de internet "tradicionales".

La creación de blogs, vídeoblogs, podcasts y photoblogs, cuyo ritmo de crecimiento y actualización es auténticamente trepidante, exigía una respuesta inmediata y eficaz para que las personas que tenían interés en buscar, categorizar, gestionar y otorgar una relevancia a los miles de contenidos creados continuamente por millones de usuarios, pudieran hacerlo de una manera sencilla e intuitiva.

Rápidamente, el mercado intentó satisfacer esta demanda ofreciendo buscadores que sólo incluían los contenidos de la "web viva", es decir, de la que se generaba a través de los blogs y, poco a poco, del resto de las sitios web sociales.

De un tiempo a esta parte han surgido decenas de buscadores blogs entre los que destacan:

– Icerocket (http://www.icerocket.com)
– Feedster (http://www.feedster.com)
– Ask blogs y canales (http://es.ask.com/?tool=bls&o=312)
– Blogsearchengine (http://www.blogsearchengine.com)
– Gigablast (http://blogs.gigablast.com)
– Blogdigger (http://www.blogdigger.com/index.html)
– Sphere (http://www.sphere.com)
– Popdex (http://www.popdex.com)
– Bloghop (http://www.bloghop.com/search.htm)
– Bloogz (http://www.bloogz.com)
– Blogger (búsqueda de blogs), que incluye bitácoras de otros CMS además de Blogger (http://search.blogger.com)
– Blawg (http://blawgs.detod.com)
– BlogStreet (http://blogstreet.com/search.html)
– Blawgrepublic (http://www.blawgrepublic.com)
– Plazoo (http://www.plazoo.com)
– Read a blog (http://www.readablog.com)
– Feedminer (http://www.feedminer.com)
– Feedsfarm (http://www.feedsfarm.com)
– Waypath (http://www.waypath.com)

- Faganfinder, metabuscador que ofrece búsquedas de y en blogs, así como en fuentes RSS (http://www.faganfinder.com/blogs)
- Bloglines –además de ser agregador de blogs, también ofrece la posibilidad de hacer búsqueda en éstos (http://www.bloglines.com)
- Yahoo! Search para búsqueda de noticias y blogs (http://news.search.yahoo.com)
- Technorati (http://technorati.com)
- Google Blogsearch (http://blogsearch.google.com)
- Blogpulse (http://www.blogpulse.com).

## 2. ALGUNOS POSIBLES USOS DE TECHNORATI

*Imagen 6.1.* Página de inicio de Technorati.

La información que ofrece Technorati puede ofrecer un valor indiscutible a actores de diversos ámbitos en su toma de decisiones.

A los consultores SEO puede aportarles ideas para optimizar mejor un sitio en función de las palabras que los usuarios utilizan para realizar sus búsquedas en internet y, por ende, puede proponer la creación de contenidos de muy diverso tipo siguiendo la misma lógica.

Asimismo, puede ayudar a descubrir blogs con gran autoridad y alta popularidad que podrían ser fundamentales en estrategias de link baiting.

Hay que resaltar que la información obtenida a través Technorati es completamente gratuita y, lo que es más importante, no pasa ningún tipo de filtro que pudiera condicionar los resultados de lo que la gente realmente piensa, demanda y necesita.

Tan sólo hay que pensar que al ver que una opinión en torno a las bondades o defectos de un producto o de un servicio determinados se repite una y otra vez, esto puede reforzar o ayudar a rechazar una idea entre los usuarios que se fían de lo que leen en los blogs.

Al fin y al cabo, quienes se expresan de una manera u otra lo hacen de forma totalmente independiente y sin saber quienes serán los destinatarios de sus pensamientos.

## 3. GOOGLE BLOG SEARCH

Frente a algunas críticas que se hacen a los resultados de la búsqueda de Technorati una alternativa fiable es Google Blog Search[1], aunque aún no ofrece la gran variedad de resultados sociales y multimedia que ya brinda el buscador de David Sifry.

---

1 http://blogsearch.google.com

Este buscador especializado en blogs ofrece algunas características interesantes (ver Imagen 6.2):

- La posibilidad de refinar las búsquedas por la última hora, las 12 horas más recientes, el último día, la semana pasada, el último mes o por periodos de tiempo específicos indicados por el usuario.
- Se puede delimitar la fuente RSS en 10 ó 100 resultados de búsqueda.
- Ofrece alertas a las que los usuarios pueden suscribirse para recibir por correo electrónico las actualizaciones cuando se detecte algún nuevo post, agrupados una vez por día o por semana.
- La posibilidad de presentar los resultados por fecha y por relevancia.

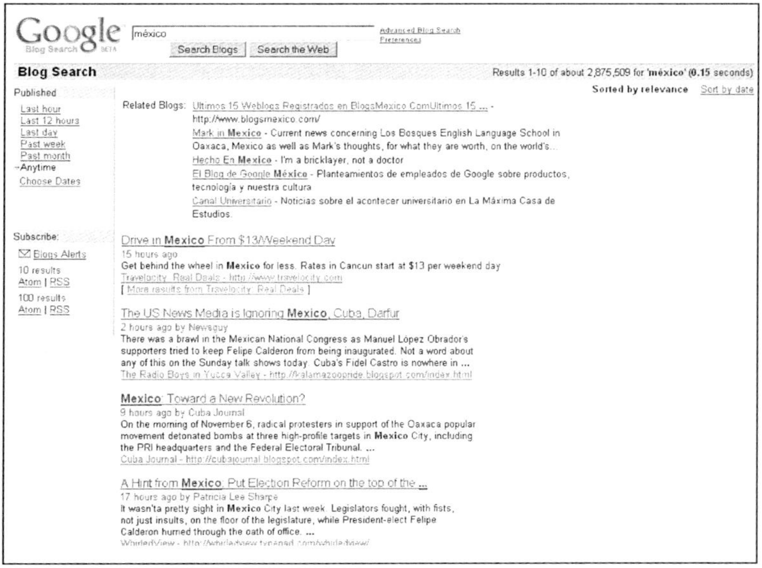


*Imagen 6.2.* Búsqueda en Google Blog Seach.

En la Búsqueda Avanzada, además de las facilidades para refinar los resultados a través de los mismos métodos de Technorati, en lo que Google Blog Search es verdaderamente competitivo es en la posibilidad de filtrar la búsqueda en 36 idiomas diferentes, incluidos el español y el catalán (ver imagen 6. 3).

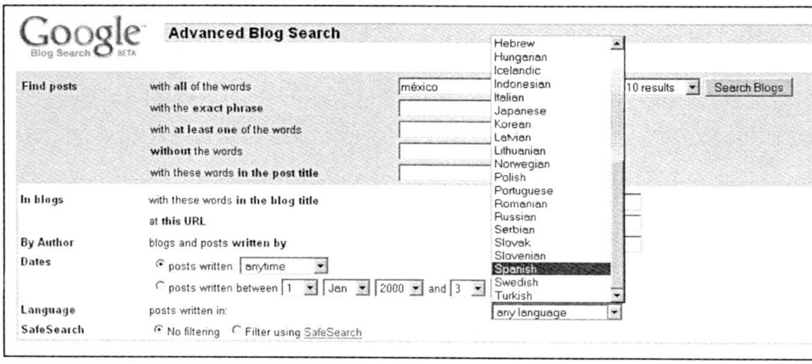


*Imagen 6.3.* Búsqueda avanzada en Google Blog Search con la opción del filtro por idioma.

Además, este buscador puede guardar las preferencias para adecuarse a las necesidades del usuario y puede combinarse con la página personalizada de Google o con el agregador Google Reader. (ver imagen 6.4).

Google BlogSearch es una alternativa que ofrece algunas ventajas frente al buscador creado por Sifry, pero con unas limitaciones que establecen un largo camino aún por recorrer para el buscador tradicional de internet por excelencia.

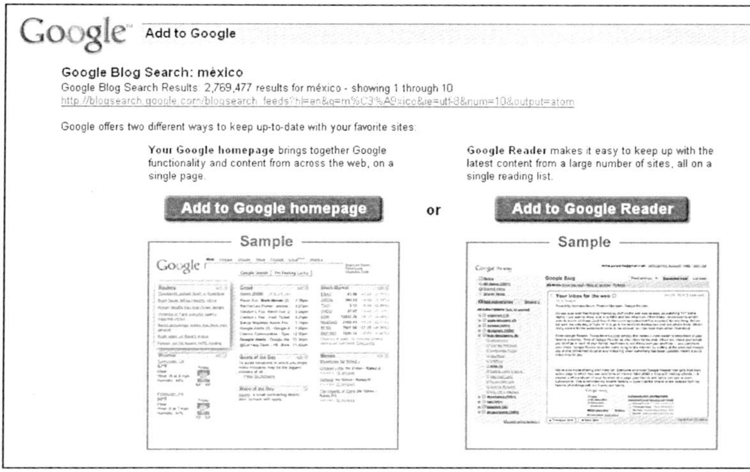


*Imagen 6.4.* Opción de guardar las preferencias y combinarlas con otros servicios de Google.

# 4. OTROS BUSCADORES DE BLOGS: BLOGPULSE

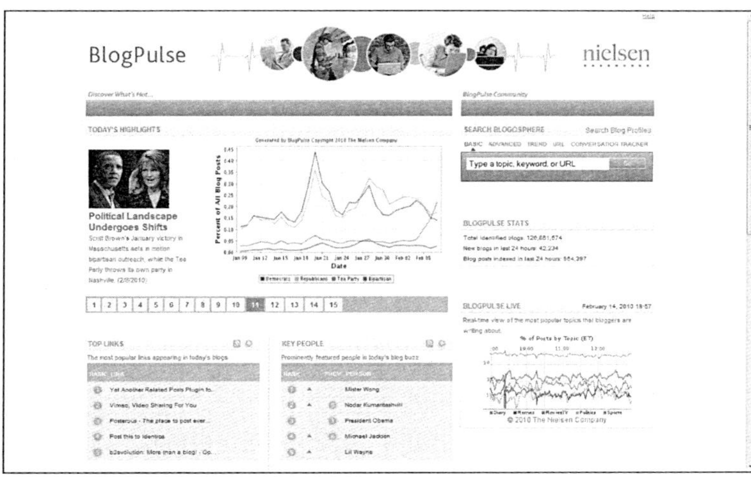


*Imagen 6.5.* Página de inicio de BlogPulse[2].

[2] http://www.blogpulse.com/index.html

Creado por Nielsen Buzzmetrics[3], BlogPulse es una herramienta más enfocada a profesionales que necesitan realizar análisis y conocer las tendencias de lo que se está comentando en la blogosfera en torno a una marca, empresa u organización determinadas.

BlogPulse ha incorporado recientemente una serie de funcionalidades para intentar captar la atención de un mayor número de usuarios que quieren realizar búsquedas más complejas y que tienen dificultades para hacerlas con otros buscadores especializados.

Sin lugar a dudas, la gran aportación de BlogPulse radica en la posibilidad de realizar búsquedas cruzadas personalizadas, presentándolas visualmente y pudiendo consultar con relativa facilidad los resultados presentados en los gráficos.

Si hubiera que señalar algunas limitaciones a este buscador se tendrían que destacar su excesiva atención a lo que sucede en USA, que sólo está en inglés, aunque permite hacer búsquedas e incluye los resultados en varios idiomas, y que ofrece relativamente pocos resultados de vídeos populares.

En suma, las funcionalidades de BlogPulse son[4]:

*Un buscador de blogs* (ver Imagen 6.6). En el momento de escribir estas líneas, este buscador indexa más de 126 millones de blogs y más de 42 mil posts diarios.

---

3 Empresa parte del grupo Nielsen que "ayuda a las empresas de hoy a construir, promover y proteger sus marcas midiendo, analizando y apalancando el fenómeno que gana continuamente influencia conocido como consumer-generated media (CGM)". http://www.nielsenbuzzmetrics.com.

4 www.blogpulse.com/about.html

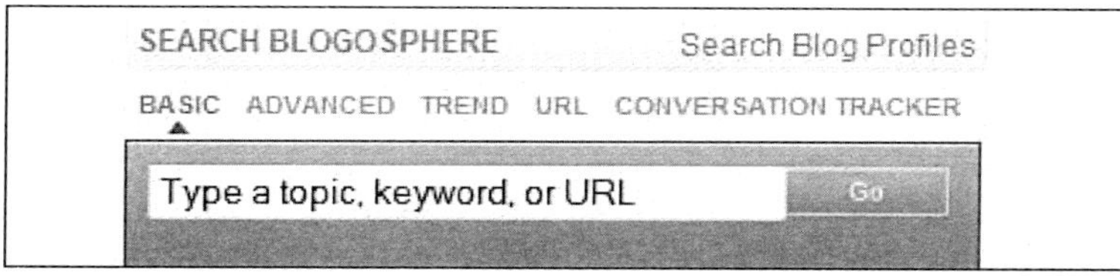


*Imagen 6.6.* Caja de búsqueda de BlogPulse.

Al presentar los resultados de la búsqueda (ver imagen 6.7), Blogpulse también ofrece automáticamente la posibilidad de:

- Hacer un gráfico de las tendencias de menciones de la palabra o expresión buscada (al lado derecho del número de resultados encontrados, destacado con una pequeña imagen de un gráfico).
- Suscribirse a una fuente RSS (al lado derecho del número de resultados encontrados, destacado con un rectángulo naranja con el que se identifica a este tipo de fuentes).
- Seguir la conversación de posts específicos (al lado derecho de cada post, destacado con una pequeña imagen de un bocadillo de comic).
- Conocer el perfil del autor del blog –aún en estado Beta– (al lado derecho de cada post, destacado con una pequeña figura de un busto anónimo).

*Una serie de herramientas para seguir los temas más candentes en los blogs sugeridos por el propio buscador.* Dichas herramientas se presentan en una columna a la izquierda de la pantalla (ver imagen 6.8) e incluyen los links más enlazados por blogs, los posts más relevantes, los blogs más populares, las noticias más importantes, los vídeos más enlazados, así como la gente y las frases más citadas en blogs.

*Imagen 6.7.* Resultados de búsqueda en BlogPulse.

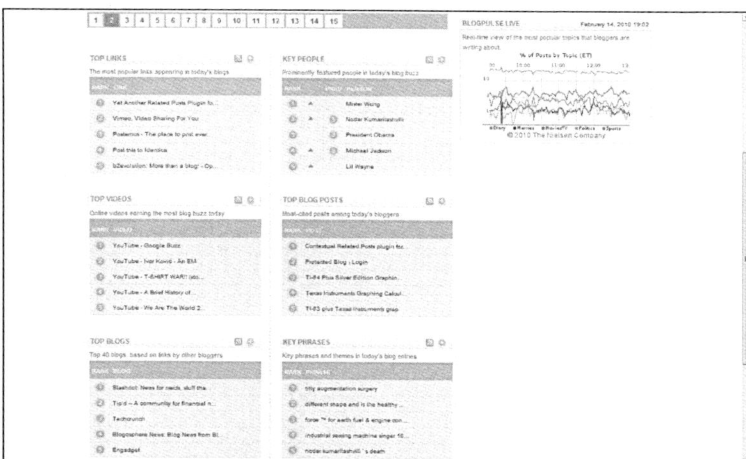


*Imagen 6.8.* Temas más populares en BlogPulse.

Si uno hace click sobre una tendencia automáticamente se generará un gráfico. (ver imagen 6.9).

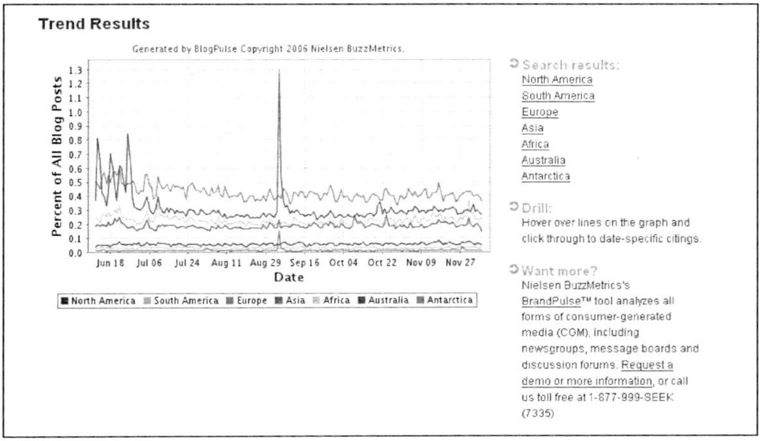


*Imagen 6.9.* Gráfico de una tendencia en BlogPulse.

*Estadísticas de blogs que miden la actividad en la blogosfera.* Se indica de manera continua el número de blogs identificados, nuevos blogs creados, así como el número de posts analizados (ver Imagen 6.10).

*Imagen 6.10.* Estadísticas de blogs en BlogPulse.

*Buscador de tendencias.* Esta es la gran aportación de BlogPulse, ya que permite crear gráficos personalizados que comparan gratuitamente el buzz en la blogosfera de hasta 3 temas determinados por los usuarios en periodos de 1, 2, 3 y hasta 6 meses.

Lo único que se tiene que hacer es indicar las palabras o expresiones a buscar en los espacios de la columna izquierda e indicar las palabras tal y cómo se presentarán en el gráfico, que pueden ser las mismas o resumirlas en siglas (ver imagen 6.11).

*Imagen 6.11.* Formulario para las búsquedas de tendencias en BlogPulse.

Una vez que se indican los temas a buscar, las palabras que se presentarán en el gráfico y el período de tiempo de la búsqueda, se presiona el botón "Get Trend" y aparecerá el resultado (ver imagen 6.12).

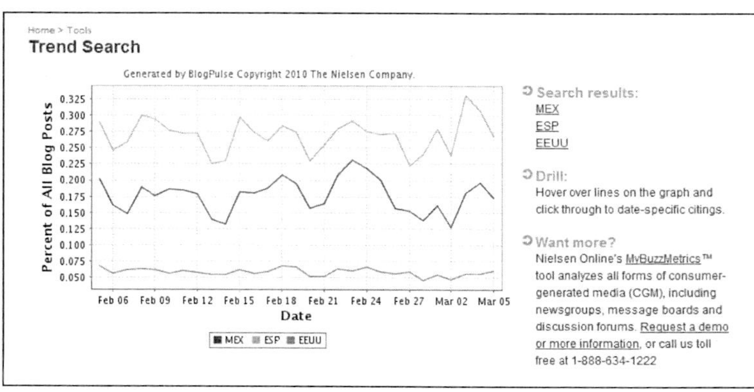


*Imagen 6.12.* Gráfico resultado de la búsqueda de las tendencias indicadas en el formulario anterior en BlogPulse.

Colocando el ratón sobre el gráfico se podrán conocer los resultados de un punto determinado que haya llamado la atención del usuario.

*Un Seguidor de Conversaciones.* Esta función permite dar seguimiento a distintos temas, ya sea en un blog específico o en todos los que tiene indexado el buscador. Incluso señala cuando un post de una bitácora ha sido citado por otra y ofrece la posibilidad de consultarlos directamente. Asimismo, se pueden limitar las conversaciones hasta de los últimos 45 días y los resultados hasta el número que el usuario considere conveniente (ver imagen 6.13).

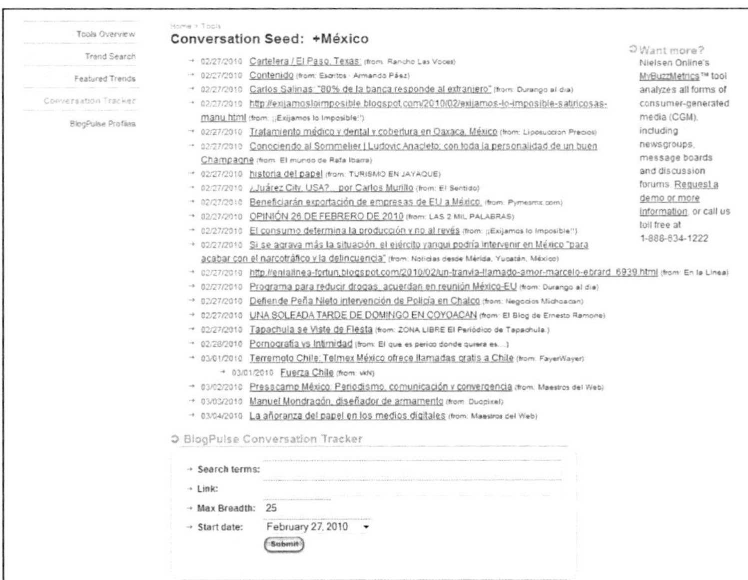


*Imagen 6.13.* Refinamiento de los resultados de búsqueda por palabra y tiempo en BlogPulse.

*Perfiles de blogueros.* Entre varios datos, indica en distintas pestañas (ver imagen 6.14):

- *Overview* (información general):
  - La frecuencia de posts por semana.
  - El rank (por el número de menciones (citations) en otros blogs en los últimos 30 días).
  - Un gráfico con tendencias del rank del blog.
- Posts: se puede acceder directamente a los posts.
- *Citations* (Menciones): se pueden consultar las menciones realizadas en otros blogs sobre la bitácora entera o sólo algunos determinados posts.
- *Trends* (Tendencias): gráficos de la actualización semanal de posteo y de menciones (citations) en el último mes.
- *Sources* (Fuentes de información): las fuentes que cita o utiliza el bloguero para escribir sus posts.
- *Neighborhood* (Barrio): presenta 10 blogs que citan enlaces o textos similares.

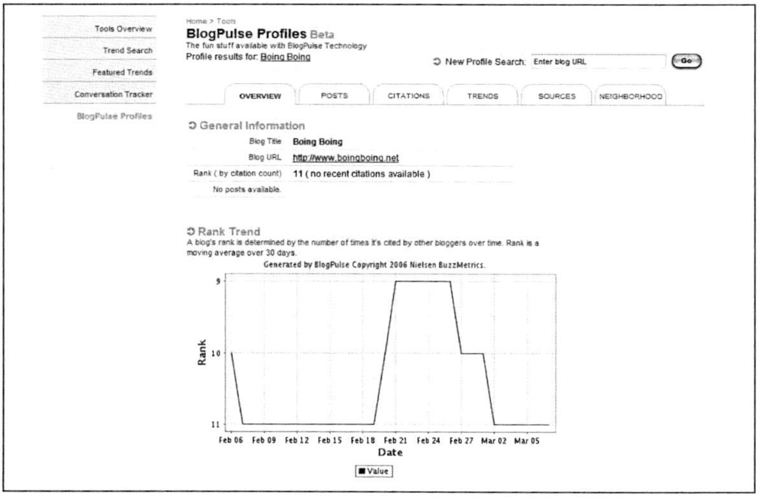


*Imagen 6.14.* Perfil de un bloguero en BlogPulse.

*Tendencias preestablecidas* (ver imagen 6.15). Los temas que se destacan habitualmente se presentan agrupados en Noticias, Eventos Políticos, Deportes, Entretenimiento, Negocios, Ciencia y Tecnología, Salud, Temas Raros y Temas Personales. Un aspecto mejorable en esta sección es la excesiva atención que se le otorga a los "issues" de los Estados Unidos.

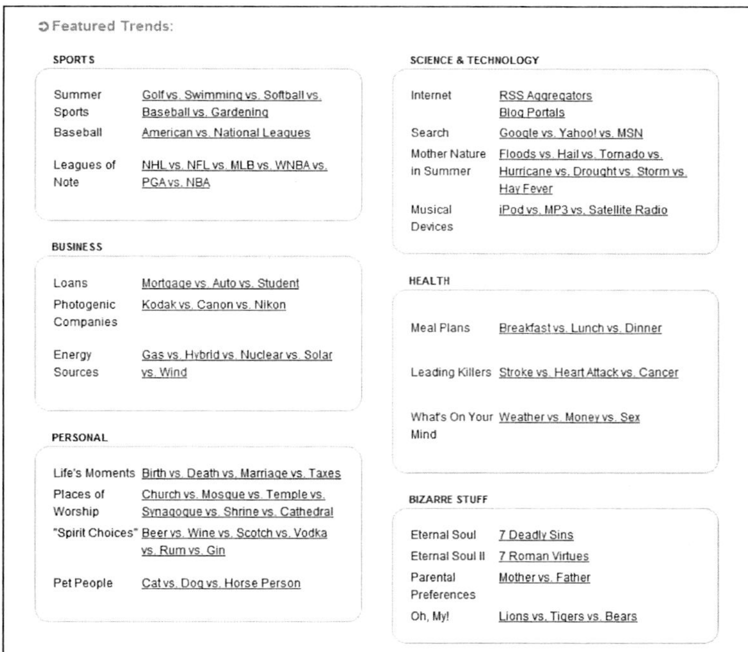


*Imagen 6.15.* Tendencias preestablecidas por un perfil en BlogPulse.

Blogpulse ha logrado diferenciarse con éxito de los principales buscadores especializados de blogs con características únicas, enriquecedoras y fáciles de usar, y se encamina a llamar la atención de un segmento creciente de usuarios no profesionales.

Su reto para obtener mayor relevancia en un ámbito más amplio de la blogosfera está en dedicar más atención a sobrepasar la barrera del idioma y en abrirse a temas de interés para los blogueros, independientemente de la dirección de su IP.

## 5. LOS RETOS DE LOS BUSCADORES ESPECIALIZADOS DE BLOGS

*Seguir todas las conversaciones*

Después de los años iniciales de la blogosfera en los que se discutía agriamente sobre lo que era y no un blog, se ha comenzado a considerar que lo verdaderamente relevante son los contenidos y las conversaciones que éstos generan.

En este sentido, los buscadores especializados en blogs están comenzando a indexar a los blogs de MSN Spaces[5], MySpace[6] y sitios web con fuentes RSS con o sin comentarios.

Tampoco es relevante para la mayoría de los usuarios las disputas entre los dos grandes buscadores especializados (Technorati y Google BlogSearch) para saber cuál tiene la mayor cuota de mercado.

Más allá de aspectos empresariales, de los formatos y las funcionalidades de un espacio en línea, lo auténticamente relevante es aquello que interesa realmente a quienes hacen la web un espacio de conversaciones vivas, apasionadas, activas, entrelazadas... en una palabra: humanas.

---

5 Windows Live Spaces Blog htt://home.services.spaces.live.com

6 MySpace.com. http://www.myspace.com

Para los consultores SEO, los buscadores especializados de blogs (o simplemente, buscadores blog) representan un espacio que no deberían dejar de lado, ya que podrán ser interesantes para establecer tendencias de los usuarios más activos: los blogueros.

A los blogueros se les puede considerar competidores en los resultados de búsqueda, porque crean contenidos y porque optimizan sus blogs; como determinantes de tendencias, porque son quienes adoptan más rápidamente las nuevas aplicaciones y quienes pueden hacer que éstas sean un éxito sonado o un fracaso total; y como usuarios intensivos de la red, puesto que son las personas que no ven internet como algo ajeno a ellos, sino como un espacio de libertad en el que ofrecen, comparten, adquieren y, por supuesto, encuentran prácticamente todo lo que buscan.

## 6. RECOMENDACIONES SEO GENÉRICAS PARA BLOGS

Para los blogueros optimizar sus bitácoras para los buscadores puede ser la diferencia entre la irrelevancia y convertirse en un autor conocido, referenciado, respetado, en definitiva, en una "blog star".

A lo largo de este libro se descubren estrategias de link baiting para aumentar los enlaces entrantes a un sitio web que bien pueden ser aplicables a un blog. Sin embargo, por las características propias de una bitácora, se ofrecen a continuación una serie de sencillas recomendaciones que ayudarán al bloguero a aumentar su notoriedad tanto en la blogosfera como ante los ojos de los buscadores.

– Además de buscar palabras clave en Technorati y buscadores web tradicionales, también se pueden encontrar temas candentes en Menéame[7], Digg[8], Youtube, Delicious, Techmeme[9].

- Los títulos claros, descriptivos y atractivos ayudarán a los lectores a tener un contexto previo a la lectura del post. No está de más que se puedan incluir palabras clave en el título, pero sólo si tiene sentido para el post.
- Se debe escribir para los lectores del blog, no para los buscadores. Un post inundado de palabras clave no sólo no atraerá la atención de los lectores, sino que incluso podrá ser considerado un splog.
- Hay que perder el miedo a la autocita. Hay muchos autores que piensan que si se citan a sí mismos lo único que están haciendo es alimentar su "blego", el ego del bloguero. Sin embargo, hay que pensar que el lector agradecerá información adicional, tal y como lo hace cuando se le referencia a otro sitio, sin importarle si lo que se cita está en la misma bitácora que está visitando, siempre y cuando añada valor. En este sentido, se pueden enlazar otros posts o hasta incluir "posts relacionados" al final de cada entrada.
- Lo mejor es evitar incluir muchas categorías o tags a un post, puesto que se puede confundir al lector y a los agregadores de categorías, como sucede con WordPress[10].
- Una recomendación que depende de los gustos de cada autor es sólo publicar un fragmento del post, tanto en el feed como en el mismo blog, para obligar

---

7 http://www.meneame.net
8 http://www.digg.com
9 http://www.techmeme.com
10 http://www.wordpress.com

al usuario a seguir leyendo el contenido en el blog o cargando nuevamente la página, lo que probablemente aumentará el tiempo del usuario en el sitio (y, por ende, el conocimiento de la bitácora), pero también puede tener el efecto contrario y conseguir que aumente la tasa de abandono del blog.

- Es muy importante promover el blog y esto puede hacerse comentando en otros blogs, enlazando a otras bitácoras tanto en los posts como publicando blogrolls o registrando el blog en directorios especializados y rankings de blogs. Incluso se puede invertir algo de dinero en marketing. En este sentido, la compra de palabras clave en buscadores web puede ser la más adecuada para aparecer rápidamente en los resultados de búsqueda que le interesen al bloguero que acaba de lanzar su bitácora.

- Así como es importante comentar en otros blogs, es fundamental responder a los comentarios de los lectores de la bitácora. Incluso se les puede dar una mayor importancia colocándolos en un lugar destacado en el sitio. Eso invitará a otros a participar en la conversación que tiene lugar en el blog.

- No sólo de blogs vive el bloguero, así que no hay que descartar la participación en foros o escribir artículos en páginas web tradicionales, eso sí, cuidando siempre de incluir un link a la bitácora del autor.

- Un blog puede ser reconocido en la blogosfera si su autor es conocido en la vida real. En este sentido, es importante que un autor conozca a otros blogueros en los eventos en los que la blogosfera se reúne. Es común que, después del evento, todos los asistentes se enlacen en sus respectivas bitácoras.

– Los blogueros con autoridad pueden ayudar al autor novato. Por ejemplo, si se les entrevista es factible esperar que, en agradecimiento, les otorgue un enlace en su reconocida bitácora.
– Incluir marcadores sociales de internet. Los widgets de otras aplicaciones sociales pueden ayudar a que los contenidos de un blog sean referenciados más fácilmente y así conseguir más visitas y notoriedad.
– Agregar contenidos interactivos. Desde vídeos, pasando por música, hasta juegos, los blogs son muy flexibles y pueden enriquecerse muy fácilmente con diferentes tipos de contenidos que están disponibles gratuitamente en internet.
– Los blogs son sobre todo opinión, así que no hay que tener miedo a expresar opiniones, aunque no sean políticamente correctas. Un poco de controversia puede ayudar a que una bitácora se dé a conocer más rápidamente, aunque siempre hay que pensar en que se debe guardar respeto absoluto a todos los usuarios y a la netiqueta.

Un consultor SEO puede aprender mucho de los blogs y utilizar este conocimiento tanto para las campañas de sus clientes, como para su propio beneficio.

En el fondo, lo importante es saber detectar el aspecto social de los contenidos de los bitácoras, que han sido la punta de lanza de la llamada Web 2.0, en la que más allá de algoritmos y demás temas inaccesibles para la mayoría de los usuarios de internet, lo que prima por encima de todo es la comunicación entre las personas.

# Capítulo 7
# Recursos y herramientas útiles para el posicionamiento en buscadores

MIGUEL ORENSE

## 1. INTRODUCCIÓN Y NOTA IMPORTANTE

En una disciplina tan cambiante como el posicionamiento en buscadores será fundamental consultar fuentes, utilizar diversos recursos y rodearse de una serie de herramientas útiles que ayudarán en todas las fases de campaña SEO.

Todos estos apoyos serán tanto de carácter nacional como internacional, fundamentalmente en el idioma inglés. Se trata de blogs, wikis, foros, formación especializada y herramientas SEO especializadas (*SEO tools*).

Recordad que los enlaces del capítulo aparecen subrayados para un mejor reconocimiento y visualización. Como nota importante señalar que existe una recopilación de todos los enlaces recogidos en este capítulo en la cuenta de Delicious http://del.icio.us/cap7, para así poder consultarlos cómodamente online.

# 2. BLOGS SOBRE POSICIONAMIENTO EN BUSCADORES

Los blogs, dada su variedad temática, son una fuente inagotable de nuevos conocimientos y experiencias sobre cualquier materia. Existen infinidad de blogs relacionados con el SEO y el Search Marketing, lo que hace difícil hacer una recopilación de los más interesantes.

## 2.1. Blogs en castellano

Adseok http://www.adseok.com

Muy buen blog sobre SEO, tocando temas tan interesantes como el posicionamiento de blogs, la optimización para AdSense y el link building. El blog dispone de un interesante foro y de un clon de Menéame para enviar noticias SEO de interés: Seoclon (http://www.seoclon.com).

Iñaki Huerta http://blog.ikhuerta.com

Blog sobre SEO, analítica y desarrollo web de Iñaki Huerta, consultor SEO. Se tratan temas muy interesantes sobre SEO, siempre en un tono muy didáctico.

SEO Profesional http://www.seoprofesional.com

Blog grupal escrito por 2 autores y que recopila anotaciones muy interesantes sobre dominios y SEO.

SEOCharlie http://www.seocharlie.com

Carlos Chacón regenta desde Costa Rica uno de los blogs sobre SEO más interesantes de la red. Actualidad, debate y técnicas SEO en estado puro.

3wMK.com http://www.3wmk.com

Dicen que está mal hablar bien de uno mismo, pero con 3wMK (acrónimo de web marketing) he intentado bloguear sobre temas interesantes de marketing en internet en general y SEO en particular.

Otros blogs hispanos sobre SEO:

http://www.abigdoor.com
http://www.tallerseo.com
http://www.seofemenino.com
http://www.maxglaser.net
http://www.chicaseo.com
http://soyseo.blogspot.com
http://www.seoblog.es
http://google.dirson.com
http://www.sergioblanco.org
http://www.seotalk.es
http://www.googlelandia.info
http://www.vseo.com

## 2.2. Blogs y comunidades online en inglés

El mercado angloparlante, sobre todo el inglés y el norteamericano, es mucho más prolífero, existiendo figuras contrastadas, verdaderas comunidades SEO online y blogs con mucha solera:

SEOmoz http://www.seomoz.com

Blog y comunidad online SEO, con más de 60.000 usuarios registrados, en donde Rand Fishkin, CEO y cofundador de la empresa SEOmoz, escribe junto a sus colaboradores sobre todas las novedades del mundo SEO. Disponen de una versión de pago para visualizar contenido y artículos más completos y avanzados.

Search Engine Land http://www.searchengineland.com

La comunidad sobre Search creada por Danny Sullivan, uno de los profesionales SEO más prestigiosos y pionero en la materia con más de 11 años de experiencia, es una de las más visitadas del sector. Organizan el congreso SMX (Search Marketing Expo) y también gestionan el portal web social de noticias Sphinn (http://www.sphinn.com).

Search Engine Watch http://www.searchenginewatch.com

Otro de los clásicos del SEO y los buscadores. Este Portal contiene artículos de expertos, blog, foros, guías y una zona de registro reservada a miembros. Apoyan la serie de congresos y conferencias llamados SES (Search Engine Strategies).

Search Engine Roundtable http://www.searchengine-roundtable.com

La mesa redonda de los buscadores comprende un blog multiautor e interesantes foros sobre cualquier temática relacionada con los buscadores. El fundador y principal valedor de la comunidad es el conocido SEO norteamericano Barry Schwartz.

Search Engine Journal http://www.searchenginejournal.com

El noticiero de los buscadores es una publicación online multiautor con más de 5 años de experiencia. Otro de los clásicos del sector.

Search Engine Guide http://www.searchengineguide.com

Este completo sitio web se posiciona como una guía educativa sobre buscadores, dirigido a la pequeña empresa. Incluye noticias, un directorio de buscadores y un ebook sobre search marketing.

SEO Book http://www.seobook.com

Aaron Wall, personalidad reconocida en el mundo SEO, gestiona y mantiene esta gran comunidad, centrada en su libro SEO Book. Aaron ameniza su portal con interesantes herramientas SEO, videos didácticos o un completo blog.

Matt Cutts http://www.mattcutts.com

Mencionado en varias ocasiones a lo largo de este libro, el ingeniero de Google Matt Cutts ostenta, con su blog personal, la portavocía semioficial de la compañía en temas de SEO. Una referencia obligada.

Otros blogs en inglés sobre SEO:

http://www.seobythesea.com
http://www.problogger.net
http://www.wolf-howl.com
http://www.mediadonis.net
http://www.seodisco.com

http://www.davidnaylor.co.uk
http://www.cumbrowski.com
http://www.bruceclay.com/blog
http://www.searchrank.com/blog
http://www.seoegghead.com
http://blog.webmama.com
http://www.battellemedia.com
http://www.toprankblog.com
http://www.searchenginepeople.com/blog
http://www.seo-theory.com
http://www.shoemoney.com

## 2.3. Blogs oficiales de los buscadores

Google blog (en ingles) http://googleblog.blogspot.com

Yahoo Search Blog (en ingles) http://www.ysearchblog.com

Bing (en ingles) http://www.bing.com/community/blogs/search

Guía de Google para Principiantes sobre Optimización en Motores de Búsqueda (en castellano) http://www.google.es/webmasters/docs/guia_optimizacion_motores_busqueda.pdf

Bing white paper for webmasters & publishers (en inglés): http://download.microsoft.com/download/0/D/9/0D94EECB-C767-445E-B708-9C829275995F/Bing—New-FeaturesForWebmasters.pdf.

## 3. FOROS Y WIKIS

Los foros son una fuente inagotable de experiencias SEO. En ellos, miles de interesados en la materia preguntan y responden, siendo muchos de estos hilos de discusión aprovechables para aplicar a una campaña SEO.

En el sector de los foros, los más importantes en castellano son:

- Xeoweb: http://www.xeoweb.com/foro
- Dirson: http://foros.dirson.com/foro-google-1
- Seoteca: http://www.seoteca.com

En cuanto al idioma inglés, los más reconocidos son:

Webmaster World: http://www.webmasterworld.com/category93.htm

Digital Point: http://forums.digitalpoint.com/forumdisplay.php?f=12

Seochat: http://forums.seochat.com

Seobook: http://community.seobook.com

High Rankings: http://www.highrankings.com/forum

SEO-guy: http://www.seo-guy.com/forum

En cuanto a wikis, el sector SEO no es muy prolífero en este tipo de herramientas de fácil edición, pudiéndose mencionar:

http://www.searchenginewiki.com

http://www.organicseo.org

# 4. FORMACIÓN

En lo que se refiere a formación especializada en SEO, el *"learn it yourself"* (apréndelo tú mismo) domina sobre otras alternativas, como pueden ser estudios oficiales o reglados.

Creo que una de las mejores acciones formativas es la propia experiencia en proyectos SEO, así como el autodidactismo y la consulta frecuente de fuentes SEO de relevancia.

## 4.1. Tutoriales, guías y cursos

Aunque últimamente han surgido iniciativas muy interesantes de llevar el SEO como materia formativa a la Universidad (véase el Máster en Comunicación corporativa e institucional digital web 2.0 de la Universidad de Alcalá, http://www.ipecc.net/master-comunicacion-corporativa.html o el Máster en Buscadores de la Universidad Pompeu Fabra, http://www.masterenbuscadores.com), la verdad es que formación tan específica casi no existe, enmarcándose siempre en cursos de formación o de postgrado relacionados con el marketing en internet.

Una buena forma de aprender uno mismo es mediante la descarga de tutoriales, manuales o guías rápidas. Esta solución valdrá para conseguir una primera aproximación al SEO.

Como manuales de descarga online en castellano, se pueden citar los trabajos de Dirson, Davilac, Guía SEO, Guía buscadores y Libro SEO, este último muy completo:

http://google.dirson.com/posicionamiento.net

http://www.davilac.net/posicionamiento

http://www.guiaseo.es

http://www.guiabuscadores.com/posicionamiento

http://www.libroseo.bubok.com

Como libros de SEO en castellano, cabe destacar las obras de Fernando Maciá y Sico de Andrés.

En cuanto a cursos sobre posicionamiento en buscadores, la organización SEMPO (Search Engine Marketing Professional Organization) imparte cursos especializados. Los cursos se pueden realizar online, son en inglés y la inscripción se realiza a través de http://www.sempoinstitute.com.

## 4.2. Estudios y gráficos comparativos

Las comparativas de mercado, los estudios de comportamiento de usuarios, los análisis de uso, los gráficos y "*charts*" del sector de los buscadores son datos fundamentales para medir la situación del *search marketing* en un momento dado.

Existen diferentes entidades, sobre todo a nivel internacional, encargadas de estudiar todo este tipo de datos. Muchas de ellas ofrecen sus servicios en modalidades de pago. Las más importantes de cara al *search* son:

iProspect http://www.iprospect.com/about/free-sem-information.htm

La agencia iProspect proporciona diversos *white papers* y *webcasts* gratuitos de interés, que incluyen interesantes estudios de investigación sobre marketing en buscadores.

Comscore http://www.comscore.com

"*Measuring the digital world*" (midiendo el mundo digital) es el slogan de esta compañía de investigación de mercados.

Es un proveedor global de información sobre internet que proporciona a los *search merketers* información periódica muy representativa sobre el mercado de las búsquedas y el *share* de los diferentes buscadores.

Hitwise http://www.hitwise.com

Esta agencia de servicios de inteligencia competitiva proporciona datos estadísticos sobre el uso de recursos internet, como pueden ser los buscadores, basando sus mediciones en 25 millones de usuarios auditados en 6 países diferentes.

Marketing Sherpa http://www.marketingsherpa.com

Firma de investigación especializada en el seguimiento de cuestiones relacionadas con el marketing, con importantes ramificaciones en el marketing online. Una referencia obligada para cualquier profesional del marketing en buscadores.

IAB Spain http://www.iabspain.net

Internet Advertising Bureau, junto con la consultora Price Waterhouse Coopers realizan periódicamente el estudio sobre inversión publicitaria en España que incluye a los medios interactivos, lo que representa un auténtico medidor de las cifras que se mueven en la publicidad online en España, así como su evolución.

## 4.3. Congresos y concursos

Otra forma de aprender SEO es acudiendo a congresos y encuentros del sector, así como participando en concursos de posicionamiento que pueden suponer un buen banco de pruebas.

Como congresos más importantes cabe destacar:

SES-Search Engine Strategies http://www.searchenginestrategies.com

Esta serie de congresos y jornadas de formación se organizan frecuentemente en diversas ciudades del mundo desde 1999, siendo uno de los eventos de mayor prestigio del sector.

SMX-Search Marketing Expo http://www.searchmarketingexpo.com

Organizado por Danny Sullivan y patrocinado por Search Engine Land desde 2007. El SMX es otro de los grandes referentes del sector, organizando eventos para todos los niveles de conocimiento.

Pubcon http://www.pubcon.com

El evento de Webmaster World reune desde 2003 a profesionales web de todo el mundo. Aunque el tema central es el marketing en buscadores, en Pubcon también se tratan temas relacionados con el web marketing.

Web 2.0 Expo http://www.web2expo.com

O'Really Media y TechWeb organizan este evento sobre la web 2.0. Se celebra en diversas partes del mundo y aunque no es un congreso 100% search si que se tratan con frecuencia temas relacionados con SEM/SEO.

En castellano, palabras como telendro, microsano o habitaquo no hubiesen existido nunca si no llega a ser por los concursos de posicionamiento en buscadores. Estos concursos se convocan con el fin de posicionar una palabra, normalmente inventada, y que a priori no devuelva resultados en buscadores. Se establece una fecha tope y el ganador del concurso es aquel que ostente la primera posición en Google u otros buscadores para esa búsqueda.

A nivel internacional, se han convocado infinidad de concursos, habiendo una entrada relacionada en la Wikipedia (en inglés) explicativa del fenómeno: http://en.wikipedia.org/wiki/SEO_contest.

## 5. HERRAMIENTAS SEO

El SEO tendrá que utilizar constantemente herramientas de apoyo que le ayuden en su trabajo diario. En este sentido, existen infinidad de herramientas SEO o *SEO tools*, que sirven de ayuda para realizar diversas tareas. La lista es interminable, saliendo constantemente nuevas herramientas al mercado. Esta sección se centrará en describir o listar 2 ó 3 herramientas por tarea.

### Herramientas para palabras clave:

Como ya se ha señalado anteriormente, el estudio previo de palabras clave es uno de los momentos más importantes en toda campaña SEO. Aunque existen muchos sistemas de *keyword discovering* son los propios buscadores los que proporcionan las herramientas más utilizadas para descubrir aquellas palabras con un mayor volumen de búsqueda.

### Google

La herramienta para palabras clave de Google es abierta y gratuita, aunque también es accesible desde cualquier cuenta AdWords en un formato mucho más completo. Proporciona una estimación numérica e incluso gráfica del volumen de búsquedas en Google para palabras clave concretas, ya sea durante el último mes o el promedio mensual del último año, así como las tendencias de volumen de búsquedas. Se añade también el nivel de competencia en AdWords para cada palabra, así como la posibilidad de sesgar por país o por idioma.

Calcular estimaciones utilizando una oferta de CPC máximo diferente: Euros (EUR €) [Volver a calcular]

Seleccione las columnas que desea mostrar: Mostrar/ocultar columnas

| Palabras clave | CPC medio estimado | Competencia del anunciante | ▾ Volumen local de búsquedas: febrero | Volumen global de búsquedas mensuales | Tendencias de volumen de búsquedas (mar 2009 - feb 2010) | Volumen más elevado registrado en | Tipo de concordancia: Amplia |
|---|---|---|---|---|---|---|---|
| **Palabras clave relacionadas con los términos introducidos** - ordenar por relevancia | | | | | | | |
| posicionamiento en buscadores | €2,01 | | 33.100 | 49.500 | | may | Añadir |
| posicionamiento en buscadores web | €3,28 | | 3.600 | 4.400 | | ene | Añadir |
| posicionamiento web en buscadores | €3,28 | | 3.600 | 4.400 | | ene | Añadir |
| posicionar en buscadores | €2,27 | | 3.600 | 3.600 | | ene | Añadir |
| alta y posicionamiento en buscadores | €0,96 | | 210 | 390 | | oct | Añadir |
| posicionamiento en buscador | €0,05 | | 36 | 170 | | ene | Añadir |
| curso de posicionamiento en buscadores | €0,05 | | No hay datos suficientes. | 110 | No hay datos | No hay datos | Añadir |
| curso posicionamiento en buscadores | €0,05 | | No hay datos suficientes. | 170 | No hay datos | No hay datos | Añadir |
| de posicionamiento en buscadores | €0,05 | | No hay datos suficientes. | 1.300 | No hay datos | No hay datos | Añadir |
| empresa de posicionamiento en buscadores | €0,05 | | No hay datos suficientes. | 36 | No hay datos | No hay datos | Añadir |
| empresas de posicionamiento en buscadores | €0,05 | | No hay datos suficientes. | 73 | No hay datos | No hay datos | Añadir |

*Imagen 7.1.* La herramienta de palabras clave de Google se combina con el estimador de tráfico para calcular la inversión aproximada para campañas SEM en AdWords.

Se trata de una herramienta muy orientada a Google AdWords y que aporta datos absolutos aprovechables para el SEO. La herramienta en abierto se encuentra disponible en: https://adwords.google.com/select/KeywordToolExternal. Existe una versión más completa bajo registro en las herramientas de Google AdWords.

## Yahoo!

Yahoo! ha mejorado recientemente su herramienta de selección de palabras clave, desactivando la herramienta que ofrecía en abierto a través de Overture. Actualmente la selección de keywords solo se puede realizar a través de la plataforma Yahoo! Search Marketing, cuya URL de inscripción y acceso en castellano es http://searchmarketing.yahoo.com/es_ES. Se trata de una herramienta interesante que también proporciona datos numéricos sobre búsquedas.

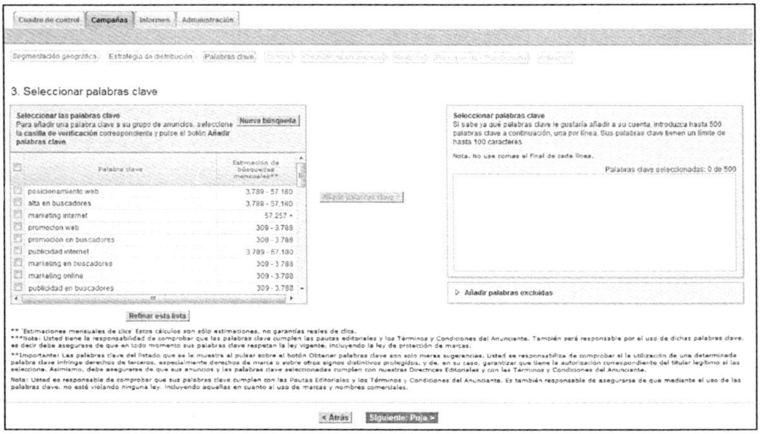


*Imagen 7.2.* Selección de palabras clave a partir de una cuenta Search Marketig de Yahoo!

Otras herramientas para el estudio de palabras clave, más orientadas al mercado inglés o internacional son las de Wordtracker, Trellian Keyword Discover o Nichebot.

## Simuladores de araña

Los "bot simulator" son aplicaciones web que imitan el rastreo de un sitio web por parte de un robot de búsqueda. Entre los más populares y usados se encuentran:

http://www.webconfs.com/search-engine-spider-simulator.php

http://www.delorie.com/web/lynxview.html

http://www.seo-browser.com

## Visores de cabeceras web

Comprobar las respuestas del servidor a una petición web es imprescindible para conocer las redirecciones u otras cuestiones a tener en cuenta para el SEO.

http://www.web-sniffer.net

http://www.rexswain.com/httpview.html

## Ratios y densidades de palabras clave

Conocer la relación entre la cantidad de código y texto, así como las repeticiones y la densidad de palabras clave es muy sencillo con estas herramientas de SEOchat:

http://www.seochat.com/seo-tools/code-to-text-ratio

http://www.seochat.com/seo-tools/keyword-density

## Generadores de Sitemaps

Construir un archivo Sitemap.xml es bastante sencillo, pero se vuelve tedioso cuando entran en juego numerosas URLs. Es por ello que resulta más ágil y sencillo automatizar la generación de este tipo de archivos, bien sea a través de herramientas online o software especializado:

Generador de Sitemaps online: http://www.xml-sitemaps.com

Software generador de Sitemaps: http://www.gsitecrawler.com

### Herramientas específicas para Google

Comprobación de búsquedas en diferentes datacenters: http://www.seocentro.com/tools/search-engines/pagerank-dc.html

Comprobación de posiciones, densidades y diagnóstico web: http://www.googlerankings.com

Chequeo del Page Rank de un dominio y diferentes herramientas adicionales: http://www.mypagerank.net

### Extensiones SEO para navegador web

Extensión *SEO for Firefox*: http://tools.seobook.com/firefox/seo-for-firefox.html

Extensión *Rank Checker*, comprobador de posiciones en buscadores: http://tools.seobook.com/firefox/rank-checker

Otros complementos SEO para el navegador Mozilla Firefox:

https://addons.mozilla.org/es-ES/firefox/search?q=seo&cat=all

### Plug ins SEO para Wordpress

SEO Title Tag: http://www.netconcepts.com/seo-title-tag-plugin

All in one SEO pack: http://wp.uberdose.com/2007/03/24/all-in-one-seo-pack

Google XML sitemap generator for Wordpress: http://www.arnebrachhold.de/projects/wordpress-plugins/google-xml-sitemaps-generator

También se puede buscar en la etiqueta SEO de la base de datos de plug ins de Wordpress: http://www.wordpress.org/extend/plugins/tags/seo

## Herramientas todo en uno

http://www.urltrends.com

http://www.cuwhois.com

http://www.rankquest.com

http://tester.jonasjohn.de

## Listados completos de herramientas SEO

http://www.seochat.com/seo-tools

http://tools.seobook.com

http://www.iwebtool.com/tools

http://www.seocompany.ca/tool/seo-tools.html

## Otras herramientas

Comprobador de saturación y popularidad en buscadores: http://www.marketleap.com/siteindex

Edad de un dominio: http://www.seologs.com/dns/domain-check.html

Software de comprobación de posiciones: http://www.link-assistant.com/rank-tracker

Datos de interés sobre dominios: http://www.dnscoop.com

Informe detallado de enlaces entrantes: http://www.link-diagnosis.com

# Capítulo 8
# Casos prácticos de marketing y posicionamiento en buscadores

MIGUEL ORENSE

## 1. LA IMPORTANCIA DE TRASLADAR LAS ESTRATEGIAS PLANTEADAS A LA PRÁCTICA. HECHOS Y CASOS REALES

Cualquier estrategia de Search Marketing lleva asociadas una serie de palabras clave objetivo a través de las cuales se pretenderá lograr visibilidad en buscadores mediante objetivos de posicionamiento, que reporten en tráfico web estable, duradero, cualificado y potencialmente convertible.

Ha llegado la hora de transvasar la teoría al campo práctico. Algunas de las afirmaciones que he escuchado, tanto positivas como negativas, durante los últimos años de trabajo SEO han sido:

*"Nuestras visitas han subido como la espuma. Lo mejor es que ahora recibimos diariamente numerosas peticiones de información a través de la web"*. Responsable de marketing, empresa de servicios.

*"No estábamos aprovechando la potencia de los buscadores como fuentes de tráfico. Tras nuestra campaña SEO, el 90% de nuestro nuevo tráfico se genera en los buscadores"*. Webmaster, empresa de venta online.

*"El estar durante dos años en el top 10 de Google me ha generado en retorno un importe mayor que el gasto que suponen anuncios en prensa durante toda una semana"*. Director de gran empresa "tradicional".

*"O nuestro público objetivo no está en internet o no hemos sabido llegar a él"*. Empresa de venta de fruta online.

*"Nuestras visitas han subido, pero no conseguimos contactos ni ventas"*. Responsable de marketing, tras una campaña SEM o SEO.

Estas son algunas de las afirmaciones de profesionales que han detectado en la optimización para buscadores un retorno saludable o no saludable. Ahora se comprobarán opiniones positivas en casos prácticos reales. Para ello se han elegido tres experiencias de tres sectores diferentes:

1) Educación/cursos formativos: caso Costa Rica Spanish Institute.
2) Anuncios clasificados/inmobiliaria: caso idealista.com.
3) Turismo/viajes: caso Minube.com.

## 2. CAMPAÑAS SEO, SEM Y SMO

### 2.1. Caso práctico Costa Rica Spanish Institute

El Costa Rica Spanish Institute (COSI) es una institución costarricense de enseñanza del castellano. Actualmente, el

Instituto cuenta con su propio edificio para la impartición de clases, así como un número de trabajadores que ronda los 35.

El sitio web del Instituo COSI nace en el año 1999. Es importante de cara al SEO mencionar que el dominio Cosi.co.cr se adquiere por un período de validez de diez años.

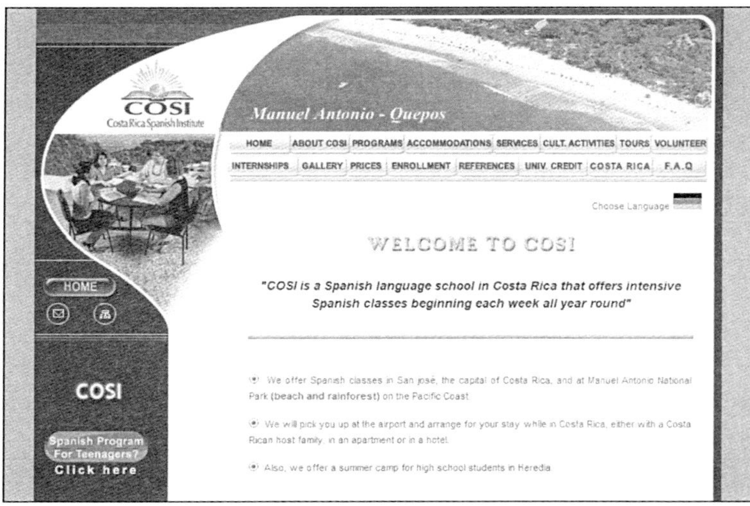


Imagen 8.1. Página principal del Instituto COSI[1].

Siendo Costa Rica un mercado emergente para el desarrollo de iniciativas de carácter turistico, el aprendizaje del castellano se torna atractivo para que muchas empresas desarrollen sus negocios allí. En este sentido, el Instituto COSI es pionero en servicios de formación para empresas, aunque no está exento de competencia online. Para mencionar algunos de sus competidores actuales, se podrían citar:

1 http://www.cosi.co.cr

- AEC (Adventure Educational Center)[2].
- Forester Instituto Internacional[3].
- Centro Linguistico Conversa[4].
- ILISA[5].
- IPEE[6].

El Instituto no cuenta con un departamento dedicado a tiempo completo al marketing (ni mucho menos, al marketing online), por lo que sus estrategias iniciales fueron enfocadas mayoritariamente de la via "tradicional" y llevadas a cabo por el fundador de la empresa, Marvin López.

Sin embargo, en 2006 COSI contrata a una empresa dedicada al marketing en internet, Mercadeo en Línea, dirigida por Carlos Chacón y la cual es desde esa fecha la responsable de sus estrategias online.

Para el desarrollo de estas estrategias, se decide en primer lugar rediseñar completamente el sitio Web corporativo, debido a su mala o poca estructuración, adecuándola para conseguir una buena visibilidad en los diferentes buscadores.

Por otro lado, se definen las principales palabras clave en inglés, a trabajar como base de la estrategia SEO. El objetivo principal incluía un cambio de "perfil" en su forma de presentarse a los buscadores y por ende, a los usuarios. Por ejemplo, se decide optimizar para la palabra "Costa Rica Spanish school" paralelo a "Costa Rica Spanish institute", ya que si bien COSI es un Instituto, la tendencia de búsqueda

2 http://www.adventurespanishschool.com
3 http://www.fores.com
4 http://www.conversa.net
5 http://www.ilisa.com
6 http://www.ipee.com

de los usuarios también incluían "school" en vez de "institute" en igual o mayor porcentaje.

También se decide mantener el dominio actual, el cual es sin lugar a dudas un buen elemento como variable SEO, ya que habia sido adquirido siete años antes de iniciar la estrategia de marketing en buscadores.

Actualmente el sitio presenta páginas estáticas, las cuales han permitido una buena indexación en Google cercana al 100% (más de 80 páginas, ya que se trata de un sitio reducido en número de páginas), por lo que no se ha requerido de la creación de *landing pages* o nuevas páginas estáticas optimizadas.

El total de frases clave con las que se trabaja orgánicamente son 6:

- costa rica spanish school
- costa rica spanish
- costa rica spanish institute
- learn spanish in costa rica
- spanish language schools costa rica
- spanish immersion costa rica.

Como resultado de una estrategia adicional, el sitio web fue traducido completamente al idioma alemán, debido a la demanda de personas desde esa parte del mundo.

El "boca a boca" también ha funcionado bien en el caso de COSI, dada su dilatada y exitosa trayectoria en el mercado, lo que ha ayudado a que el Instituto sea considerado y tomado en cuenta por personas que desean estudiar castellano en Costa Rica, así como para aparecer en directorios online de cierto renombre, como pueden ser:

- Los directorios de Yahoo! y DMOZ.
- Otros directorios temáticos, como: Orbislingua[7], Go visit Costa Rica[8], Global Estudy Network[9], Tansitions Abroad[10] o Frommers[11].

En cuanto a los resultados obtenidos, el crecimiento en cantidad y calidad de tráfico durante los años 2006-2007, dejan claro que **la estrategia de posicionamiento en buscadores ha tenido efectos positivos**; no solo en el **aumento de visitantes al sitio** sino también en **visitas recurrentes y únicas**.

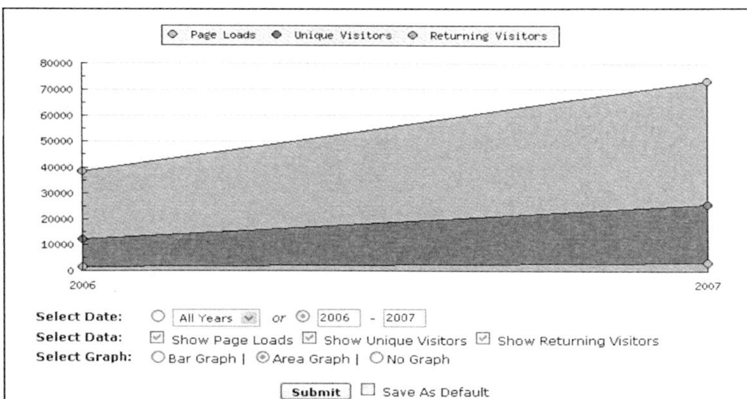


| | Page Loads | Unique Visitors | First Time Visitors | Returning Visitors |
|---|---|---|---|---|
| Total | 111,630 | 37,581 | 33,075 | 4,506 |
| Average | 55,815 | 18,791 | 16,538 | 2,253 |

| Year | Page Loads | Unique Visitors | First Time Visitors | Returning Visitors |
|---|---|---|---|---|
| 2007 | 73,373 | 25,556 | 22,440 | 3,116 |
| 2006 | 38,257 | 12,025 | 10,635 | 1,390 |

*Imagen 8.2.* Gráfica de crecimiento de tráfico, comparativa 2006-2007. Sitio web http://www.cosi.co.cr.
*Fuente:* Herramienta de estadística web StatCounter[12].

[7] http://www.orbislingua.com/cosi.htm
[8] http://www.govisitcostarica.com/listings/listings.asp?fscID=14
[9] http://www.globalstudynetwork.com/CostaRica.htm
[10] http://www.transitionsabroad.com/listings/study/adult/educational_travel_costa_rica.shtml
[11] http://www.frommers.com/destinations/costarica/0219021086.html>
[12] http://www.statcounter.com

En resumen, las cifras más destacadas fueron:

- Un **aumento de un 45% en nuevos visitantes** al sitio Web.
- **Incremento de más del 50% en el total de páginas vistas**.
- **Más de un 45% de aumento en usuarios únicos**.

Por otro lado, la elección de palabras clave para la estrategia SEO parece haber sido la correcta, ya que se encuentran dentro de las palabras más utilizadas para acceder al sitio web por medio de los buscadores:

| Perc. | Search Engine Name | Search Term |
|---|---|---|
| 7.79% | Yahoo! | spanish immersion classes costa rica |
| 5.19% | Google | costa rica spanish institute |
| 5.19% | Google | costa rica spanish school |
| 5.19% | Google | costa rica spanish |
| 3.90% | Yahoo! | spanish immersion in costa rica |
| 3.90% | Yahoo! | spanish course in costa rica |
| 3.90% | Google | costa rica spanish immersion |
| 3.90% | Google | www.cosi.co.cr |
| 2.60% | Google | costa rican spanish |
| 2.60% | Google | manuel antonio spanish school |
| 2.60% | Google | costa rica spanish language schools |
| 2.60% | Google | spanish language school in san juan, costa rico |
| 2.60% | Yahoo! | spanish school costa rica |
| 2.60% | Yahoo! | costa rica spanish schools |
| 2.60% | Google | spanish in costa rica |
| 2.60% | Google | spanish languages manuel antonio |
| 2.60% | Yahoo! | language schools costa rica |
| 2.60% | Google | cosi costa rica |
| 1.30% | Google | spanish schools san jose |
| 1.30% | Google | cosi costa rice |
| 1.30% | Google | spanish immersion costa rica |
| 1.30% | Google | cosi manuel antonio |
| 1.30% | Yahoo! | 1 phillip@yahoo.com@hotmail.com@earthlink.net@aol.com |
| 1.30% | Google | spanish school costa rica |
| 1.30% | Windows Live | cosi costa rica |
| 1.30% | Google | bedeutung casona spanisch |
| 1.30% | Google | costa rica immersion school cosi |
| 1.30% | Google | cosi language |
| 1.30% | Google | cosi, san jose |
| 1.30% | Google | spanish language schools costa rica |

*Imagen 8.3.* Listado de las palabras más utilizadas por los usuarios y su respectivo buscador de acceso. Sitio web http://www.cosi.co.cr. *Fuente:* Herramienta de estadística web StatCounter.

En cuanto al target alcanzado por la estrategia SEO, los resultados demuestran que un gran porcentaje de los usuarios que llegan al sitio web provienen de los Estados Unidos, así como de otros países anglofonos (Reino Unido, Canadá), lo que remarca el éxito del trabajo SEO realizado, que tenía a estos mercados y al idioma inglés como objetivos prioritarios.

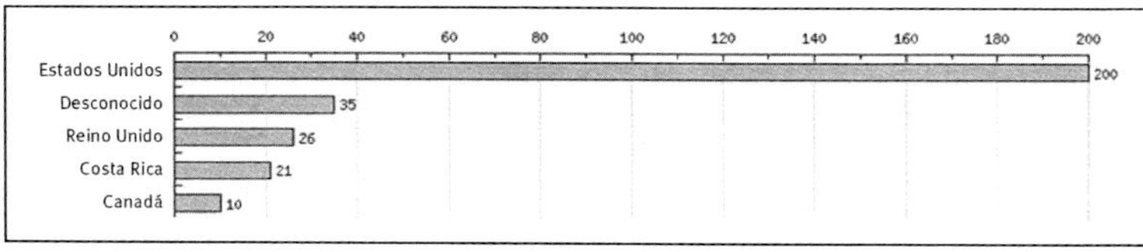


*Imagen 8.4.* Países de procedencia de las visitas. Sitio http://web www.cosi.co.cr. *Fuente:* Herramienta de estadística web StatCounter.

Comentar como dato curioso que algunas personas que viajan a Costa Rica como destino turístico deciden tomar clases de castellano en programas de una sola semana. Esto hace que el sitio web también tenga un mercado "local" potencial, compuesto por extranjeros.

Por último, como conclusión final señalar que las páginas más visitadas del sitio web tienen que ver con los programas que el Instituto ofrece y sus precios, lo que denota que el sitio convierte a muchos de sus visitantes en interesados.

| | | Webpage |
|---|---|---|
| ▼ | 127 | www.cosi.co.cr/ |
| ▼ | 61 | www.cosi.co.cr/programs/program.shtml |
| ▼ | 61 | www.cosi.co.cr/prices/prices.shtml |
| ▼ | 27 | www.cosi.co.cr/about/brief.shtml |
| ▼ | 22 | www.cosi.co.cr/services/accomodations.shtml |
| ▼ | 21 | www.cosi.co.cr/gallery.shtml |
| ▼ | 15 | www.cosi.co.cr/index.shtml |

*Imagen 8.5.* Páginas más visitadas. Sitio web http://www.cosi.co.cr. *Fuente:* Herramienta de estadística web StatCounter.

## 2.2. Caso práctico idealista.com

Idealista[13] es un proyecto totalmente consolidado, que tras sus 8 años de vida, ha conseguido liderar con su portal web el sector de los anuncios clasificados sobre inmobiliaria. Jesus Encinar, conocido emprendedor de internet, es el encargado de dirigir el proyecto.

idealista.com cuenta en la actualidad con 1,5 millones de usuarios únicos mensuales, según cifras de audiencia de Nielsen. Con 5 oficinas repartidas por España y más de 300 empleados, la presencia internacional de la compañía incluye una oficina en Italia, encargada de la gestión de idealista.it.

*Imagen 8.6.* Página principal de la versión italiana de idealista[14].

---

13 http://www.idealista.com

15 http://www.idealista.it/pagina/portada

En Idealista, Fernando Siles y Jose María García son las personas encargadas de gestionar las campañas SEM y afrontar los proyectos SEO de posicionamiento orgánico en buscadores.

## SEM

Respecto a las campañas SEM, se trata de proyectos permanentes de duración anual. Aunque la empresa no ha facilitado cifras de inversión, el presupuesto es muy elevado, destinándose el 90% del mismo a Google AdWords y el 10% a Yahoo! Search Marketing. Esto permite obtener apariciones ininterrumpidas en búsquedas patrocinadas las 24 horas. La gestión se lleva internamente al 100%, dado que la elección de palabras clave y sus pujas se considera estratégica y no se externaliza.

En cuanto a datos sobre las campañas SEM de carácter más estratégico, se pueden destacar:

- **Orientación a la conversión** como criterio fundamental para aumentar o reducir el gasto.
- **Campañas de acción local**, para cada pueblo, localidad, provincia, etc. Un listado con un número de palabras clave bastante elevado se combina con cada topónimo para el que Idealista disponga de *landing page* o página de llegada.
- **Búsqueda de tráfico lo más barato posible de forma masiva**. Esto se consigue de varias maneras:
  - Contratando palabras clave baratas, con pocas búsquedas o con menor competencia.
  - Jugando con la larga cola (*the long tail*) de búsquedas. Frases clave de más de 3 términos y que incluyan lugares no tan buscados o demandados.

- Optar por posiciones intermedias en casi todas las palabras clave, evitando posiciones top 1, top 2 ó top 3, **y apostando también por estrategias SEO.**

Las campañas de acción local, unido al long tail y a copar posiciones intermedias lleva a la compra masiva de keywords, **contando con más de 1.700.000 palabras clave de inventario publicitario**. Estos registros superan todos los límites de palabras y grupos de anuncios de plataformas AdWords o Search Marketing, así que para evitarlo se trabaja con varias cuentas, agrupadas en un Centro de clientes.

Actualmente Idealista trabaja en un proyecto muy ambicioso de "descentralización" de la gestión del SEM hacia las oficinas locales. Actuando en cierto modo como una agencia de medios que gestiona campañas de clientes internos (un cliente por cada oficina local), se les deja a las oficinas cierto margen de maniobra dentro de un presupuesto diario. El proyecto incluye formación del personal local y seguimiento de objetivos.

## SEO

En cuanto a la estrategia de posicionamiento orgánico, es el equipo SEO de Idealista el que realiza las labores de formación y concienciación, comunicando las directrices a los equipos encargados de hacer la web. Estas labores incluyen la revisión y la corrección de nuevas páginas, pudiendo realizar cambios en tres momentos diferentes:

– A nivel de prototipo.
– En el momento de la maquetación.
– En la fase de desarrollo.

La problemática a la que se enfrentó Idealista hace un par de años, momento en el que se comenzó a trabajar seriamente el SEO de manera interna, era la siguiente:

- Grado de indexación escaso para un sitio tan grande (no más de 200.000 páginas), por falta de enlazado y accesibilidad desde portada e identificativos de sesión que se pasaban por la URL.
- Posible penalización, debido a duplicados en subdominios de idealista.com.

Aún así, Idealista ostentaba un Google Page Rank de 5, con miles de enlaces entrantes de calidad, siendo ya un auténtico referente en el sector online.

Tras un análisis exhaustivo se renuncia a realizar un gran rediseño SEO, trabajando por fases. Se toman medidas correctoras paso a paso, que permitan mantener el control de los cambios y no perjudicar la usabilidad. Se pretende comprender en cada caso qué es lo que ha funcionado y qué es lo que no, sin tener que rehacer la programación básica.

El nivel de optimización en el que se ha trabajado es medio, pudiendo ser más agresivo si fuera necesario en un futuro. Como medidas correctoras que funcionaron se pueden destacar:

- **Redirección de todos los subdominios** a directorios de idealista.com.
- **Creación de un mapa web** para usuarios **y de un sitemap** para motores de búsqueda, pasando de 200.000 a 2,6 millones de páginas indexadas.
- **Se evita el acceso de los buscadores a contenidos duplicados**, mediante el uso de directivas en el archi-

vo robots.txt y del Meta tag robots "noindex, nofollow".

- Se consigue dejar una **ruta limpia desde portada**.
- **Se crean nuevas etiquetas Title y Meta**, y lo que Idealista define como **microcontenidos** (titulares, textos, copys, etiquetas alt, etc). Se trabaja de forma contínua en este área.

Tras la implementación de estos cambios, **el tráfico orgánico SEO se multiplica por 7 en dos años**, consiguiéndose un posicionamiento óptimo para las palabras clave elegidas. Aún sin ser una estrategia agresiva, ya que el Portal no la necesitaba, se lograron magníficos resultados.

Aún así, desde Idealista reconocen que queda mucho por hacer y se sigue trabajando en formación, mentalización y en nuevos desarrollos optimizados.

Idealista.com es un portal web orientado a conseguir una experiencia muy avanzada del usuario en la búsqueda de piso. Desde la compañía afirman que en su caso particular, el día a día del SEO es una negociación entre los objetivos de usabilidad (como ya se ha mencionado, muy importantes para ellos) y los requerimientos de los buscadores, habiendo llegado a un interesante equilibrio de fuerzas en donde el usuario no abdica su "poder" y los buscadores pueden rastrear facilmente contenidos.

*Imagen 8.7.* Mapa web[15] de idealista.com, que mejoró notablemante la indexación del Portal en buscadores.

15 http://www.idealista.com/mapaweb/index.htm

## 2.3. Caso práctico Minube.com

Minube es un proyecto joven, que vio la luz en julio de 2007 como un buscador vertical de vuelos y hoteles, completándose en noviembre de 2007 con una red social de viajes.

Durante 2007, esta start-up de origen español se internacionalizó, recibiendo inversión francesa, lo que le permitió lanzar también Minube en Francia bajo el nombre de Monnuage.fr.

Se trata de un proyecto ambicioso dentro de un sector muy competitivo (travelling) y que pretende convertirse en referente de la web 2.0 hispana.

Minube ha realizado acciones de SEO, pero sobre todo se ha valido en estrategias de optimización y marketing en medios sociales (SMO y SMM) para aumentar su visibilidad en internet. Remarcar que su inversión ha sido realizada fundamentalmente en tiempo y en recursos humanos.

*Imagen 8.8.* Página principal de Minube[16].

16 http://www.minube.com

A grosso modo, se puede decir que la mezcla SEO-SMO-SMM les ha dado buenos resultados. La estrategia se ha apoyado desde el principio en ideas originales, en aprovechar al máximo las últimas herramientas tecnológico-sociales y en el networking, con sus sinergias offline.

## SMO

Como resumen de las acciones de SMO desarrolladas se pueden destacar:

– **Integración del contenido generado por los usuarios** (sus rincones favoritos, como hoteles, restaurantes o playas) en Google Maps y Google Earth. Esto puede convertirse en una importante fuente de tráfico hacia Minube, ganando reputación online asociando la marca a Google y obteniendo popularidad a través de usuarios que quizá no hubieran llegado a Minube de otra manera.

– **Usuario en Twitter.com.** El microblogging, especialmente Twitter, se ha convertido en los últimos tiempos en una de las más populares tendencias en internet, sobre todo entre los más jovenes. Minube ha utilizado Twitter como una nueva herramienta de comunicación y un canal adicional más para estar en contacto con los bloggers y los internautas. Un lugar especialmente democrático en el que sólo recibe información concreta y concisa quien se suscribe a ella.

Minube descubrió en Twitter una útil y ágil herramienta de comunicación, utilizándola para enlazar contenido interesante, difundir posts del blog corporativo, transmitir ofertas, anunciar eventos e incluso organizar un concurso que utilizaba este canal como parte fundamental de su funcionamiento.

– **Presencia en redes sociales y comunidades virtuales**, como pueden ser Youtube.com, Facebook, Flickr o MySpace. Cual un usuario más, Minube creó perfiles y canales en cada una de las redes más importantes. Se pretendía compartir el "día a día online" y llegar al mismo tiempo a usuarios que demandan información a través de estas nuevas plataformas, que poco a poco están cambiando la forma de entender la comunicación tradicional.

– **Widgets**. Desarrollo desde cero de una serie de mini aplicaciones sociales que permiten a los bloggers y a los usuarios de las redes sociales crear widgets personalizados sobre viajes. El fin era dar a conocer todas las ventajas de Minube: ofertas de vuelos, descubrir lugares, compartir rincones inolvidables, etc. Gracias a los widgets se consiguió un doble objetivo: visibilidad en blogs y ofrecer un servicio de interés a la comunidad online. Del mismo modo, se crearon widgets para las plataformas Netvibes e iGoogle, consiguiendo presencia en sitios populares y creando otro servicio de gran utilidad.

– **Blog corporativo**. A Minube Blog se le dotó de un carácter desenfadado, pretendiendo humanizar la empresa e informar de forma amena de las últimas novedades de la red social. El blog de noticias (Minube News) es usado para hablar de noticias relacionadas con el sector de los viajes en internet y compartir información de interés sobre turismo. Aparte de todo esto, los responsables de Minube participan, comentan y dialogan en otros blogs afines temáticamente.

– **Estrategias avanzadas de sindicación de contenidos**, incluyendo canales RSS propios e integración con otras plataformas mediante enlaces a redes de *bookmarking* y filtrado social de noticias tipo Deli.icio.us, Digg o Menéame, incentivando que el contenido viaje y se comparta.

*Imagen 8.9.* Blog corporativo de Minube[17].
A la derecha, se pueden ver los widgets que han desarrollado específicos para bloggers.

– **Viral y buzz marketing**. Minube ha creado ideas originales e interesantes que consiguieron generar viralidad y buzz (ruido online) de forma natural.

Una de ellas fue la denominada "Vuelta al mundo 2.0", que consistió en realizar un viaje, de dos meses de duración por 15 ciudades de todo el mundo, visitando a bloggers y a emprendedores españoles o hispanos. Al mismo tiempo de unir a internautas de todo el mundo, se blogueó la aventura, difundiendo todo el material recopilado (fotos, videos,

17 http://blog.minube.com

podcasts, etc.) que finalmente, desembocará en un libro que recoja toda la experiencia vivida.

*Imagen 8.10.* Blog sobre la Vuelta al mundo 2.0[18] de Minube.

– **Networking y relaciones offline**. Minube acude puntualmente a los más importantes eventos, congresos y convenciones de los sectores internet y turismo. En estas citas Minube suele estar presente como ponente, aunque en ocasiones, también lo haga de oyente. Minube considera que compartir ideas, experiencias y vivencias personales o profesionales es una de las mejores maneras de conseguir sinergias, apoyos, ideas y conocimiento para seguir progresando cada día.

Por último, una cuidada atención y soporte a los usuarios de Minube, que los convierte en los verdaderos altavoces de la marca, complementa a todas las acciones anteriores.

La estrategia de SMO de Minube ha sido un verdadero éxito, consiguiendo visibilidad en Internet y valoraciones

[18] http://vueltaalmundo.minube.com

altamente positivas. Se logró aparecer de forma natural en los blogs más importantes e influyentes, con presencia periódica en algunos de los principales medios de comunicación, tanto online como offline, con un crecimiento constante en tráfico web.

Minube es hoy considerado como un referente y una parte activa de la web 2.0 hispana, aumentando el número de usuarios registrados y únicos de forma constante.

A día de hoy (datos de Abril de 2008), Minube cuenta con más de 3.500 usuarios registrados, 23.000 fotografías de viajes, 400 vídeos, 3.500 rincones y 400 viajes, convirtiéndose en una auténtica Red Social donde los usuarios comparten sus viajes.

## 3. PLANTEAMIENTOS APROPIADOS Y ERRÓNEOS DE CARA AL POSICIONAMIENTO EN BUSCADORES

### 3.1. Caso apropiado: sitio web Diario ABC

El Diario ABC, perteneciente al Grupo Vocento y uno de los decanos de la prensa española, acometió durante el año 2007 una modificación estructural sustanciosa en su sitio web http://www.abc.es, cuyas bases se fundamentaron en consejos y recomendaciones SEO de importancia.

Algunas de las acciones desarrolladas favorables al SEO fueron:

- Maquetación limpia y semántica, donde imperan los contenidos textuales o gráficos sobre el código.
- Uso acorde de la etiqueta Title y la información META de cada página individual.

- URLs totalmente amigables, sin parámetros o identificativos de sesión que entorpezcan la indexación.
- Menús accesibles para buscadores, mediante capas y enlazado estandar y sin usar JavaScript.
- Nube de tags y organización de canales RSS, enlazándo los feeds a las principales plataformas de lectura (Bloglines, Netvibes, Google Reader, etc.).
- Correcta lectura e interpretación por parte de buscadores de noticias.
- Hemeroteca totalmente accesible para buscadores, que también indexa todo lo que los usuarios van buscando. Si se requiere de ejemplares anteriores a 2002 existe un archivo documental con ejemplares pasados, a través de la herramienta MyNewsonline, de pago y lógicamente, no accesible para buscadores.
- Desarrollo de sitemaps en XML, tanto para el sitio web en general como para las noticias en particular.

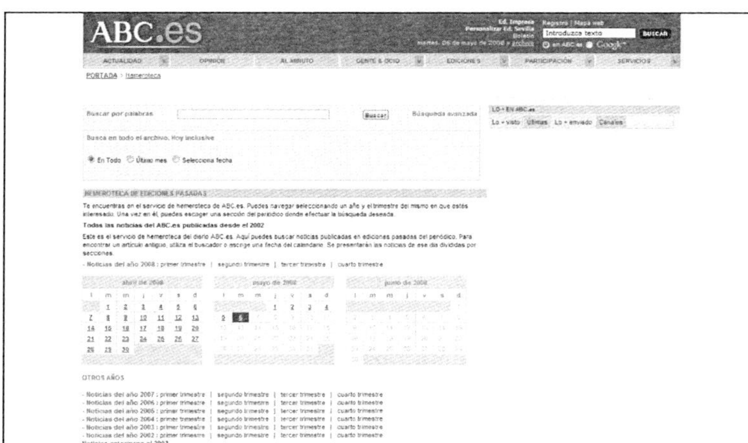


*Imagen 8.11.* Sección Hemeroteca[19] del sitio web del Diario ABC.

[19] http://www.abc.es/hemeroteca

Todo esto ha permito que Abc.es disponga de más de 1 millón de páginas indexadas por buscadores, lo que representa un nivel de saturación elevado, siendo un logro en cuanto a visibilidad en los mismos. Todo un ejemplo para muchos otros periódicos online cuya estructura web permanece sin optimizar de cara a buscadores.

## 3.2. Caso erróneo: sitio web Congreso de los Diputados de España

En el bando contrario se encuentra el sitio web del Congreso de los Diputados de España, http://www.congreso.es. Un caso sonado de cómo hacer las cosas erróneamente de cara al posicionamiento en buscadores.

La noticia sobre las aberraciones cometidas en la programación del sitio web del Congreso apareció en varios blogs en junio de 2007[20]. El trabajo de diseño y desarrollo se había ganado por concurso público, cuya licitación salió en el BOE[21] y fue adjudicada conjuntamente a Indra y Telefónica.

Ya no solo a nivel SEO se habían hecho las cosas desastrosamente, sino en lo que respecta a usabilidad y accesibilidad web se hicieron hasta peor. Hago un breve compendio de todos estos desvarajustes, entre los que se podían encontrar:

- Maquetación no compatible con todos los navegadores.
- URLs nada amigables.
- Redirección inicial en JavaScript.

[20] Blog de Angel Nieto Porras, http://www.anieto2k.com/2007/06/14/la-nueva-pagina-web-oficial-del-congreso.
[21] Boletín Oficial del Estado (España), http://www.boe.es.

- Códigos de estilo y de script embebidos en el código (en su día, más de 1.000 líneas).
- Tiempo de carga muy elevado.
- Repetición de códigos.
- Rutas de URLs innecesarias.
- Etiquetas Title infrautilizadas y no implementación de etiquetas META description.
- Tablas para la disposición de elementos en la presentación.

A día de hoy, se han subsanado alguno de estos errores de libro, aunque la página sigue sin cumplir, por ejemplo, los estándares mínimos de accesibilidad web.

En resumen, un caso a tener en cuenta sobre lo que no hay que hacer si lo que se desea es obtener un posicionamiento optimizado en buscadores.

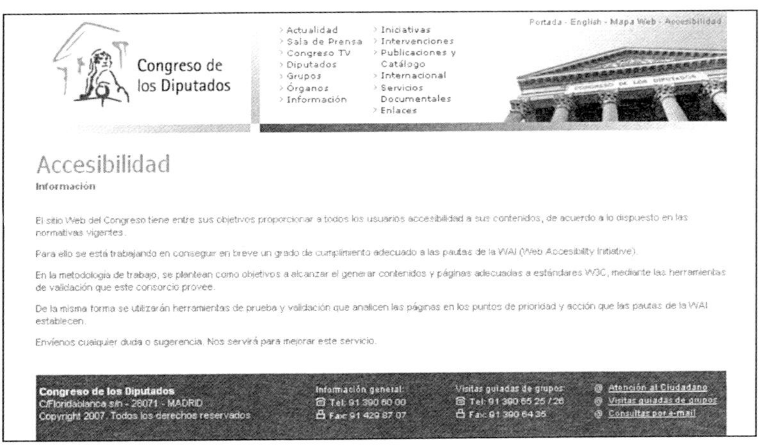


*Imagen 8.12.* Sección Accesibilidad[22] "en obras" del sitio web del Congreso de los Diputados de España.

---

22 http://www.congreso.es/portal/page/portal/Congreso/Accesibilidad

Capítulo 9

# Novedades en el posicionamiento en buscadores y encuesta de opinión

MIGUEL ORENSE

## 1. REFLEXIONES INICIALES

¿El SEO ha muerto?

¿Se trata de una estrategia obsoleta o un "commodity"?

¿Tiene el SEO actual algo que ver con el SEO del pasado?

A lo largo de este capítulo se tratará de desvelar estas y otras preguntas. Aunque a los agoreros les pese, el SEO no ha muerto. Es más, goza de una excelente salud: cada día son más los sitios web de empresas o de proyectos personales que hacen SEO para tratar de rentabilizar así su presencia web.

Está claro que el SEO se debe de considerar como una fruta más dentro del "árbol" de acciones del marketing online. Eso si, considerándolo como la fruta más apetitosa en cuento a retorno de este árbol, aquella que todos codician y quieren alcanzar como fuente de captación de tráfico web cualificado.

*Imagen 9.1.* Árbol esquema en donde se recuerdan cuáles son las principales acciones de marketing online.

Lo que está claro es que el SEO actual no tiene nada que ver con las estrategias que se utilizaban en el pasado. El "anticuado" SEO en sentido estricto trataba de captar tráfico orgánico procedente de los buscadores. Para los puristas del SEO esto sigue siendo así, pero existen nuevas formas adicionales de captación.

Esta percepción originaria de sólo tráfico natural procedente de los buscadores ha cambiado hacia un **SEO en sentido amplio**, en el que el tráfico orgánico o natural se convierte en visitas no pagadas ni esponsorizadas y procedentes de cualquier fuente u origen, no solo desde buscadores.

Surgen así nuevos caladeros de tráfico en donde desplegar nuestras redes para pescar visitas cualificadas para nuestros sitios web. Esto unido a las novedades que han ido apareciendo en los motores de búsqueda conforman un nuevo escenario para el posicionamiento web en buscadores.

A continuación, se detallan las diferentes fuentes de tráfico orgánico hacia un sitio web.

## 2. FUENTES DE TRÁFICO HACIA UN SITIO WEB

Existen diferentes orígenes de visitas hacia un sitio web. Desgranando más esta clasificación, se introducen nuevos conceptos y manás de captación.

En anteriores capítulos, se describieron los 3 principales orígenes de procedencia de una visita en web:

- Directas.
- Sitios web de referencia.
- Tráfico desde buscadores.

Existe un cuarto origen, que se refiere a otros orígenes de referencia.

Aparte del tráfico directo[1], también conocido como tráfico por defecto o de ambiente (de forma genérica, aquel que proviene de un *browser bookmark* o de la barra de direcciones de nuestro navegador tecleando la dirección web a visitar), a continuación se profundiza en los otros dos principales orígenes.

---

[1] López, Miguel: Consultor SEO, tráfico directo en Google Analytics, http://www.tallerseo.com/2010/03/trafico-directo-en-google-analytics.html. La medición del tráfico directo podrá variar en función de la herramienta de analítica web que se use.

A través de los **sitios web de referencia** se captan visitas a partir de enlaces entrantes desde terceros sitios web. Estos enlaces también sirven para potenciar la estrategia de posicionamiento SEO a través de acciones de *link building*, consiguiendo ser enlazado desde sitios relevantes, de mucho tráfico o con autoridad en la red, webs afines temáticamente y/o mediante enlaces con un texto ancla determinado.

Pero al profundizar más en esta relación de terceros sitios web se puede llegar a una clasificación mucho más exhaustiva:

- Sitios que aceptan enlaces en sus páginas, como directorios, blogs, foros, wikis, webs de notas de prensa o *article marketing*, etc.
- Medios sociales, incluyendo los enlaces desde perfiles públicos propios o enlaces desde perfiles o servicios ajenos, incluido cualquier contenido generado por los usuarios (UGC, User Genereted Content).
- Enlaces desde aplicaciones, como pueden ser web widgets, toolbars, aplicaciones de redes sociales o cualquier aplicación para dispositivo o sistema operativo móvil (iPhone, Android).
- Cualquier otro tipo de enlace natural hacia nuestras páginas desde un sitio web externo.

Siempre que se hable de **tráfico procedente de los buscadores** se tendrá que diferenciar entre tráfico orgánico (no pagado) y esponsorizado (pagado). Es la eterna división entre SEO y SEM, también presente en el caso de los *web referrers*.

Dentro del tráfico no pagado, se conoce como tráfico branded aquellas visitas generadas a través de búsquedas nave-

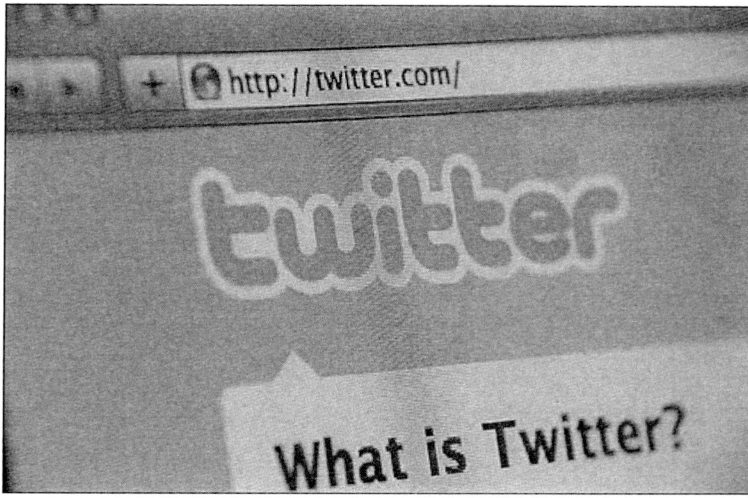


*Imagen 9.2.* Twitter, quizá la red social más popular del momento con permiso de Facebook.

gacionales o informacionales relacionadas con la empresa o sus marcas. Muchas de estas búsquedas tratan de chequear la reputación en internet de un producto o servicio. Incluso pueden existir entradas branded a un sitio web desde la parte SEM, si es que se permite comprar las palabras relacionadas con la marca.

También se pueden identificar como referidos orgánicos aquellos términos de búsqueda más genéricos o descriptivos. A este tipo de visitas se las conoce como tráfico nonbranded o de negocio.

La importancia de maximizar estos dos orígenes de visitas (sitios web de referencia y tráfico desde buscadores) se torna fundamental a la hora de abordar estrategias de "SEO en sentido amplio". En la actualidad, por ejemplo, existen sitios web cuyo principal origen de referencia es una red social, superando a los buscadores como principal fuente de visitas.

Por ejemplo, las tendencias y gustos actuales de los internautas delatan que la red social Facebook fue el sitio web más visitado en USA durante la segunda semana de Marzo de 2010. Este puesto lo solía ocupar hasta ahora el buscador Google, siendo la primera vez en mucho tiempo que pierde el liderato de audiencia, según datos de la consultora norteamericana de audiometría Experian Hitwise[2].

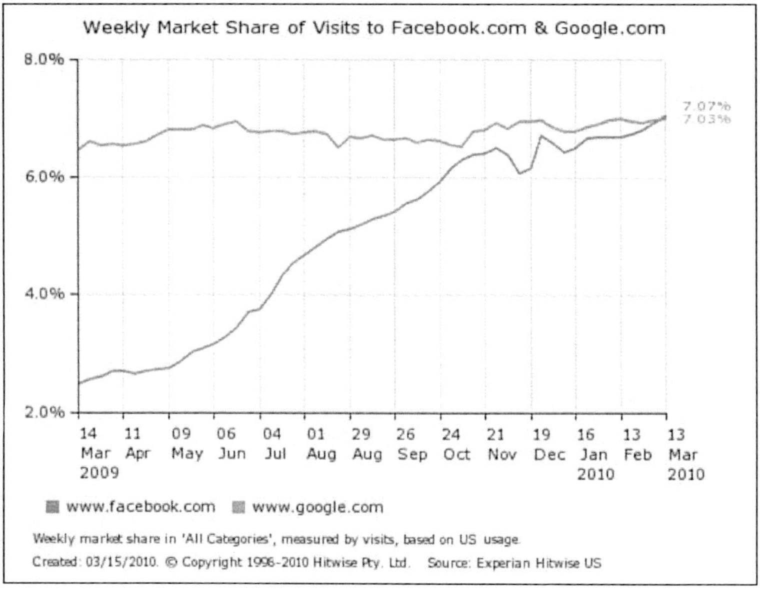


*Imagen 9.3.* Estadística de visitas a Facebook.com y a Google.com, semana 6 al 13 de marzo 2010, mercado USA.
*Fuente:* Hitwise.

[2] http://bit.ly/experian-hitwise

# 3. NUEVAS FORMAS DE CAPTACIÓN DE TRÁFICO (CUALIFICADO) HACIA UN SITIO WEB. NOVEDADES EN LOS BUSCADORES Y EN EL SEO

## Novedades en los buscadores y en el SEO

Nuevos servicios, nuevas plataformas, nuevos buscadores[3]. Bajo este panorama obtener un buen posicionamiento SEO en todos estos recursos conlleva un profundo conocimiento del medio. A esto habrá que añadirle destreza y pericia para interpretar correctamente, bajo una perspectiva SEO, todas estas novedades.

## 3.1. Nuevos servicios

### 3.1.1. *Universal Search*

Aunque no es para nada nuevo, ya que la patente data de 2005[4] y su lanzamiento, por parte de Google, se produjo en 2007[5], *Universal Search* fue una de las primeras formas de "enriquecimiento" de las SERPs mediante la inclusión de resultados de búsqueda procedentes de otros servicios.

Como ya se ha indicado en otros capítulos, los buscadores son brokers de tráfico web, meros intermediarios entre el usuario y la información requerida. En sus SERPs los usuarios pasan muy poco tiempo.

---

[3] Comentar que a fecha de hoy, Marzo 2010, muchas de las novedades que se describen solo están disponibles en USA.

[4] *US patent application 20050165744* es la patente original de Universal Search. Data del 28 de junio de 2005, figurando Marissa Mayer como una de las inventoras: http http://bit.ly/universal-search. Posteriormente la patente fue revisada en 2008: http://www.google.com/patents/about?id=p-G5AAAAEBAJ

[5] SULLIVAN, Danny: Editor jefe de Search Engine Land, sobre el lanzamiento de Google Universal Search: http://searchengineland.com/google-20-google-universal-search-11232.

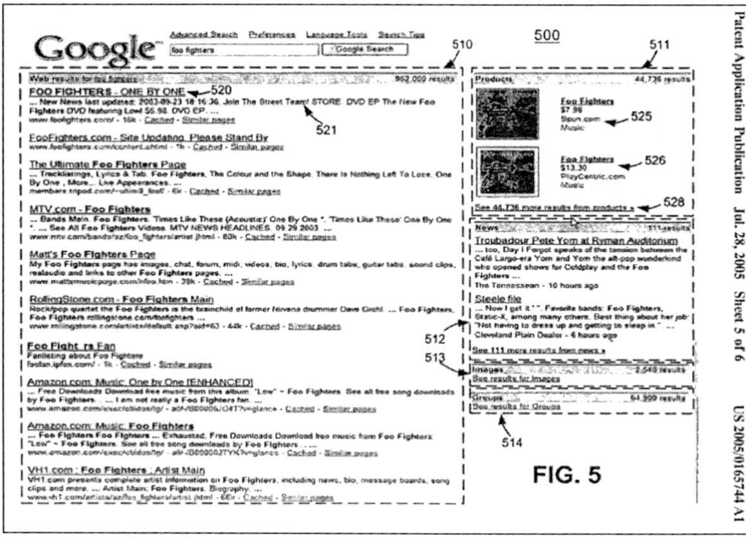


*Imagen 1.1.* Ejemplo de resultados Universal Search en Yahoo.

En un afán por conseguir un tráfico "cautivo" entre sus propias páginas y servicios, impidiendo que estas fuesen un simple escaparate web, Google lanzó su búsqueda universal, luego utilizada por otros buscadores.

Apoyándose en múltiples servicios y tipos de búsquedas paralelas (imágenes, videos, mapas, noticias), Google comenzó a mostrar en sus SERPs resultados propios de estos servicios, tendencia ésta muy repetida en búsquedas geolocalizadas (es decir, aquellas que llevan una localización dentro de la *key phrase*).

Así pues, se empezaron a utilizar diferentes técnicas encaminadas a optimizar la presencia en estos servicios paralelos, para así intentar asomarse con más frecuencia a los puestos nobles de los resultados orgánicos de búsqueda, siempre teniendo en cuenta que Universal Search no se muestra en todas las búsquedas.

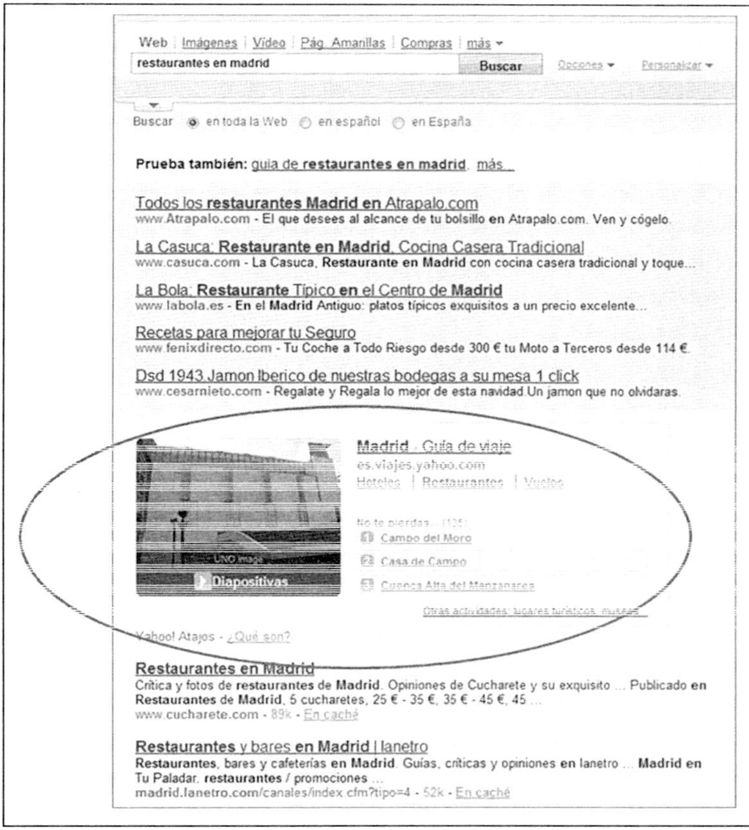


*Imagen 9.5.* Ejemplo de resultados Universal Search en Yahoo.

Por ejemplo, para optimizar imágenes se emplean técnicas de colocación de palabras clave en el nombre del archivo y etiquetas ALT o TITLE de la imagen.

En YouTube se aplican técnicas de optimización de títulos y descripciones de los videos, siempre incluyendo algún enlace en esta última (o visible desde el propio video). El etiquetado correcto de los videos mediante las *tags* y categorías más concretas también será importante.

Para mejorar en Google Maps será imprescindible darse de alta como negocio local en la herramienta Google Local Business Center.

Para posicionarse en Google News, paso previo para que Google Search nos considere fuente relevante y nos inserte en SERPs que muestren noticias, existen diferentes métodos, relacionados todos con el SEO on page de cada noticia y la implementación de archivos sitemap específicos que informen al buscador de las últimas noticias publicadas.

### 3.1.2. La búsqueda personalizada y el *real time search*

Como se ha podido comprobar a lo largo de esta obra, cada vez surgen más frentes SEO, nuevas aplicaciones o funciones de búsqueda en donde se deberán de quemar todas las naves para aparecer arriba. En este contexto se puede mencionar a la **personalización y el tiempo real** como nuevos campos de batalla para el posicionamiento. Ambas funcionalidades se pueden encontrar en el buscador Google.

A través de la búsqueda personalizada se trata de mostrar resultados singulares, más afines al perfil del usuario que está buscando. Técnicamente se trata de "viciar" los resultados naturales de las SERPs introduciendo páginas ya buscadas o visitadas anteriormente, delegando el trabajo técnico de detección de dichas páginas a las cookies y a los historiales de búsqueda y navegación web.

Esta funcionalidad, que ya se encontraba activa parcialmente para usuarios que buscasen bajo registro, trata de conseguir la individualización de las búsquedas, no solo a través del historial de búsquedas web del usuario sino también de su propia historia de navegación.

Aunque a priori esta nueva funcionalidad se podría entender como un atentado en toda regla contra el SEO, en la práctica no es así, ya que hay que tener en cuenta varios condicionantes:

- Volumen de búsquedas personalizadas y tanto por ciento de cambios para esas búsquedas "modificadas" muy bajo.
- La búsqueda personalizada se puede desactivar en su totalidad.

En otras palabras, la búsqueda no personalizada sigue prevaleciendo en los resultados de búsqueda. Por tanto, surge el concepto de **resultados de búsqueda canónicos o principales**, que serán aquellos que se producen en mayor medida y cuando la búsqueda personalizada está desactivada.

Aún así, la búsqueda personalizada no deja de ser una nueva "yincana" para los SEOs, y ya se han realizado multitud de pruebas y comentarios sobre la misma.

En lo referente a la búsqueda en tiempo real, esta viene instigada por servicios de *live posting*, en los que se generan conversaciones y comentarios instantáneos sobre un tema concreto. También está relacionada con la última actualización de la arquitectura de Google, más conocida como *Caffeine*, que incluyó una barra lateral desplegable con opciones y filtros de búsqueda.

El *real time search* se produce por esta inmediatez de información que hoy en día se va generando en internet, sobre todo en las redes sociales. Los buscadores no se han querido quedar fuera de este juego y han optado por montar sus propios servicios de búsqueda, dando resultados en tiempo real.

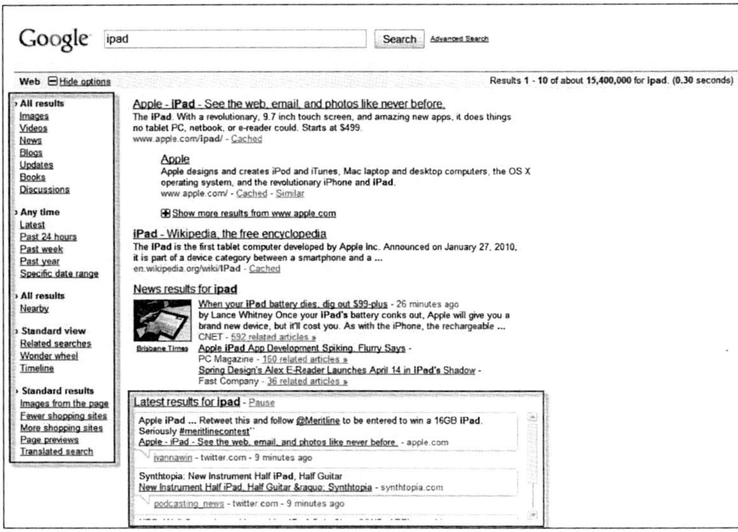


*Imagen 9.6.* Ejemplo de la actualización Google Caffeine (resaltado a la izquierda) y de resultados en tiempo real (resaltado abajo) para la búsqueda "ipad".

Técnicamente se trata de integrar en las SERPs resultados provenientes de este tipo de redes (Facebook, Identi.ca, MySpace, etc.) y sobre todo, de redes de microblogging como Twitter. Las búsquedas para las que se genera *real time buzz* son elegidas por el propio buscador.

A nivel SEO y en forma de visitas, esta nueva funcionalidad resulta casi impalpable, ya que la aparición de este tipo de resultado en las SERPs es casi nula y el tiempo de vigencia de estos resultados en las mismas es muy escaso, sobre todo tras búsquedas de temas candentes. En otras palabras, posicionar en el *real time search* es impracticable como técnica SEO.

## 3.2. Nuevas plataformas

### 3.2.1. *Los Social Media y el contenido generado por el usuario (UGC)*

En el capítulo 3 se explicaba como los medios sociales podían apoyar al SEO como técnica de *link building*. Ahora se profundizará en como las nuevas plataformas sociales pueden mejorar una estrategia SEO global, captando un mayor tráfico procedente de diferentes orígenes, incluyendo contenido generado por el usuario (UGC)[6].

Disponer de perfiles y cuentas en las más conocidas redes sociales podrá ayudar también a solucionar problemas de reputación online, o a mejorarla. Muchas páginas y contenidos de estas redes rankean muy bien en buscadores, por lo que se podrán posicionar bien, sobre todo para búsquedas de carácter corporativo. A los buscadores les encanta el UGC, y alguno de sus beneficios de cara al SEO son:

- Contenido único.
- Constantemente actualizado.
- Volumen de generación aceptable.
- Rico en palabras clave.

Pero el verdadero potencial de los Social Media está en el contenido generado por el usuario, y como este puede derivar un *tsunami* de visitas hacia nuestro sitio web. Según la consultora norteamericana EMC[7], en 2011 el 70% de los contenidos volcados en la red serán UGC. A nivel SEO, hay que estar preparado para esto.

---

6 http://en.wikipedia.org/wiki/UGC

7 IDC white paper, The Diverse and Exploding Digital Universe, patrocinado por EMC, Marzo 2008, http://www.emc.com/collateral/magazine/on-mag-1-2008-print.pdf

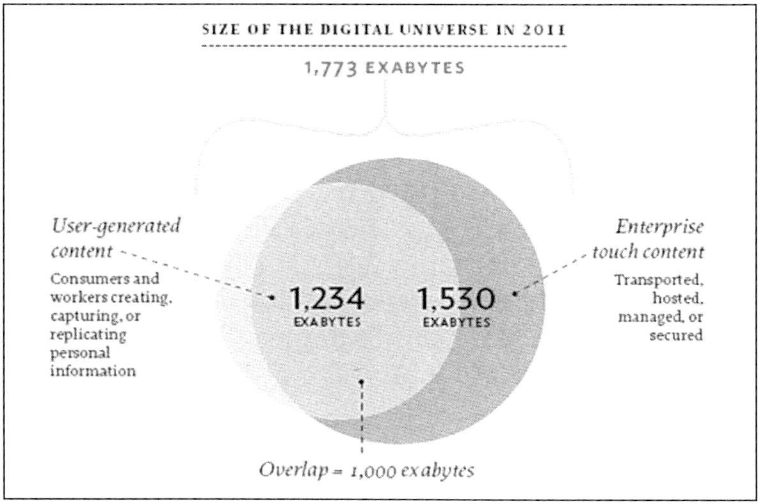


*Imagen 9.7.* Tamaño del Universo Digital. *Fuente:* IDC.

Redes como Facebook, Tuenti o Twitter, en donde el usuario, a través de publicaciones propias, está constantemente compartiendo información y enlaces de todo tipo, no solo sirven como origen de visitas de incalculable cualificación, sino que pueden convertirse en "ágoras" alternativas al sitio web corporativo, en donde se comente sobre marcas, productos y servicios, produciéndose constantemente recomendaciones sociales.

Algunos breves consejos para conseguir que el contenido generado por el usuario se transforme en buzz positivo para nuestra marca son:

- **Facilita plataformas para que tus usuarios hablen de tu marca** y puedan generar contenidos: blogs propios, calificaciones (reviews) en sites propios, páginas de Facebook, cuentas de Twitter, canal en YouTube, etc.

- **Participa y conversa en las diferentes redes sociales y perfiles ajenos**. Generar UGC en terceros sitios relevantes es importante para convertirse en referencia.
- **Cultiva tu propio UGC**. No hay peor imagen que visitar cualquier perfil social corporativo huérfano de contenido.
- **Usa cada red para su propio fin e infórmate sobre redes alternativas**. Por ejemplo, YouTube está muy bien para dinamizar video, pero se podrán utilizar también otras plataformas (Vimeo, DailyMotion, Metacafe, etc.).
- **Enriquece tu estrategia con el uso de herramientas sociales de apoyo**. Por ejemplo, en Twitter existen infinidad de aplicaciones[8] que complementan y facilitan el "tuiteo".

Otro claro ejemplo son los acortadores de URLs. Los *URL shorteners*[9] son aplicativos que sirven para recortar y distribuir en web aquellas direcciones web muy largas en número de caracteres, como por ejemplo esta: http://www.elpais.com/articulo/internet/Facebook/supera/Google/visitas/EE/UU/elpeputec/20100317elpepunet_1/Tes. Es tan fácil como introducir la URL a acortar y el sistema te devuelve la URL corta, que se podrá compartir y llevarse más fácilmente a otras aplicaciones. El proceso se puede comprobar en la imagen 9.8.

Algunas de estas aplicaciones web incluyen estadísticas sobre la cantidad de enlaces acortados, el número de clicks recibidos o su procedencia. Las más populares de la red son ow.ly, bit.ly o tinyurl.com.

---

8 1000 Twitter Apps, Tools, Clients, and Services, http://botw.org/articles/twitter-apps-and-services.html.

9 http://en.wikipedia.org/wiki/URL_shortening

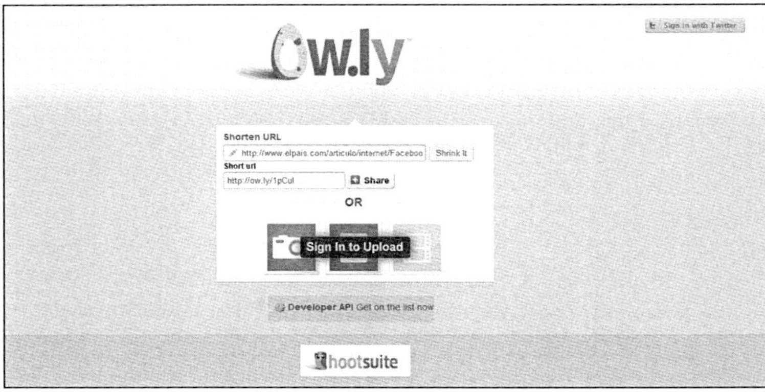


*Imagen 9.8.* Captura de pantalla del proceso de acortación de URLs en Ow.ly[10].

Los acortadores son muy útiles para minimizar caracteres, sobre todo si el espacio en donde se va a insertar el enlace es limitado. Aunque tienen sus repercusiones negativas para el SEO, ya que el texto ancla del enlace es difícilmente optimizable y algunos acortadores no traspasan Page Rank y *link juice*.

Para intentar contrarrestar estos efectos negativos de cara al SEO, la recomendación es usar acortadores en los que se pueda personalizar el texto del enlace y que generen redirecciones permanentes de servidor, es decir, aquellas que devuelven un *HTTP Status Code 301*. Muchos de los diferentes acortadores existentes en el mercado cumplen estos requisitos[11].

---

[10] http://ow.ly/url/shorten-url

[11] MUÑOZ, Fernando: Consultor SEO, estudio sobre acortadores de URL, http://bit.ly/acortadores

*Imagen 9.9.* Funcionalidades de la versión PRO de bit.ly.

## 3.3. Nuevos buscadores

### *3.3.1. Bing, el recién llegado*

En junio de 2009, Microsoft presentaba la nueva evolución de su buscador: **Bing**.

Posicionado como un *decision engine* o buscador que ayuda a tomar decisiones, el heredero de Windows Live Search incluye una serie de interesantes funcionalidades, entre las que cabe destacar:

- Búsquedas relacionadas e historial de búsqueda siempre visibles.
- Previsualización de más información en los resultados.
- Incorporación de resultados universales (Universal Search), al estilo de otros buscadores.
- Posibilidad de realizar recomendaciones sociales.
- Resultados en tiempo real no integrados, ya que Bing los proporciona a través de un servicio aparte: www.bing.com/twitter.

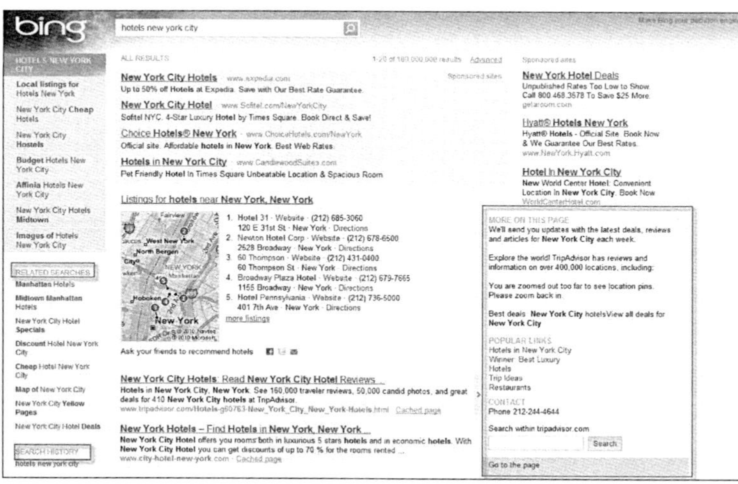


*Imagen 9.10.* Resaltadas en rojo, alguna de las funcionalidades de Bing ejemplificadas para la búsqueda "hotels new york city".

La información que el buscador proporciona a los webmasters, gestores de sitios web y SEOs es bastante amplia.

Blogs, foros y guías[12], así como una aplicación SEO toolkit[13] específica conforman la oferta de conocimiento puesta a disposición del público en general por Microsoft.

Bing ha ido ganando cuota en el difícil mercado de los buscadores, sobre todo en USA, donde ya casi es el segundo jugador más importante. El acuerdo de transferencia tecnológica con Yahoo[14] hará que Bing sea el buscador de éste, por lo que las distancias con el principal dominador del mercado se reducirán.

| Top 10 Search Providers for February 2010, Ranked by Searches (U.S.) | | | |
|---|---|---|---|
| Rank | Provider | Searches (000) | Share of Searches |
| | All Search | 9,175,357 | 100.0% |
| 1 | Google Search | 5,981,044 | 65.2% |
| 2 | Yahoo! Search | 1,294,261 | 14.1% |
| 3 | MSN/Windows Live/Bing Search | 1,142,364 | 12.5% |
| 4 | AOL Search | 206,969 | 2.3% |
| 5 | Ask.com Search | 175,074 | 1.9% |
| 6 | My Web Search | 91,288 | 1.0% |
| 7 | Comcast Search | 55,122 | 0.6% |
| 8 | Yellow Pages Search | 27,002 | 0.3% |
| 9 | NexTag Search | 26,462 | 0.3% |
| 10 | WhitePages.com Network Search | 24,681 | 0.3% |
| Source: The Nielsen Company | | | |

| Top 10 Search Providers for January 2010, Ranked by Searches (U.S.) | | | |
|---|---|---|---|
| Rank | Provider | Searches (000) | Share of Searches |
| | All Search | 10,272,099 | 100.0% |
| 1 | Google Search | 6,805,424 | 66.3% |
| 2 | Yahoo! Search | 1,488,476 | 14.5% |
| 3 | MSN/Windows Live/Bing Search | 1,116,546 | 10.9% |
| 4 | AOL Search | 251,762 | 2.5% |
| 5 | Ask.com Search | 194,161 | 1.9% |
| 6 | My Web Search | 112,356 | 1.1% |
| 7 | Comcast Search | 59,608 | 0.6% |
| 8 | Yellow Pages Search | 35,101 | 0.3% |
| 9 | NexTag Search | 34,736 | 0.3% |
| 10 | BizRate Search | 20,123 | 0.2% |
| Source: The Nielsen Company | | | |

*Imagen 9.11.* Evolución de los diferentes buscadores por número de búsquedas mensuales, mercado USA, periodo Enero-Febrero 2010. *Fuente:* Nielsen.

---

[12] Bing dispone de un centro para webmasters y un *toolbox* en las direcciones web http://www.bing.com/webmaster y http://www.bing.com/toolbox , desde donde se pueden acceder a diferentes ayudas.

[13] http://www.microsoft.com/web/spotlight/seo.aspx

[14] http://finance.yahoo.com/news/Yahoo-and-Microsoft-to-bw-2356666634.html?x=0

## 4. ENCUESTA SEO: RESULTADOS OBTENIDOS

Estar al día de todas las novedades y conocer aquellos factores más importantes a la hora de acometer una campaña SEO resultará fundamental para alcanzar objetivos.

Bajo estas premisas, se ha incluido en el libro una encuesta de opinión entre diferentes SEOs hispanos.

La encuesta se realizó sobre una muestra de un centenar de personas, todas ellas consultores SEO o relacionadas con el sector del marketing y del posicionamiento en buscadores de España o de Latinoamérica.

Las respuestas se pueden considerar muy representativas como medidor o barómetro del SEO hispano.

La consulta constaba de 5 preguntas, 4 de carácter técnico y una de tipo comercial. Se planteó una encuesta de elección entre múltiples opciones y que cubriese tanto temas técnicos (factores SEO, herramientas más utilizadas, etc.) como de negocio, valorando los principales impedimentos a la hora de ofrecer un servicio SEO.

El listado de factores SEO más relevantes se basa en otra encuesta realizada por Rand Fishkin en el blog SEOmoz[15]. Esta pregunta de la encuesta trata de clasificar, por orden de importancia, los diez factores SEO de más peso.

Las preguntas y sus posibles respuestas de opción múltiple fueron:

[15] FISHKIN, Rand: Ranking factors Version 2 released, http://www.seomoz.org/blog/ranking-factors-version-2-released.

*1. ¿Que factores le parecen más importantes en una campaña SEO?*

1. Factores SEO internos, on-page o on-site.
2. Factores SEO externos, off-page o off-site.

*2. Excluyendo el estudio previo de palabras clave, ¿qué datos referentes al sitio web a posicionar son los primeros que comprueba al iniciar una campaña SEO? (señale 2)*

1. Edad del dominio.
2. El Google Page Rank de su página de inicio.
3. La saturación del sitio web en buscadores.
4. La popularidad web medida en número de enlaces entrantes.
5. El código fuente de la página de inicio.
6. Otros (señale cuáles).

*3. Ordene los siguientes factores SEO por orden de importancia (10=más importante, 9, 8, 7, 6, 5, 4, 3, 2, 1=menos importante)*

Uso de keyword en el Title.

Anchor Text de los enlaces entrantes.

Estructura interna de los enlaces.

Relación temática de las webs/páginas que te enlazan respecto a tu keyword.

Edad de una web.

Popularidad (medida en enlaces) global del dominio o sitio web.

Popularidad (enlaces) de una página dentro de la comunidad temática.

Uso de keywords en la página.
Popularidad (enlaces) globales de página/web que te enlaza.
Relación temática de las páginas que te enlazan.
Otros: indique cuáles y la puntuación que les daría.

*4. Cuales de las siguientes herramientas SEO utiliza con más frecuencia (señale 2)*

1. Generador/analizador de palabras clave.
2. Simulador de araña.
3. Comprobador de ranking y posiciones en buscadores.
4. Generador de mapas en XML (Sitemaps).
5. Visor de cabeceras web (HTTP headers).
6. Software de gestión SEO especializado.
7. Otros (señale cuáles).

*5. Por último, ¿cuáles cree usted que son los mayores impedimentos a la hora de vender una campaña de posicionamiento en buscadores SEO? (señale 2)*

1. Desconocimiento por parte del cliente de los servicios SEO y de sus ventajas.
2. Inquietudes y falsos mitos acerca del posicionamiento en buscadores.
3. Falta de calidad en el servicio o incumplimiento de objetivos.
4. La no instantaneidad del servicio.
5. Precio excesivo o falta de presupuesto.
6. Otros (señale cuáles).

Las 50 respuestas obtenidas son muy representativas, ya que se trata de profesionales íntimamente relacionados con el sector del marketing y del posicionamiento en buscadores, tanto en España como en Latinoamérica. Por lo tanto, las conclusiones de la encuesta miden fielmente la opinión y las principales tendencias del SEO hispano.

Respecto a la primera pregunta, la más sencilla de todas, **el 41% de los encuestados se decantaron por los factores internos, on-page u on-site como los más importantes en una campaña SEO**. Casi el 33% de las respuestas eligieron los factores externos, off-page u on-site como los más representativos para el SEO, mientras que, aunque no fuera una respuesta válida, el 26% optaron por resaltar la importancia de ambos tipos de factores, sin decantarse por ninguno.

Los resultados obtenidos tras las contestaciones a la segunda pregunta fueron mucho más ajustados, siendo **el código fuente de la página de inicio, con un 30% de las respuestas, el primer dato referente al sitio web a posicionar que se comprueba al iniciar una campaña SEO**. La popularidad web medida en número de enlaces entrantes (22%) y la saturación del sitio web en buscadores (21%) fueron la segunda y la tercera opción más seleccionadas. Otro tipo de comprobaciones se llevaron el 10 % de las respuestas, entre las que cabe destacar:

- Etiquetas <title> de los documentos indexados.
- La estructura de links internos.
- Diferentes búsquedas en Google para algunas palabras clave para las que el sitio web pueda estar bien posicionado.
- La versión en caché de la página en Google.

Por último, comprobar el Google Page Rank de la página de inicio y la edad del dominio fue escogido por el 9% y7% de los encuestados.

En cuanto a la ordenación, por importancia, de diferentes factores SEO o *search engine ranking factors* que influyen a la hora de acometer una campaña de posicionamiento, **el uso de keyword en la etiqueta Title fue la opción mejor valorada, con un 8,43 puntos** sobre 10 posibles de nota media, muy por encima de las siguientes opciones. En segundo lugar, el anchor text de los enlaces entrantes obtuvo una valoración de 6,94 puntos, mientras que en tercera posición la estructura interna de los enlaces consiguió 5,77 puntos, seguido muy de cerca por el uso de keywords en la página, con 5,74 puntos de media. La edad de una web también pasó el aprobado, consiguiendo una puntuación de 5,15.

Como opciones alternativas a las 10 propuestas, algunas de las respuestas aportadas y su valoración fueron:

- Eliminación de barreras a la navegación e indexación (8).
- La saturación en buscadores del dominio (9).
- La geolocalización del sitio que te enlaza (6).
- El uso de keyword en el dominio (10).

En relación a la pregunta sobre las herramientas SEO (*SEO tools*) más utilizadas, **el comprobador de ranking y posiciones en buscadores fue la herramienta SEO mejor valorada, con un 27% de apoyos.** Cualquier instrumento online generador o analizador de palabras clave fue nombrado en un 26% de los casos, mientras que el generador de mapas en XML y el software de gestión SEO especializado fueron designados como herramientas favoritas por el 16% y 13% de los encuestados respectivamente.

Como alternativas a las propuestas, los propios buscadores fueron seleccionados como herramienta en varias ocasiones. Otro tipo de útiles extraídos de las respuestas de la encuesta fueron:

- La extension Web Developer para el navegador Mozilla FireFox.
- Yahoo Site Explorer.
- Google Webmaster Tools.
- Google Analytics.

En cuanto a los mayores impedimentos a la hora de vender una campaña de posicionamiento en buscadores, **el 35% de los encuestados optó por el desconocimiento por parte del cliente de los servicios SEO y de sus ventajas** como principal inconveniente a la hora de ofrecer servicios SEO. La no instantaneidad del servicio fue elegida por el 28% de los encuestados, mientras que las inquietudes y falsos mitos acerca del posicionamiento en buscadores obtuvo un 15% de las respuestas.

Algunos de los comentarios vertidos dentro de la opción "otros" fueron:

- "Existencia de servicios de bajo coste e intrusismo de escasa calidad, que confunden al cliente y desvirtúan el mercado."
- "Difícil medición de los resultados."
- "Difícil implementación de la consultoría."

- "La falta de seguridad en la oferta, nadie puede garantizar lo que se va a conseguir y que no existan garantías con respecto a la posición alcanzada".
- "Falta de claridad en lo que se ofrece."
- "Poca valoración de los servicios por parte del cliente".

## 4.1. Resultados gráficos y conclusiones finales de la encuesta

**1. ¿Qué factores parecen más importantes en una campaña SEO?**

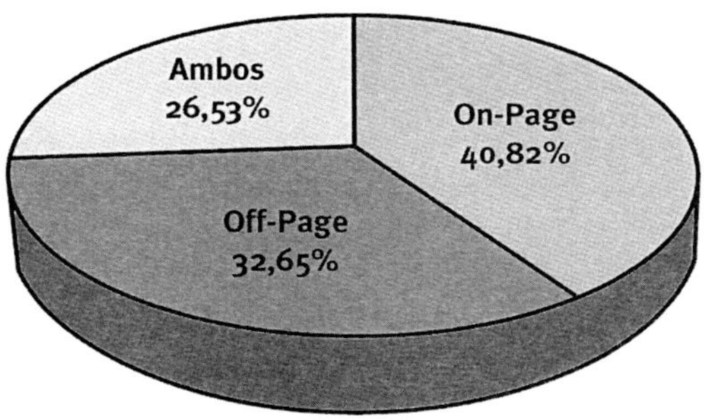


**2. ¿Qué datos referentes al sitio web a posicionar son los primeros que comprueba al iniciar una campaña SEO?**

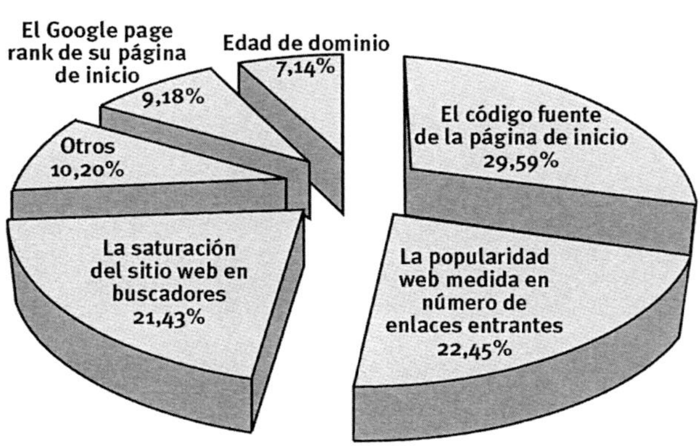

## 3. Factores SEO por orden de importancia

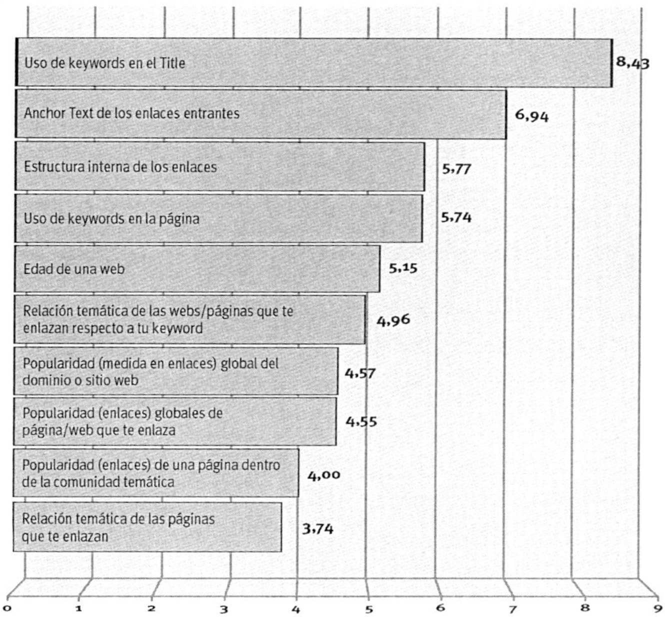


## 4. Herramientas SEO más utilizadas

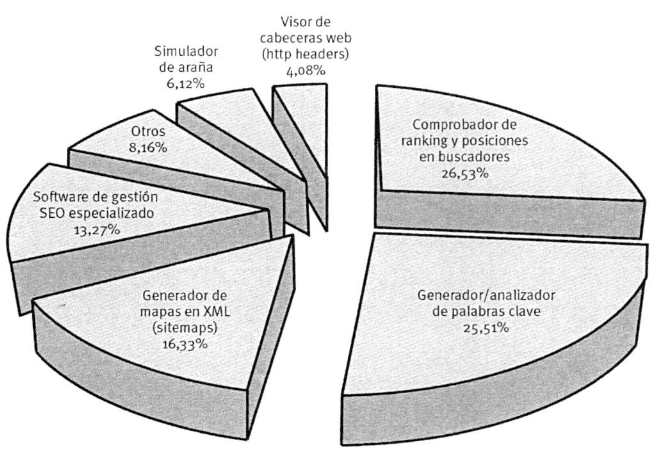

**5. Mayores impedimentos a la hora de vender una campaña SEO**

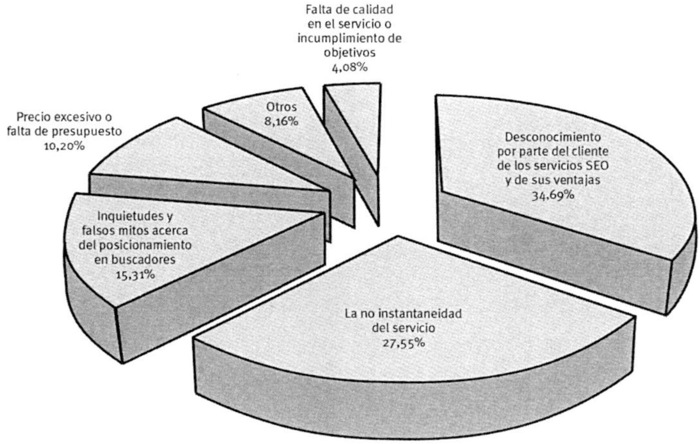


Como conclusiones finales, los resultados denotan que a la hora de hacer SEO se sigue dando una mayor importancia a los factores internos, opción que es corroborada por la revisión del código fuente de la página de inicio como comprobación inicial de toda campaña SEO, así como el uso de palabras clave en la etiqueta Title como factor SEO más importante.

Bien es cierto que tanto los factores internos como los factores externos ostentan relevancia de cara al SEO y en muchas ocasiones resulta dificultoso decantarse por dotar de mayor importancia a unos o a otros.

Sin embargo, dependiendo del tipo de proyecto, de la "envergadura" online del cliente y de la situación inicial de partida en cuanto a saturación y popularidad web se le podrían otorgar más relevancia a unos factores que a otros.

Por ejemplo, para grandes proyectos con un buen nivel de popularidad web, un número importante de enlaces entrantes y un Google Page Rank elevado se podría dar más importancia a los factores SEO internos.

En cambio, para proyectos menores que no gocen de popularidad web, ni de enlaces entrantes relevantes, ni de un Google Page Rank elevado, se podría optar por dotar de mayor importancia a los factores SEO externos, siempre que se cumplan unos requisitos mínimos de indexabilidad y no existan barreras a ésta.

La importancia que los profesionales SEO han dado a los factores externos se ve reflejada en que el segundo puesto, en orden de importancia, de los factores SEO corresponde al anchor text de los enlaces entrantes, dotando también de relevancia a factores relacionados con la popularidad web.

Cabe destacar que el análisis previo de palabras clave y la medición final de resultados son fundamentales para una campaña SEO. La encuesta califica como herramientas SEO más utilizadas al comprobador de posiciones en buscadores y al generador de palabras clave.

Por último, el desconocimiento por parte del cliente de los servicios SEO, y sobre todo, de sus ventajas asociadas, es el principal impedimento existente en la actualidad a la hora de la contratación de una campaña SEO, aunque la no instantaneidad del servicio SEO también echa para atrás a muchos posibles interesados.